Understanding Judith Butler

쉽게 읽는 주디스 버틀러

쉽게 읽는

주디스 버틀러

Understanding Judith Butler by Amita Brady and Tony Schirato

**아니타 브래디 &
토니 쉬라토 지음**

조현준 김혜진 정혜욱 옮김

도서출판 **3** 3 publication

일러두기

- 번역과정에서 가독성을 높이기 위해 역자가 삽입한 단어나 구절, 인용된 원문의 맥락을 보충한 경우는 [　]로 표시했다.
- 단행본은 『　』로 표기했고, 논문은 「　」로, 신문, 잡지, 영화는 < >로 표기했다.
- 외국 인명 표기 시에는 국립국어원 외래어 표기법을 따랐지만, 일반적으로 널리 통용되는 인명은 관례를 따랐다.
- 책이나 논문의 제목이 긴 경우에, 제목의 앞 두 세 단어만 남기고 생략했다. 예시: Wittig, 'The Point of View: Universal or Particular' → Wittig, 'The Point of View'

목차

목차

목차

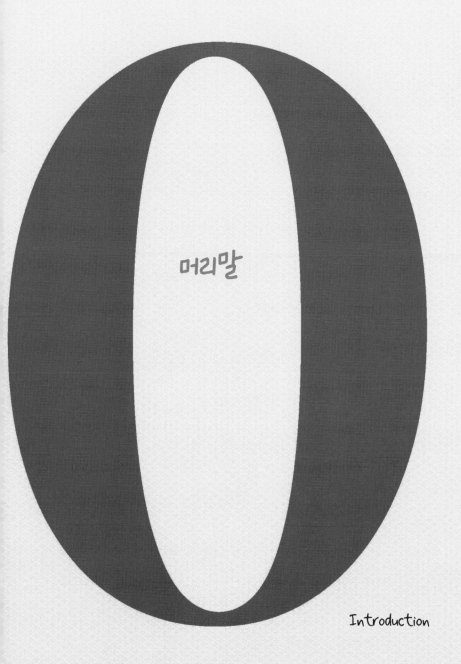

머리말

Introduction

머리말

나는 이 장을 인간에 대한 질문으로 시작하고 끝맺을 것이다. 이 질문은 '누가 인간으로 셈해지는가', '어떤 삶이 삶으로 간주되는가'와 관련되어 있으며, 그리고 '무엇이 우리의 삶을 애도 가능한 삶으로 만드는가'라는 우리 다수가 여러 해 동안 제기해온 것이다. (*Undoing Gender* 17-18).

주디스 버틀러의 『젠더 트러블: 페미니즘과 정체성의 전복』에 대한 많은 비판 중 가장 지속적이고 끈질긴 비판은 다음과 같다. 먼저 버틀러의 글이 너무 난해하고 복잡하다는 비판, 규범에 트러블을 일으키거나 패러디를 통해 규범을 재의미화하고자 하는 버틀러의 대안이 정말 가능한가라는 비판, 그리고 여성이 생물학적으로 타고난 존재가 아니라, 사회적, 문화적 구성물이며, 여성의 몸 또한 담론적 구성물이라는 버틀러의 핵심적인 주장이 여성의 실제 몸이나 실제 삶과 실질적으로 어쩌면 위험할 정도로 동떨어져 있다는 비판이 그것이다.

그러나 이 책은 이러한 비판과 결을 달리하여, 버틀러의 전체 저작이 왜 지속적으로 큰 영향력을 지니는지 증명하고, 첫머리에서 인용한 『젠더 허물기』의 문제의식을 공유한다. 버틀러의 중심 의제는 그 이론의 복잡성에도 불구하고 아주 단순하다. 즉 어떤 몸이 인간으로 셈해지고, 어떤 몸이 중요하고 보호받을 가치가 있으며, 어떤 몸이 애도할 가치가 있다고 간주되는 지, 그리고 버틀러의 표현처럼, 어떤 삶이 '살만하지 않은 삶'으로 간주되고, 어떤 몸은 보호받을 가치가 없고 버려지는가가 그것이다. 이는 버틀러가 '오래 전부터' 현재에 이르기까지 지속적으로 몰두하고 있는 주제로, 이 책 역시 '어떤 몸이 인간으로 간주되는가'라는 문제를 다룬다.

버틀러와 마찬가지로, 우리도 이 책을 '인간에 대한 질문으로 시작하여 인간에 대한 질문으로 끝맺고자 한다 (*Undoing Gender* 17). 이를 위해 우리는 버틀러의 저작을 연대순으로 설명하기보다는 주체성, 젠더, 퀴어, 상징적 폭력, 윤리라는 다섯 개의 주제에 초점을 맞추어 구성했다. 어떤 의미에서 이 다섯 주제는 인간 삶의 궤적을 기술한다고 할 수 있다.

제1장의 '주체성'은 인간이 인간으로 태어나 존재하게 되는 조건을, 제2장과 제3장의 '젠더'와 '퀴어'는 인간이 성에 의해 범주화되고 구성되는 특수한 조건, 혹은 특정한 성별을 할당받았으나, 그 구성이 허물어지거나 혹은 규범에 입각한 욕망 관리에 실패하여 그 모순에 시달리는 상황을 다룬다. 제4장은 인간관계 속에서 지속되는 것 같이 보이는 폭력이 주체 탄생의 바로 그 조건으로 통합된 '상징적 폭력'에 대해 기술하고, 마지막 5장은 주체가 자신이 구성되는 조건을 인지하고 그에 수반하는 윤리를 기술한다. 즉 주체가 권력의 메커니즘에 종속되지 않고서 자기 자신이나 타자를 위해 말하는 것의 불가능하지만, 동시에 바로 권력의 규율와 조건이 부과하는 종속에서 벗어날 책임[1])을 주체에게 부여한다. 마지막 장은 바로 이 책임에서 생겨나는 윤리에 대하여 논의한다.

· · · · · · · ·

1) [역주] 이 책에서 '책임'(responsibility)은 데리다나 레비나스의 의미에서 타자에게 반응하거나 응답(response)하는 능력(ability)이라는 의미로 사용된다.

버틀러의 저술을 이해하려면 각 저서별로 버틀러가 소환하는 이론적이고 철학적 맥락을 반드시 고려해야 한다. 버틀러가 언급하는 이론들과 이론가들이 어지러울 정도로 많기는 하지만, 이 책은 버틀러에게 특히 영향을 많이 미친 푸코, 헤겔, 니체, 부르디외, 프로이트, 라캉, 그리고 페미니즘과 퀴어 이론에 주의를 기울였다. 그리고 버틀러가 그 이론들을 어떠한 맥락에서 활용하는 지, 버틀러의 이론이 오늘날의 여러 사례와 사건들과 관련성 속에서 어떻게 설계되는지, 왜 버틀러의 저작이 현재에도 여전히 중요한지를 자세히 설명하고 밝히고자 했다.

이 책의 형식은 다음과 같다. 제1장 '주체성, 정체성, 욕망'은 몸이 어떻게 문화적으로 이해가능한 몸으로 구성되어 주체의 위상을 지니게 되는지를 살핀다. 이 장에서 특별히 주목하는 버틀러의 저작은 『욕망의 주체들: 20세기 프랑스에서 헤겔에 대한 성찰』(1987), 『권력의 정신적 삶: 예속화의 이론들』(1997)이며, 관련되는 이론가는 헤겔, 프로이트, 라캉, 푸코이다. 1장의 세부 주제는 주체성과 욕망의 관계, 버틀러의 주체성과 정체성의 구분 및 차이, 그리고 주체의 종속 메커니즘, 즉 주체**로서** 존재가 취할 수 있는 가능한 형식을 규제하는 권력 체제와 이에 대한 주체의 의존성을 포함한다.

제2장에서 버틀러가 가장 중요하게 여기는 특정한 주체화/종속화 메커니즘, 즉 젠더 체계를 살펴볼 것이다. 버틀러의 가장 유명한 저서인 『젠더 트러블: 페미니즘과 정체성의 전복』(1990)은 페미니즘의 근본 주제인 '여성' 범주에 의문을 표시한다. 이 책에서 버틀러는 페미니즘이 무비판적으로 여성 범주를 당연한 것으로 받아들임으로써, 페미니즘은 원래 반대하고자 했던 젠더 억압 체계를 오히려 고착화할 우려가 있다고 주장한다. 따라서 2장은 버틀러가 왜 여성 범주를 문제시하는지, 버틀러의

여성 범주에 대한 비판이 갖는 의의를 살핀다. 『젠더 트러블』이 쓰일 당시 지배적 페미니즘은 '성과 젠더'를 구분했다. 그러나 버틀러는 성과 젠더의 구분을 비판하고, 그 용어와 의미를 분석한다. 버틀러에게 성과 젠더 모두 담론적 구성물이다.[2] 그래서 이 장에서는 왜 성과 젠더가 인정가능한 '이성애 매트릭스'를 통해서 '물질화'될 수밖에 없는지, 그 연유를 살피고자 한다.

버틀러의 가장 유명한 책이 『젠더 트러블』이라면, 버틀러를 유명하게 만든 대표적 개념은 아마도 젠더 수행성일 것이다. 수행성 모델은 왜 이성애 매트릭스 내에서 성과 젠더가 구성임을 이해하게 해주는 동시에, 그 구성을 교란할 수 있는 가능한 메커니즘으로 제공된다. 그래서 2장의 「맺음말」에서 '젠더 수행성'의 개념이 어떻게 작동하는지 살필 것이다. 수행성 모델은 『젠더 트러블』(1990)과 그 후속편인 『의미를 체현하는 육체』(1993)에서 발전되며, 퀴어 이론에서 수행성은 젠더 규범의 전복시킬 수 있는 가능성으로 통합된다.

따라서 제3장 '퀴어'는 '퀴어' 개념의 이론적이고 정치적 전개를 위한 버틀러의 정체성 비판의 중요성을 고찰한다. 2절의 '정체성 정치 비판'에서 성소수자의 정체성을 정립하는 것이 정치적으로 필요하다고 주

....

2) [역주] 성과 젠더가 담론적 구성물이라는 버틀러의 주장은 성이 생물학적인 것이고 젠더는 문화적으로 구성된 것이라는 기존의 이분법에 도전하는 것이지만, 그렇다고 성이 젠더에 흡수된다는 주장은 아니다(*Bodies that Matter* xv). 버틀러에 의하면, 성과 젠더 모두 제도, 담론, 실천 등의 원인이 아닌 효과이지만, 젠더는, 일부 구성주의자들의 주장처럼, 한번 구성되면 그 효과가 단단히 고정되어 규범으로 굳어지지 않는다. 즉 젠더는 명사가 아니다(*Gender Trouble* 33). 젠더는 자연화된 규범으로 간주되는 성적 이상과 완전히 같아질 수 없는 차이를 드러내는 동시에 '성'의 '구성적 외부'를 드러내어 재의미화를 가능성을 여는 수행적 활동이다.

장하는 레즈비언·게이 주류 정치학이 어떤 문제점을 지니는지를 고찰하고, 버틀러가 어떻게 정체성 정치를 비판하면서 성정체성과 이성애규범성의 관계를 이론화하는지 살핀다. 그리고 퀴어 이론에서 버틀러의 저작이 갖는 중요성을 살피고, 퀴어 이론과 페미니즘 이론 사이의 복잡한 관계를 살핀다. 이는 『젠더 트러블』의 저술 동기이기도 하다. 일반적으로 젠더이론은 페미니즘에, 섹슈얼리티 연구는 퀴어 이론으로 분류되는 경향이 있다. 그러나 버틀러는 이러한 경향을 비판하고, 성, 젠더, 섹슈얼리티 모두 주체가 주체로서 인정되는 이성애 매트릭스와 분리될 수 없다고 주장한다.

제4장 '상징적 폭력'은 인정의 문제와 인정의 부재가 필연적으로 수반하는 폭력을 다룬다. 이 장은 상징적 폭력을 통해 어떻게 인간으로 인정가능한 인간과 그렇지 못한 인간 사이의 경계선이 그려지고 유지되는지를 고찰한다. 동성애자에 대한 공격은 주체성의 경계를 위반하지 않도록 감시하기 위해 일상적으로 행해지는 폭력이다. 그러나 버틀러는 이와 같은 인정 가능한 폭력적 행위만을 단순히 추적하는 것이 아니라, [폭력인 것과 폭력 아닌 것을 나누어] 폭력의 경계를 정하는 것 역시 폭력이 될 수 있으며, 명백한 폭력으로 분류되지 않아서 어디에서 어떻게 폭력이 행해지는지를 정확히 알기 어려운 경우에도 폭력이 행사될 수 있다고 본다.

쉽게 말해, 남자애를 계집애라고 부름으로써 모욕을 준다면 그것은 그 아이에게 폭력을 행하는 것이 될 수 있다. 젠더화된 용어로 남자아이에게 수치를 주는 일상의 기제를 통해서 말이다. 그러나 좀 더 생각해보면, 남/녀의 엄격한 성 역할 구분 자체가 남자에게든 여자에게든 폭력이 될 수 있다. [여자와 같은 특성을 가졌거나 양성적 특징을 모두 가지고 있는 아이를]

남자아이로 호명하는 것은 사실 더 큰 폭력이지만 이러한 폭력은 거의 가시화되지 않는다.

버틀러에게 상징적 폭력은 권력의 작동에 필수적이며, 인정을 부여하는 담론적 권위와 불가분하게 얽혀있다. 4장에서 『혐오발언: 너와 나를 격분시키는 말 그리고 수행성의 정치학』(1997),3) 『위태로운 삶: 애도의 힘과 폭력』(2006), 『안티고네의 주장: 삶과 죽음, 그 사이에 있는 친족 관계』(2000)를 다룰 것이다. 그리고 세부 주제로 상징적 폭력과 살만하고, 애도할 수 있는 삶을 구성하는 것 사이의 관계를 살핀다. 이를 위해 이 장은 혐오발언의 담론적 정치학과 9/11 이후의 상황에서 '테러와의 전쟁'을 고찰한다.

마지막 5장 '윤리'에서, 당연하고 자연스러운 것으로 간주되는 규범, 정상, 통념이 그것에 어긋나는 타자를 침묵하게 하고, 이 침묵이 어떻게 푸코의 용어로 [배제된 것을 포함한 모든 것을] 근심하고 '배려하는 발화'4)

· · · · · · ·

3) [역주] 이 책의 주제가 '혐오발언'이지만, '흥분할 수 있는 발화'(excitable speech)와 '혐오발언'(hate speech)은 같은 뜻이 아니다. 혐오발언이 상처를 주는 발화로서 성차별이나 인종차별과 같은 편견을 강화하기 위해 반복되는 체제 내적 발언이라면, '흥분할 수 있는 발화'는 (혐오발언을 포함하여) 모든 발화가 화자의 의도와 통제를 벗어날 가능성을 포함한다. 사라 살리가 『주디스 버틀러의 철학과 우울』(*Judith Butler*)에서 설명하듯이 "발화 행위가 '흥분할 수 있다'는 것은 발화자의 통제와 이해를 넘어선다는 의미이며, 발화는 항상 그것이 일어나는 순간을 넘어설 수 있다"는 뜻이다(183). 즉 흥분할 수 있는 발화는 되받아 말하기를 통해 규범의 반복적 인용을 벗어날(ex-citable) 가능성, 기존의 고착된 규범 속에서 생산된 자아를 넘어설(beside oneself) 가능성을 포함한다. 다시 말해 '**excitable**'은 가부장제, 인종차별, 성차별적 규범에 완전히 복종할 수 없을 때 생겨나는 몸의 흥분으로, 수행성을 통해 혐오담론을 전복하고 혐오의 방향을 돌려서 그것을 재의미화할 가능성을 담는다.

4) [역주] 푸코의 '배려'(*souci*, care)는 관심, 배려뿐만 아니라 근심(anxiety)이라는 뜻을 동

를 낳는지, 그리고 버틀러가 이 개념을 어떻게 분석하고 이론화하는지를 살핀다. 여기서 배려는 진리의 의미에 대한 배려이며, 사회 문화적 의무의 한계에 대한 사유, 혹은 지배담론에 포섭되지 않고서 스스로 설명을 제공해야하는 [지배담론에 의해 침묵당하는] 다양성 문화들에 대한 배려를 뜻한다.

이 장에서 중심이 되는 버틀러의 책은 『윤리적 폭력 비판: 자기자신을 설명하기』와 『위태로운 삶: 애도의 힘과 폭력』이며, 버틀러가 개입하는 이론가로 푸코와 레비나스를 다룬다. 이 두 권의 책을 푸코를 의거하여 설명하자면, 버틀러는 [종속적 주체에 머물지 않는, 자발적 불복종의 주체로서] '현재 우리가 무엇을 하는지, 무엇을 생각하는지, 무엇을 말하는지를 스스로 인정하고, 스스로를 주체로서 구성하도록 이끄는 사건들'에 초점을 맞추고 있다고 할 수 있다 (Foucault, *Ethics* 315).

- - - - - - - -

시에 포함한다. 푸코의 자기배려는 권력과 담론에 종속된 세계를 근심하면서 지배 권력에 저항하여 진리를 말하는 용기를 지닌 주체의 수행이자 파레시아의 실천이다.

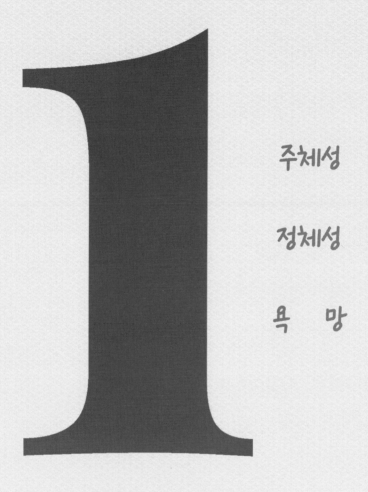

1

주체성

정체성

욕 망

Subjectivity, Identity and Desire

1. 주체성, 정체성, 욕망

머리말

"'주체'의 문제는 정치학에서 중대한 문제다'(Gender Trouble 2). 버틀러는 『젠더 트러블』 1장에서 이렇게 썼다. 이 책에서 주체성과 정체성의 관계를 질문하기 위한 버틀러의 분명한 출발점은 페미니즘 정치학에 어느 정도의 보편 토대가 있는지를 논의하는 데 있다. 특히 버틀러가 제기하는 문제는 일련의 정체성이나 범주(여성, 페미니즘, 남성성, 가부장제, 서구)에 들어있는 전제가 정당화될 수 있는지를 물은 것이다. 이런 정체성이나 범주는 여러 역사적 시기나 많은 문화적 현장 및 맥락 전반에서 일관되게 지속되었다.

버틀러의 요점은 그 어떤 페미니즘의 정치 기획이라도 그것이 작동하는 관점을 그저 전제하거나 당연시할 수 없다는 것이다. 이런 관점은 (이 관점과 연관된 의미 역시) 페미니즘이 도전하려 하는 담론 체계와 권력의 장이 만든 산물이기 때문이다. 게다가 법의 영역이 젠더 헤게모니와 폭력의 조건을 생산하고 또 자연스럽게 만드는 핵심적인 장의 하나라면, 법과 같은 권위있는 제도에 호소하거나 그런 제도를 통해 문제를 해결하는 것은 무의미하다. 다시 말해, 버틀러에게 정체성의 정치는 언제나 그보다 앞선 주체성의 정치에서 비롯되고, 그것에 의존하며, 그 관점에서만 설명될 수 있다.

몸의 주체

버틀러가 『욕망의 주체들』과 『젠더 트러블』에서 시작해 모든 저작, 특히 『의미를 체현하는 육체』와 『권력의 정신적 삶』에서 발전시킨 일련의 문제들은 푸코의 관점에서 비롯된다. '권력의 사법 체계는 그 체계가 나중에 재현하게 되는 주체를 생산한다'(*Gender Trouble* 2)는 관점이다. 이는 (젠더에 속한 것을 포함하여) 모든 형태의 정체성과 동일시가 주체성의 절차, 과정, 기술techniques, 구조, 혹은 버틀러가 『권력의 정신적 삶』에서 종속의 과정이라고 말한 것에 기초하거나 그와 연결되어있다는 뜻이다. 따라서 어떤 사람이 하나의 정체성을 갖고, 얻고, 주장하고, 할당받으려면, 주체를 나타나 보이게 만들고 그 주체의 위상을 대기중인 정체성 identity-in-waiting으로 인가하는 특정한 인식가능성의 기준망 안에서 그 기준이 인정받고 설명될 수 있어야 한다.

> 사법적 주체는 틀림없이 특정한 배제의 실천을 통해 생산된다. 그런 배제의 실천은 사법적인 정치 구조가 일단 확립되면 '드러나지' 않는다 … 주체의 정치적 구성은 특정한 합법화 및 배제의 목적을 갖고 진행되며, 이런 정치적 작용이 사실상 감춰지면서 자연스러운 것이 된다 … 사법 권력은 필연적으로 자신이 재현할 뿐이라고 주장하는 것을 '생산한다.' … 여성이 언어와 정치에서 어떻게 더 완전하게 재현될 것인가를 탐구하는 것으로는 불충분하다. 페미니즘 비평은 어떻게 '여성'이라는 범주가 … 해방되고자 애쓰는 바로 그 권력 구조로 인해 생산되고 또 규제받는지를 이해할 수 있어야 한다. (*Gender Trouble* 2)

버틀러가『젠더 허물기』에서 '조앤/존'의 사례를 논의한 부분은 몸이 인정가능한 주체로, 혹은 인정가능한 주체가 몸으로 구성되는 방식을 보여준다. 해당 사례는 데이비드 라이머의 상황에 관한 것인데, 라이머는 XY염색체를 가지고 태어났으나 어린 나이에 포경수술의 실패로 음경이 절단되었다. 라이머의 부모님은 젠더 정체성 협회의 존 머니 박사와 상담한 끝에, 그를 여자로 키우라는 박사의 강력한 권고를 받아들였다. 외과 수술로 그의 고환을 제거했고 질을 새로 만들기 위한 계획도 세웠다. 그러나 '브렌다'로 개명한 그는 9살의 나이에 (장난감 욕망, 화장실 매너 등과 관련해) 남자처럼 행동하기 시작했고 다른 여자애들과는 다른 선호 경향이 생겨났다. 이런 일들은 브렌다가 모두 완강히 저항했던 여러 의료 개입의 시도 이후에 나타났고, 이런 개입은 무엇보다도 의학적이고 사회문화적 의미에서 브렌다가 '여자가 되는' 경향을 갖고 '여자가 되도록' 돕는 것이었다.

> 이 시점에서 브렌다의 적응 과정을 이따금씩 관찰하던 정신과 의사 팀이 여성호르몬 에스트로겐을 투약할 것을 제안했으나 브렌다는 이를 거부했다. 머니 박사는 진짜 질을 갖게 되는 것에 관해 이야기하려 했지만, 그것 또한 거부했다. 사실 브렌다는 상담실에서 괴성을 질러댔다. 머니는 브렌다가 성적으로 그려진 질 사진을 보게 했다. 심지어 질이 있으면 언젠가 아이를 낳을 수 있을 것이라 약속하면서 여자가 아기를 낳는 사진을 보여주기도 했다 … 브렌다와 남동생은 의사의 지시에 따라 가짜 성행위를 연출하라는 요구도 받았다. 두 명 다 매우 공포스럽고 혼란스러웠다고 나중에 고백했다. (*Undoing Gender* 60)

브렌다의 경험과는 정반대로 머니는 이런 개입이 성공적일 뿐 아니라, 정상적인 아이에게도 '미발달된 성기를 가지고 태어난 아이들 못지않게 출생 당시 젠더 정체성의 문이 열려있다는 것을 입증한다고 주장했다(*Undoing Gender* 61). 머니를 비판하는 사람들은 그의 행동이 관념에 끌려가고 있으며, 생물학은 '사회적 남성성의 전제가 되기에 충분한 근거'(*Undoing Gender* 63)임을 입증한다고 보았다. 다른 한편 버틀러는 다음과 같이 말한다.

> [사실 내가 여기서 알고 싶은 것은] 브렌다/데이비드가 자기평가와 자기이해의 담론을 전개하게 된 규제의 틀이다. 이 틀이 자신의 인간됨을 심문받거나 확증받는 인식가능성의 기준을 구성하기 때문이다. … [데이비드가 젠더에 대해 느낀 점을 말할 때 데이비드의 응답 중 거의 설명되지 않은 것은] 바로 브렌다/데이비드라는 사람과 그 사람의 몸에 적용된 지식 장치였다. … 브렌다는 [의사의] 정밀한 조사를 받을 수밖에 없었고, 가장 중요하게는 지속적이고 반복적으로 규범에, 수많은 시선들을 통해 전달된 정상화의 이상에, 그리고 그의 몸에 적용된 규범에 응할 수밖에 없었다. … 의사들은 이렇게 규범에 순응하도록 훈련을 시키고 일관된 인간성을 확립하는 젠더 규범이 성공적으로 획득되었는지를 묻는다. 수많은 질문과 검사는 규범을 강제하려는 폭력적인 시도이자 그런 강제력의 제도화로서 이해된다. (*Undoing Gender* 67-68)

예컨대, 성 정체성이나 젠더 정체성의 맥락과 배경이 이성애규범성을 전제하고 또 자연스럽게 만드는 것이라면 인간의 몸은 담론의 지정과 위치 부여의 과정 안에서만 설명될 수 있다. 즉 담론의 내용인 몸 body-as-content은 사회 문화적, 과학적인 범주와 상응하거나 그와 관련된 것으로 지정된다. 그에 따라 특정한 의미, 가치, 기질, 성향, 그리고 서사의 관점에서 서술된다. 그게 바로 브렌다/데이비드의 사례가 악명 높은 이유다. 즉 이 사례는 몸, 성별sex, 그리고 섹슈얼리티 사이에 그 어떤 분명하거나 일관되거나 꼭 필요한 표명도 거부한다.

버틀러는 『의미를 체현하는 육체』에서 주체성, 정체성, 규범화, 그리고 몸의 물질성의 관계에 대해 더 자세히 질문한다. 사람들은 버틀러가 이 책에서 젠더 수행성 개념을 수정했다고 생각한다. 하지만 실제로는 젠더를 기껏해야 매개없는 행위성unmediated agency으로 축소하고, 최악의 경우 일종의 패션으로 줄여버렸다는 비판에 대응하여 젠더 수행성 개념을 보완한 것이라고 보아야 한다. 이런 비판에 대한 분석은 다음 장에서 다룰 것이다. 여기서는 버틀러가 『의미를 체현하는 육체』에서 어떻게 몸의 다루기 힘든 특성에 대해 설명하고, 그러한 몸이 구성적 권력의 맥락 안에서, 규범적 담론이 수행한 작업 안에서 어떻게 작동하는지를 논의하려 한다. 버틀러는 특히 몸의 위상에 관심이 있다. 예를 들면, 몸이 규범을 통해 '구성된다'는 것은 어떤 의미인가? 혹은 눈 앞에 몸이 있다는 '진실', 물질성의 자기 증거, 분명한 확신 앞에 어떤 반응을 할 수 있을까? 다시 말해 열심히 자기 몸을 열심히 토닥대거나 찔러보기만 해도 '내 배가 존재함'을 알 수 있는데 말이다. 버틀러는 우리가 어떻게 구성 행위를 다룰 수 있게 되는지를 질문하면서 이런 입장을 완전히 뒤집는데, 이런 구성 행위가 몸을 인식할 수 있게 만들고, '인공적이며 처분 가능한'(Bodies That Matter xi) 것으로 정리하고 파악하게 한다.

배, 팔, 발, 목, 성기 등의 신체 부위처럼, 겉보기에 분명하고 직접적이며 상식적인 것들은 전체 구조 중 다른 부분과의 관련성이나 차이 때문에 뚜렷하게 구분되는 것뿐이다. 예를 들어 배는 가슴 아래 어딘가에서 시작되어 가랑이나 성기 위에서 끝나며, 옆에서 볼 때는 (아래로는) 엉덩이에서 (위로는) 갈비뼈로 경계가 정해진다. 반면 딱히 지시어가 없어서 뭔가 붙여주고 싶은 '측면'이라 불리는 그 사이에는 놀랍게도 이름이 없는 부분이 있다. 생리학 층위에서 신체 각 부위와 맞거나 각부를 구성하는 여러 범주, 차별화 지점, 특정한 특징은 더 분명하지만, 장기와 근육과 인대와 혈관과 뼈의 요소와 위치를 말끔하게 표시해 그린 차트는 공간이 불분명하거나 공유된 현실, 즉 범주가 중첩된 현실을 감춘다. 그러니 현실은 분리보다 겹침이다.

신체 부위가 보이는 방식을 고려한다면 여러 범주화, 설명, 재현 체계(예컨대 상식적인 일상, 과학적인 것, 유사 과학적인 것, 종교적인 것, 요리 관련된 것, 그리고 로맨스, 포르노, 스포츠 같은 대중문화 장르와 관련 있거나 그 안에 함축된 것)는 엄밀한 과학적 등가나 일치라기보다는 기껏해야 모호한 가족 유사성 때문에 서로 연관되고 또 서로 바뀔 수도 있다는 사실을 기억해야 한다. 게다가 역사적 차이나 기술적 차이를 고려해본다면 범주화 체계 전반에 나타나는 이러한 일치 부족은 훨씬 더 분명하다. 과학적인 신체가 대중적인 몸의 해석에 반영되고 또 영향을 주는 것은 맞지만, 과학이 등장하기 전의 시대에 몸은(혹은 몸에 대해 글을 쓴다는 것은) 현대 세계에서는 생각하지 못한 방식으로 범주화되고 조직되고 인식되었다. 우리는 잘 알려진 푸코의 보르헤스의 소설 인용을 고려할 필요가 있다.

> 어떤 '중국의 백과사전'은 동물을 다음과 같이 분류한다. (a) 황제의 소유 동물, (b) 박제된 동물, (c) 길들인 동물, (d) 어린 돼지, (e) 인어, (f) 전설적 동물, (g) 떠돌이 개, (h) 현재 분류법에 포함된 동물, (i) 광폭한 동물, (j) 셀 수 없는 동물, (k) 낙타털 붓으로 세심하게 그린 동물, (l) 그 밖의 동물, (m) 방금 물 항아리를 깨뜨린 동물, (n) 멀리서 보면 파리로 보이는 동물. (*The Order of Things* xv)

푸코가 쓴 것처럼, '이런 분류학에 감탄하며 … 사물이 … 다른 사고 체계의 이국적 매력에 따라 … 나타난다'는 것은 바로 '우리 자신의 한계, 우리는 그렇게 생각할 수 없다는 분명한 불가능성'(xv)을 말해준다.

여기서 푸코가 주장하는 핵심은 범주화 체계가 내용만 정리하는 것에 그치지 않는다는 점이다. 즉 범주화 체계는 특정한 매개를 통한 세계 해석을 자연스러운 것으로 만들고 동시에 그 밖의 모든 것은 거의 생각할 수 없게 만든다. 그러므로 버틀러가 당대의 몸은 규율 체계와 규범성의 형식을 통해 구성된 것이라고 말할 때 그는 생산과 배제의 긴밀한 작용에 대해 말하고 있으며, 그로 인해 '몸은 고도로 젠더화된 규율 도식의 생산적 규제안에 나타나고, 지속되고, 사는 것뿐이다'(*Bodies That Matter* xi).

몸의 서사

몸의 구성이 범주화 체계 속의 중요한 변화를 포함한다는 생각은 더욱 복잡해지는데, (역사적, 문화적, 국가적, 종교적, 경제적, 정치적 등과 같은 맥락을 포함해서) 다른 맥락들이 개입해 몸이 이해되는 방식, 그 몸과 연관된 의미, 그 몸에 깃들게 된 서사와 가치를 결정하거나 굴절시키기 때문이다. 예를 들어, 모든 문화적 장은 특정한 몸이 특정 에토스, 가치, 논리와 유사한지를 결정할 뿐만 아니라 문화 자본이 특정 유형의 몸에 속한다고 보고, 다른 몸은 거부한다. 이것은 문화의 장의 가치에 상응하고 합당하게 재현되는 몸의 헥시스bodily hexis(움직임, 몸가짐, 요점이나 강조점의 생산) 형태를 규정하는 일도 포함한다. 그리고 몸이 변화할 필요성, 미학적 기획이 되는 몸, 거부되는 몸과 관련해서 모든 몸에 서사를 제공한다. (종교, 과학, 법 등의) 일부 영역에서 몸은 제한적이며, 기법적이고 심지어 바람직하지 않은 것이지만, (스포츠, 광고, 패션의) 또 다른 분야에서 몸은 관심의 한가운데에 있고, 대체로 그 분야 혹은 그 분야의 담론 작업을 대신한다.

　　대중문화 장르의 층위에서도 같은 종류의 차이가 펼쳐진다. 예를 들어 로맨스 소설이나 영화에서 몸은 양가적인 위상을 갖는다. 몸은 어느 정도 부인되거나 최소한 중요도가 덜한 것이어야 한다. 즉 대중적인 낭만적 사랑의 존재 이유가 몸을 초월하기 위한 것일 때이라면, 또 가치, 본질, 친밀감처럼 '이보다는 나은' 무언가와의 동일시를 위한 것이라면, 사랑은 지속되고 육체적인 것보다 오래 간다. 이런 관점에서 볼 때 몸은 일시적인 육체의 매력이나 정욕같은 거짓된 사랑의 장소가 된다. 사랑이 영원해도 몸이 덧없는 것이라면 낭만적인 사랑은 구현될 수 없다. 하지만 대부분의 대중 로맨스 장르와 서사가 매력적이고 젊고 성적으로 매력이 있거나 접근할 만한 몸을 강조하거나 심지어 요구한다면, 몸이 정신이나 영혼의 우선성을 대체하는 듯 보이지 않으면서도 여전히 중요하다고 장담하는 서사적 속임수가 필요할 것이다. 예를 들어 지금 십대 영화나 디즈니 청소년 티비 쇼에서 이뤄지는 방식은 육체의 아름다움이나 가치가 정신의 아름다움이나 가치와 상응함 혹은 상응하지 않음을 보여준다. 다시 말해, 진짜 여주인공은 매력적일 뿐 아니라 선하고 친절하고 이타적이고 배려 깊고 충실하지만, 가짜 여주인공은 매력적이긴 해도 (허영심이 있다거나 옷과 화장에 너무 많은 시간을 쏟는 등) 낭만적 여주인공 치고는 성격적 결함에 눈이 가는 방식으로 매력적일 것이다. 사실상 진짜 여주인공은 몸을 부인하거나 그리 대단치 않게 여기는, 그래서 몸을 초월하는 아름다운 몸이지만, 가짜 여주인공은 그냥 몸일 뿐이다. 이 점이 가장 금방 수긍되는 사례는 백설 공주인데, 공주는 일곱 난쟁이를 위해 요리할 때를 빼고는 몸을 움직이지 않으며 사실상 '몸을 벗어나' 있다. 반면 사악한 왕비는 거울 속 자기 이미지에 집착한다.

버틀러는 어떤 몸이 '규율 도식의 생산적 규제 안에서'(Bodies that Matter xi) 나타나고 유지될 수 있는지 생각해 볼 것을 권한다. 이 문제를 바라볼 또 다른, 어쩌면 좀 더 구체적인 방법은 특정한 몸 유형이 다른 사회 문화적 서사, 장르, 문화 분야와 연결된 규범과 얼마나 잘 맞고 호응하는지를 생각해보는 것이다. 단순히 몸이 설명가능한지 아닌지의 문제가 아니다. 즉 몸의 규제는 특정한 장소에서 또 그 장소 너머에서 몸을 조직하고, 배치하고, 배열하는 가치 체계, 특정 궤도를 촉진하거나 거부하는 (그리고 당연시하는) 가치 체계와도 관련된다. 이런 관점에서 보면 몸의 규제는 (몸은 인식가능성의 기준망에 따라 존재가 된다는 점에서) 구성 행위인 동시에, (몸이 사회문화적 장소와 공간의 배열에 알맞게 움직이고 배치된다는 점에서) 건축 양식이기도 하다. 예를 들어 다른 문화의 장에서, 몸은 특정한 에토스를 구현하고 그와 호응해 수행되는 만큼만 '지속되도록 허락받을' 뿐이다. 과학 분야와 관련해 부르디외가 밝혔듯, 인정받는다는 것은 그저 (교육적 자격과 방법론의 이해력 면에서) 객관적 기준을 충족시키고 기술적 능력을 보이는 것만 포함하지는 않는다. 그보다는 과학적 아비투스가 일관되고 설득력 있게 구현되어야 한다(Undoing Gender 51). 각 분야의 상황은 대체로 가치의 체계나 더 넓은 사회 분야의 서사적 특성을 반영하거나 어쩌면 굴절시킨다. 그래서 초연하고 합리적이며 진지한 과학의 몸은 또한 대개 남자의 몸이다. 과학자가 여성일 때조차도 말이다. 이블린 폭스 켈러가 과학의 젠더화에 관한 연구에서 지적하듯, 문제는 단순히 이것만이 아니다.

과학에 상대적으로 여성이 없다는 것만이 문제는 아니다. 대부분의 과학자들이 … 실제로 남자였지만, 이런 과학 인구의 구성 만으로는 남성성을 지적 영역인 과학에 속하게 만든 것을 설 명할 수 없다 … 과학자와 대중 모두에게 과학적 사고는 남성 적 사고다 … 짐멜이 관찰했듯, 객관성 자체가 오랜 역사 동안 남성성과 동일시되어온 어떤 이상이다. … 과학적으로 사고하 거나 객관적으로 사고하는 여성은 '남성처럼' 사고하고 있다.

(Keller, *Reflections on Gender and Science* 76-7)

대중문화 장르와 그 서사에도 거의 똑같은 특정한 논리가 적용되었 다. 앞서 우리는 로맨스에서 몸은 매우 중요한 동시에 큰 상관이 없다는 점을 지적했다. 즉 로맨스에 동원되는 몸은 전형적 매력이 있고 성적 호 감이 가는 (보통은 젊은) 몸이다. 그 몸은 당장의 현안(낭만적 사랑)과 관련이 없어 보일 것이고, 내면의 덕목을 반영하는 것처럼 보일 것이다. 미소 짓는 경향은 유쾌한 성품을 드러내고, 건강한 몸은 자제력과 책임감을 증명한다. 그러나 이런 분명한 비관련성에도 불구하고 몸의 유형적 분류 체계가 서사의 차원을 갖는다는 것은 분명하다. 고전적으로 매력적인 몸 이 반드시 진정한 낭만적 감정과 동의어라고 할 수는 없지만, 등장인물 이 고전적인 매력이 없는 몸을 가지게 되면 확실히 낭만적 '진지함'의 위치에서 멀어지게 된다. 대중문화 텍스트에서 늙었거나 서투르거나 수 련되지 않은 몸도 사랑에 빠지고 그만큼 사랑도 받고 진정한 로맨스를 경험할 수 있다. 그러나 그런 몸은 보통 이차적 층위에서 중심 로맨스의 코믹 버전이거나 서사적 보충물로서 가능하다. 다시 말해서 낭만적이지 못한 몸이 로맨스를 경험할 수는 있어도, 모범적이거나 정상적인 상황으 로 제시되는 경우는 거의 없다. 오히려 그것은 원칙을 입증할 예외가 되 며, 규범은 아니라고 인식되는 예외도 일어날 수 있다는 (괴짜나 소위 뚱뚱한 캐릭터도 그런 신체 특성에도 불구하고 사랑을 찾는다는) 주장 속에서 발생한다.

몸, 주체, 정체성

그렇다면 규범화 작업은 특정 가치 체계의 관점에서 설명되는 몸(성적 매력이 있는 몸, 욕망과 질투와 찬탄과 동일시를 유발하는 몸)과 서사(자연스럽게 인기와 행복과 성공을 얻는 경향이 있는 서사)를 대중문화 텍스트와 담론에서 반복하여 재현하고 배치하면서 발생한다. 단순하게 보자면, 규범이야말로 모든 몸을 의미 있고 나아가 인정받거나 인정받지 못하게 만든다. 이것이 바로 버틀러가 『의미를 체현하는 육체』에서 주장한 것이다.

> 장소나 표면으로서가 아니라, 물질화 과정으로서의 물질 개념으로 돌아가는 것이다. 경계선, 고정성, 우리가 물질이라 부르는 표면 효과를 만들도록 오랫동안 안정화해 온 과정 말이다. 물질이 언제나 물질화된다는 것은 푸코가 말한 의미에서 생산적인 것, 사실상 규율 권력의 물질화 효과와 관련해 생각해야 한다. (*Bodies That Matter* 10-11)

이런 '몸의 물질성에 대한 재공식화'와 밀접하게 관련된 다섯 가지 양상이 있다. 첫째, 『도덕의 계보학』에서 의미가 권력의 표명이라는 니체의 주장과 거의 똑같이, 버틀러도 몸을 '권력 역학의 결과(*Bodies That Matter* 2)로 이해해야 한다고 주장한다. 둘째, 몸에 대해 반복된 담론, 연출, 서사 및 몸과 관련된 반복된 가치 관계의 확인, 그리고 사회적이고 문화적인 장을 가로질러 나타나는 몸의 전략적 배치는 사실상 몸을 시각적으로 보일 수 있게 하고, 또 일관된 형식, 범주, 의미의 집합으로 인정받게 만든다. 셋째, 이런 몸을 인정한다는 것은 주체의 생산, 그리고 동일시의 담론적 실천으로 이어지는 지금 진행 중인 과정의 첫 단계이다. 넷째, 몸의 전형과 유형학을 공인된 의미, 서사, 가치와 연결하는 것은, 푸코식 의미에서 어떤 규범으로 작동한다. 즉 그것은 주체를 훈육하고 주체의 경향과 지향을 만든다. 다섯째, 주체가 형성되고 경향을 갖는 이 과정은 허가받은 것뿐 아니라 거부당한 것에도 좌우된다고 버틀러는 지적한다. 버틀러는 주체성과 동일시의 당혹스럽고도 복잡한 연관성에 대해 말하면서, 성에서 섹슈얼리티로의 이동과 관련해 이렇게 주장한다.

> 이성애의 명령은 특정한 성별 동일시는 가능하게 하면서, 다른 동일시를 배제하거나 부인한다. 주체가 형성되는 이런 배제의 매트릭스는 아직 '주체'는 아니지만 주체 영역의 구성적 외부를 형성하는 비체abject인 존재들의 영역을 동시에 생산해야 한다. 여기서 비체는 사회생활에서 '살 수 없고', '살기에 부적합한 구역을 지칭한다. 이 구역은 주체의 지위를 누리지 못하는 사람으로 가득하지만, '살 수 없는 자'라는 간판 아래 있는 이들의 삶이 주체 영역의 경계를 정해야 한다. 이처럼 살기에 부적합한 구역은 … 끔찍한 동일시의 자리를 구성할 것이고, 주체 영역은 그와 반대로 자율성과 삶에 대한 자기주장의 경계를 정한 것이다. 그런 의미에서 주체는 배제와 비체화의 힘을 통해 구성된다. 그것은 … 주체 자체가 토대하고 있는 거부로서 결국 주체의 '내면'이다. (*Bodies That Matter* 3)

몸이 결국 주체의 위상을 갖고 다양한 정체성을 띠는 과정에 대한 이런 표현은 어느 정도 아주 분명하다. 문제는 주체성과 정체성의 관계에 대해 이해하려 할 때 발생한다. 버틀러는 이 문제를 특별히 도와주지도 명확히 말하지도 않는다. 방금 『의미를 체현하는 육체』를 인용한 문단에서 버틀러가 애써 지적하는 것은, 주체가 (성별에 할당된) 몸의 규범을 띠는 게 아니라 그 반대라는 것이다. 즉 주체를 존재하게 만드는 것은 성별을 띠게 되는 과정이다(*Bodies That Matter* 3). 그 다음 이 과정을 '동일 시의 문제와 연결하고, 이어서 이성애적 명령으로 특정한 성별 동일시는 가능해도 다른 동일시는 배제하는 … 담론의 수단'(3)과 연결한다. 여기서 '동일시'라는 용어가 흥미로운 위상을 가진다. 처음에 동일시는 주체가 되는 것(그리고 성별 지정받는 것)에 잇따라 일어나는 것으로 이해되는 것 같다가, 두 번째엔 행위성의 형식을 의미하는 것처럼 보인다. 따라서 나는 남자나 여자로 분류되고 난 다음에야 외견상 어떤 선택이 가능해진다. 즉 내 욕망은 (가능할 뿐 아니라 정상적인 것으로 인가받고 기대되고 지목되는) 이성을 향할 수도 있고, 선택지에 전혀 없거나 폐제된 선택지를 택해서 나와 같은 동성을 향할 수도 있다.

이 문제에 대해서는 수많은 질문이 제기될 필요가 있다. 무엇이 동일시에 포함되는가? 예를 들어, 동일시는 주체가 특정 형식의 행위성을 실행하고 사실상 한 가지 선택지를 택하는 행위인가? 버틀러가 푸코를 따라, 권력은 언제나 주체로서의 몸body-as-subject에 앞서 있고 그 몸을 구성한다고 주장할 때, 우리는 행위성으로서의 동일시identification-as-agency 개념에 어느 정도의 여지를 줄 수 있는가? 다시 말해 동일시는 어디에서 오고, 어떻게 생산되고 폐기되며, 동일시가 불발되거나 잘못 수행되는 원인은 무엇인가? 이런 질문을 하려면 다른 더 복잡한 질문들을 어느 정도 제기해야 한다. 그런 질문들은 주체 및 주체성과 동일시 개념의 관계 및 차이, 그리고 가장 중요하게는 이런 관계를 어떻게 욕망 개념으로 알 수 있는지와 관련된다.

욕망의 주체

『욕망의 주체』와 『권력의 정신적 삶』은 이 문제를 해결하기 위해 완전히 다른 두 가지 시도를 한다. 『욕망의 주체』에는 '20세기 프랑스에 나타난 헤겔의 영향'이라는 부제가 달려있고 버틀러는 이 책의 주요 과제를 다음과 같이 설명한다.

> 헤겔의 『정신현상학』에 나타난 욕망과 만족의 공식, 일부 20세기 프랑스 철학자들이 이 책의 철학적 치하와 재구성, 그리고 헤겔의 형이상학적 주체를 논박하기 위해 욕망을 전개하면서 프랑스에서 헤겔을 해체하던 초창기 시절 … 각각을 소급해 살펴보고자 한다. *(Subjects of Desire* 7)

헤겔은 욕망이 양심과 주체를 사실상 생산하는 매개라고 공식화하지만, 버틀러는 어떤 매개를 말하는지를 묻는다(ix). 헤겔에게 욕망은 반성적 의식으로 대표되거나 이해되고, 그 때문에 의식은 타자성을 매개로 자신을 알고 이해한다. 이것이 헤겔에게 반성적 주체가 형성되는 방식이다. 즉 욕망은 의식을 자기 밖으로 끌어내 차이로서의 세계 world-as-difference와 관계를 형성한다. 이어서 욕망은 주체의 경계(나는 타자와 연결 및 매개 과정을 참조해야 알 수 있다)와 주체의 존재 조건(나는 차이와 맺는 관계를 통해서 계속 존재하며 나를 안다)을 반영하고 입증한다. 매개로서의 욕망 desire-as-vehicle이라는 버틀러의 은유는 특히 이 부분에서 적절하다. 헤겔의 주체는 '타자성을 통해 모험을 하면서 확장된다. 그 주체는 자신이 원하는 세계를 내면화하여, 처음에 타자라고 맞서던 것이 되어버리거나 그것을 포함할 정도로 확장된다'(9). 헤겔에게 욕망이 바라는 것은 주체가 (계속해서) 자신을 세계 속에 발견하는 것이고, 그것은 지식의 형태로 이해된다(24-5).

『욕망의 주체』는 상당 부분을 프랑스에서 헤겔이 어떻게 받아들여졌는지를 논의하는데 할애한다. 먼저 마르크시즘(특히 알렉산더 코제브)과 현상학(사르트르)에서, 그리고 '현대 프랑스 사상'으로 명명한 부분에서 정신분석학(라캉)과 포스트모던 이론(푸코, 들뢰즈)이라 서술된 부분(Best and Kellner, *Postmodern Theory* 참고)에서의 헤겔의 영향을 논의한다. 코제브가 헤겔의 욕망 개념을 활용한 것은 발전이나 비판이라기보다는 확장에 가깝다. 하지만 간단히 말해, 코제브가 욕망 이론에 더 중요한 공헌을 한 부분은 보통의 생물학적인 (동물의) 욕망과 인간의 욕망을 구분한 것이다. 코제브에게 인간의 욕망은 생물학적 욕망과 자연을 극복하고 초월하는 것이다. 즉 욕망은 주체보다 먼저 와서 주체를 형성한다. 다시 말해, 자연의 질서는 생물학적 필요의 관점 빼고는 세계를 볼 방법이 없는 반면, 인간의 욕망은 '반성성의 구조를 보인다 … 코제브의 주체는 본질상 의도적인 구조물이다'(67).

주체를 구성하는 욕망의 역할에 대한 헤겔과 헤겔 이후의 철학자들(코제브, 이뽈리트, 사르트르)은 주체를 구성하는 욕망의 역할을 설명하면서 욕망의 생산적 차원, 특히 인간 삶의 특징인 부정성의 극복을 위한 욕망의 역할을 강조한다. 인간이 되어가는 주체subject-becoming-human는 이 부정성(순전히 생물학적, 동물적, 기초적인 정체성)을 사실상 부정하고 변화시키며, 그 과정에는 세계에 관한 서사 및 세계와의 관련성을 생각하고 만드는 일이 포함된다. 이런 관점에서 보면 욕망은 '충만하게 현전해서 부정성이 없는, 형이상학적으로 유쾌한 허구의 세계'(185)를 만드는 일을 부추기고 장려한다. 사르트르의 헤겔 비판에서도, 주체는 자기 발견을 하는 게 아니라 '끝없이 투영되어 회복되지 못하며'(185), 그런데도 '자기 소외를 알면서도 통일된 의식으로 남은' '언어로 투영된 허구적 통일체'(185)로 남는다. 헤겔 사상이 라캉의 정신분석학, 그리고 니체에서 왔거나 니체의 영향을 크게 받은 포스트모던 이론의 비판을 받게 되면서, 프랑스의 이런 상황은 변화한다. 주체는 여전히 '투영된 통일체로 생각되지만, 이 투영은 경험을 구성하는 여러 비통일성을 위장하고 변조한다. 그게 리비도의 힘이건, 권력에의 의지건, 아니면 권력/담론의 여러 전략이건 간에 말이다'(185).

라캉의 정신분석학은 헤겔의 욕망 개념을 유지하면서, 욕망이 주체 형성에서 구조적 역할을 하는 것으로 설명한다. 그러나 이제 욕망과 의식은 단순히 의식의 목적을 이루기 위해서가 아니라, 필요한 속임수라는 관점에서 서로 연결되고 관련된다. 라캉은 프로이트를 따라 욕망이란 주체가 존재하기 위해 버리는 것으로 상정한다. 하지만 욕망은 아무리 억압해도 언제나 되돌아온다. 드러내 선언하거나 명료히 표명하지는 못해도, 꿈이나 다른 '의식 자체의 전치, 파열, 균열'(186)속에서 되돌아온다. 정신분석학 이론에서 반성적이고 자기를 아는 주체 개념은 신화에 불과하다. 즉 주체는 통제할 수도 없지만, 알거나 인식할 수도 없는 (또 그래서도 안되는) 힘 때문에 항상 구성되고 그 힘의 특징을 갖는다.

이와 비슷하게 욕망의 위상도 헤겔 서사 속의 욕망의 위치와 다르다. 프로이트와 라캉이 욕망을 일종의 리비도 에너지로 생각하긴 하지만, 프로이트는 이 에너지를 특정한 무의식적 소망의 관점에서 생각하는 경향이 있고, 라캉은 욕망의 작용을 안정되게 설명하기란 어렵다는 쪽을

택한다. 라플랑슈와 퐁탈리스가 지적하듯, 라캉은 욕망을 욕구나 요구 개념과 구분한다.

> 욕구와 요구처럼 종종 혼동되는 개념. 욕구는 특정한 대상을 향한 것이고 그 대상으로 인해 충족된다. 요구는 타자를 향하고 타자에 대해서 형성된다. 욕구와 요구는 어떤 대상을 향한 것이지만 그것이 꼭 본질적인 것은 아니다. 발화된 요구는 본질적으로 사랑에 대한 요구이기 때문이다. 욕망은 욕구와 요구가 분리되는 찢김 속에 나타난다. 욕망은 욕구로 수렴된다고 할 수 없는데 그것은 … 욕망이 주체 아닌 다른 실제 대상과의 관계가 아니라 환상과 맺는 관계이기 때문이다. 욕망은 요구로 수렴될 수도 없다. 욕망은 언어나 타자의 무의식을 고려하지 않고 자신을 내세우려 하며, 타자의 절대적인 인정을 고집하기 때문이다. (Laplanche & Pontalis, *The Language of Psychoanalysis* 483)

헤겔은 자기 지식을 만드는 매개의 형태로 욕망을 이해한 반면, 라캉은 버틀러가 '욕망의 불투명'(*Subjects of Desire* 186)이라 말한 것을 전면에 세운다. 2장에서 좀 더 자세히 다루겠지만, 오이디푸스 콤플렉스는 (엄마에 대한) 욕망을 버리면서 주체를 구성한다. 그러나 이런 욕망의 억압은 주체를 결핍되고 불완전한 것으로 만들어, 주체를 충족시킬 '욕망에 대한 욕망'이라는 사이클을 시작한다. 버틀러의 말대로, '주체를 무의식과 분리하는 차단이나 금지는, 자신이 분리한 것과 협상하지 못한 부정의 관계이다'(187). 코제브는 생물학적 욕망의 형태와 인간적 욕망의 형태를 구분하고, 그 차이에서 목적론적 서사(진보, 인간되기, 합리성, 지식, 반성성)의 기반을 발견한다. 반면 라캉의 욕망은 제멋대로이고 길들여지지 않으며 내적 비일관성으로 규정된다. 라캉의 욕망은 그 욕망이 구성하는 주체와 마찬가지로 생물학적 욕구의 충족과 타자의 사랑에 대한 요구 사이에서 분열되어 있다.

욕망의 분열이라는 생각은 프로이트의 의존anaclisis 개념에서 왔고, 그로 인해 최초의 자기보존 본능(영양 섭취를 위해 젖 빨기)은 성 본능을 지지하는 데 사용된다. 장 라플랑슈는 이처럼 '기능에 근거한 충동의 지지'에는 두 단계가 있다고 설명한다.

> 첫 단계(영양 섭취를 위해 젖빨기)에서 우리는 어떤 기능 … 혹은 완전히 본능적인 행동 패턴을 마주하는데 … '대중적 관념'이 모든 본능의 모델이 된다고 여겨진다. 그것은 자체의 추진력이 있는 본능적 패턴이며 … 긴장의 축적물이다. 또한 어떤 '근원'이자 소화기 계통 … 젖가슴이 아니라 … 영양 섭취인 … 특정한 대상, 즉 젖을 말한다. 결국 여기에는 실행된 과정이나 '목적', 젖빨기 과정이 있다 … 이제 중요한 것은 젖빨기 기능이 영양 섭취의 만족감을 이루는 것과 동시에 성적 과정으로도 나타나기 시작한다는 점이다 … 입은 성적 기관인 동시에 먹는 기관이기도 하다. 그래서 처음에 이 '지지'는 초창기 섹슈얼리티가 생명 보존과 관련된 기능 속에 나타난다는 것을 옹호하는 입장에 있다. (Laplanche, *Life and Death* 17)

버틀러는 '욕망이 만족의 욕구도 아니고 사랑의 요구도 아니며, 요구에서 욕구를 뺀 결과로 나타난 차이이자, 둘의 분열 현상'(Lacan, *Ecrits* 287)이라는 의미로 라캉을 인용한다. 수유 기능에 기초해서 성 본능을 지지하는 것은 결코 욕망을 만족시키지 못한다. 결핍을 통해 결핍을 따라 나타난 주체처럼, 성 본능은 엄마 (혹은 유모) 젖가슴의 대체물을 구할 뿐이기 때문이다. 프로이트는 그것을 의존적 동일시 과정(Freud 1986)이라 부른다. 정신분석학에서 '욕구에서 소외된 것은 사람에게 욕망으로 다시 나타난다 … 그렇게 나타난 현상학은 … 역설적이고, 일탈되고, 변덕스럽고, 기이하며, 악명 높기까지 하다'(*Ecrits* 286). 그것은 자기보존과 관련된 본능과 다르다.

버틀러가 욕망에 대한 헤겔의 설명과 묘사를 비판한 마지막 방향은 니체의 영향을 강하게 받은 들뢰즈와 푸코의 저작을 참고하는 쪽으로 향한다. 들뢰즈의 주요 목표는 욕망이 부정성과 묶여 있거나 부정성에 입각해 있다는 생각이다. 그런 생각은 (욕망에 대한 욕망으로서) 정신분석학 이론에서뿐 아니라 (욕망을 물리쳐야 한다는) 기독교 도덕성에서도, 또한 (결핍된 것을 욕망하는) 자본주의 명령과 담론에서도 나타난다. 버틀러는 인간 활동에서 욕망이 중심이 된다는 것을 들뢰즈가 부인한다는 의미가 아님을 분명히 한다. 정반대로 들뢰즈는 니체를 따라 '욕망과 사회적인 것이 있을 뿐 다른 것은 없다'고 주장한다(Deleuze, *Anti-Oedipus* 29). 니체와 들뢰즈에게 욕망은 힘으로서의 삶life-as-force에 대한 확신으로 표명된 의지다.

> 니체의 의지는 … 변증법적 통일성으로 규제될 수 없는 힘의 다양한 작용이다. 이런 힘은 삶의 경향, 관심사, 욕망, 즐거움, 그리고 생각을 반영한다 … 니체의 의지는 … 자신이 타자성의 맥락과 동떨어져 있다고 확신하지는 않지만, 타자성에 대한 근본적 접근방식이 헤겔의 욕망과는 다르다. 타자성은 더 이상 대체되거나 관념화된 … 것으로 나타나지 않는다. 그보다, 차이는 향유의 조건이자 격상된 의미의 쾌락이고, 니체식 주이상스라 할만한 것을 구성하는 힘 작용의 촉진이자 강화이다 … 들뢰즈는 니체와 헤겔 사이의 차이를 이렇게 설명한다. "니체의 '네'는 변증법적 '아니오'에 반대한다." (*Subjects of Desire* 208-9)

들뢰즈에게 역사는 점차 노예화되어 스스로에게 등을 돌리는 의지를 설명하는 것으로 이해될 수 있다. 의지를 행사하여 타인을 지배하려는 사람들이 어떤 식으로 용서와 겸손이라는 기독교 교리를 공표하게 되었는지에 대한 니체의 설명을 예로 들고 있다. 그러나 이들은 약했고 능력이 부족했다. 대신 이들은 속임수로 목적을 성취했다. 약자들은 모의하여 힘은 약점이고, 의지는 오만이며, 욕망은 악덕이라고 적을 설득했다. 이런 사고방식은 자아에 대한 폭력을 낳았다.

푸코는 욕망에 대해 완전히 다른 역사적 설명, 즉 니체식 의미에서의 계보학을 제시한다. 계보학은 권력이 의미나 어감을 생산하고 자연스럽게 만드는 시간과 장소를 추적해 발견하려는 노력으로 이해할 수 있다. 예를 들어 역사적 서사와 담론이 생산되는 것은 한 집단이 다른 집단을 희생한 대가로 자신의 권리나 주장을 합법화하고 공인하기 위해서다. 그리고 마치 그것이 세상 돌아가는 이치이고 사물이 존재하고 존재해야하는 방식인 것처럼 보이게 만들기 위해서다. 특정한 실체나 사물(계급 파벌, 인종, 젠더, 나이 집단)이 어떤 속성(지식, 문명, 합리성)과 유사해 보이게 만들어진다는 생각이다. 니체는 '여러 언어에서 좋음good을 뜻하는 용어의 어원'을 그 사례로 든다.

> ['좋음'은] 동일한 개념의 변화를 겪었다. 모든 언어에서 이 단어는 신분과 계급적 의미에서 귀족적이고 고귀하다는 뜻이다. 이로부터, 이 단어는 역사적 필연성에 의해 정신적 고귀함과 영혼의 탁월함을 뜻하게 되었다. 이러한 개념의 발전은 상대 개념과 완전히 평행 관계에 있는데, 귀족이 아닌 평민이나 낮은 계급을 뜻하는 용어가 결국에는 나쁨bad의 개념으로 변했다.
> (Nietzsche, *The Genealogy of Morals* 162)

그래서 계보학은 권력이 당연한 듯 만들어온 공식적이거나 전통적인 역사에 반대한다. 그리고 푸코가 관심을 두는 역사 작업은 '욕망의 문화적 구성'(*Subjects of Desire* 215)에 관한 것이다. 푸코에게 욕망은 무엇보다 역사가 있는 명칭이라는 점에서, 그의 접근법은 전통적 헤겔적 접근(및 정신분석학적 접근)과 차이가 있다. 다시 말해 욕망의 위상은 근본적으로 담론적이다. 더 구체적으로 말해, 푸코는 헤겔과 정신분석학이 욕망을 설명하는 논리, 즉 욕망이 문화에 선행하면서 일반적으로 문화를 구성한다는 논리를 뒤집는다. 앞에서 살펴보았듯이 헤겔에게 욕망은 반성성을 작동시키고, 세계를 매개하며 주체를 존재로 만든다. 프로이트의 저작에서 근친애 욕망을 금지하는 법은 주체의 토대가 되기도 하고, 동시에 억압의 방식으로 주체를 분열시키기도 한다. 헤겔의 전통과 마찬가지로, 프로이트에게 욕망과 승화의 관계는 문명이 생물학적인 것과 본능적인 것을 대체하는 메커니즘이다. 이와 유사하게 라캉의 경우에도, 버틀러가 '권력의 사법적 모델'이라 말한 것은 '억압에 앞서는 진정한 욕망, 푸코를 따른다면 담론의 "바깥"이라 선언할만한 현상'(*Subjects of Desire* 221)을 상정하고 있다. 그러나 푸코는 욕망 개념이 담론의 실천과 형성물 안에서만 인식되고 만들어지는 것이라고 주장한다. 다시 말해 권력이 욕망과 주체보다 앞서 있다.

게다가 권력의 여러 형성물이 욕망 개념을 일종의 진리 형식이나 지식 양식으로 규정하고 설명하고 배치하는 것에 대해서도 논의할 문제가 많다. 욕망은 진리의 특권적 형식으로서, 사회-문화적인 서사와 설명을 인가하고 주체와 주체의 몸을 범주화할 근거를 제시한다. 또한 주체가 자기 지식, 해방, 정신 건강, 몸의 쾌락이나 통제, 그 외 여러 다른 목적을 달성하기 위해 끌어안거나 긍정 혹은 부정, 아니면 협상해야 하는 것으로 규명되기도 한다. 주체의 몸은 욕망 때문에 형성되거나 존재가 되는 것이라기보다는 권력이 부과한 진리를 기록하고 재기록하는 일종의 고대문서palimpsest같은 것이다. 버틀러는 이렇게 쓴다.

> 푸코의 욕망 담론 비판, '욕망의 주체'라는 수사법에 대한 비판은, 욕망이 단순히 경험을 설명만 하는 게 아니라 경험을 결정하는 명칭이라는 것을 환기해준다. 욕망의 주체가 여러 규제 전략에 유용한 허구일 수 있다는 점도 말이다⋯. 욕망의 역사를 몸의 역사라는 관점에서 말한다면, 그것은 가장 즉각적인 현상 속에 역사가 스스로 표현하는 방식이 될 수밖에 없다.
> (*Subjects of Desire* 238)

『욕망의 주체』는 욕망에 대한 헤겔식 묘사와 설명을 하는 책인데 매우 니체적인 설명으로 끝을 맺는다. 즉 욕망이 특히 주체성 및 정체성 개념의 생산에서 하는 역할, 그리고 욕망이 이런 개념과 맺는 관계라는 관점에서 보면, 욕망은 권력 작용 속에 뛰노는 요소로 상정된다.

종속

『욕망의 주체』 이후에 욕망, 권력, 주체성, 정체성이 이렇게 겹쳐지면서 문제가 되는 것을 설명하고 규명하고자 하는 버틀러의 가장 일관되고 발전된 시도는 『권력의 정신적 삶』에 나타난다. 이 책은 주로 니체와 푸코의 이론적 관점에서 쓰였지만 『욕망의 주체』에서 논의하고, 『젠더 트러블』과 『의미를 체현하는 육체』에서 발전시킨 프로이트와 라캉의 통찰을 연결할 교량을 만들거나 유지하려한다.

버틀러는 『권력의 정신적 삶』에서 주체가 권력의 실천과 담론을 통해서 구성되어 그 지배를 받을 뿐만 아니라, 어쩔 수 없이 그에 묶여서 의존하는 상황을 일종의 '종속'subjection 형태라고 말한다. 종속이라는 말의 요점은, 종속이 앞서 말한 지배와 의존은 받아들이지만 주체와 모든 행위성이 권력과 권력의 여러 기술(담론, 규범, 감시 양식)을 거치면서 일정 정도 매개나 타협을 겪지 않는다는 생각에 반대한다는데 있다. 버틀러는 권력이 '우리에게 행해진' 것이면서 우리가 벗어나고 싶거나 피하고 싶은 것으로 여겨진다고 지적한다.

> 푸코를 따라, 권력이 주체를 형성하고 그 존재 조건과 욕망의 궤적을 제공하는 것으로 이해한다면, 권력은 우리가 맞서 싸우는 것이고, 강조해 말한다면 우리 존재를 위해 우리가 의존하고, 현재 존재 속에 우리가 품고 보존하는 것이다 … 우리가 종속당하기로 택한 것은 아니지만 역설적이게도 종속은 우리의 행위성을 시작하고 또 유지하는 담론에 이렇게 근본적으로 의존하는 데서 나타난다. (*The Psychic Life of Power* 2)

버틀러가 푸코와 정신분석 이론을 연결할 다리로 삼은 것은 종속 과정에서 정신이 하는 역할이다. 푸코에게 주체는 인식가능성이라는 담론의 기준에 맞추고, 그 기준에서 인정을 얻고, 그 기준에 맞게 행동하면서 존재가 되며, 인식가능성은 규범적 범주, 서술, 묘사로 이루어진다. 이런 담론 공간 안에서 주체의 자리는 훈육과 감시의 기술 및 작동을 통해 유지된다. 프랑스 역사가이자 문화이론가인 미셸 드 세르토는, 푸코가 어떻게 『감시와 처벌』과 같은 책에서 계몽 담론의 '뱀파이어화'라는 프로이트식 이야기를 만드는지에 대해 이야기했다. 여러 장치, 기술, 메커니즘에 의해 합리성, 이성, 진보, 인간 지식의 목적론적 동력 같은 계몽 담론은 '19세기 초에 고백, 교육, 의료를 통한 통제'(Foucault, *The Care of the Self* 45)가 발달할 동력을 주었다. 계몽 담론과 정치학의 관계는 이분법이 아닌, 일종의 식민화로 표현되게 된다. 즉 훈육 과정이 혁명 이데올로기의 등에 올라타면서 계몽 기획을 장악한 것이다.

훈육 과정에 대한 푸코의 연구에는 많은 양상이 있지만, 이 대목에서 특히 관심을 두는 것은 '뒤바뀐 몸'에 대한 탐정 소설'(Certeau, *The Practice of Everyday Life* 46)이다. 훈육 과정은 계몽주의 이데올로기 안에서 그 이데올로기를 먹고 살지만 자신만의 담론을 위한 장소는 없어 보인다. 기술이 사회 공간으로 확산되어, 투쟁 중인 주권이나 혁명의 이데올로기가 승리한 게 아니라 기술 자체가 승리했다고 할 정도다. 왜 이런 훈육 기술이 마침내 '승리한' 것일까? 세르토의 주장으로는, '그게 뭐든 모든 인간 집단을 훈육할 수 있고 … "처리"할 수 있는 도구를 만들기 위해 … 모든 이(학생, 군인, 노동자, 범죄인, 환자)에게 똑같은 구획 공간'(*The Practice of Everyday Life* 46)을 도입한 때문이다. 여기 감시, 규제, 통제의 여러 기술이 있고, 그것은 푸코가 우리 시대의 권력 체계라 한 것에 다다를 것이다.

푸코는 『말과 사물』, 『지식의 고고학』과 같은 책에서, 이런 과정이 어떻게 여러 공식 담론('인문과학') 안으로, 또한 '빛을 이용한 파놉티콘의 과정' 안으로 반영되어, 결국 그 안에서 표명되고 또 합법화되는지를 보여준다. '이런 과정은 점점 증식하면서 … 사회의 모든 층위에서 조금씩 스스로 번식한다'(*The Practice of Everyday Life* 47). 하지만 훈육성과 규범화에 대한 푸코의 시각이 대체로 빠뜨린 것은 아래에 관한 기술적 설명이다.

어떻게 주체가 복종 속에 형성되는가. 푸코 이론에서는 정신의 전체 영역이 대체로 언급되지 않고, 권력이 이처럼 복종과 생산이라는 이중적 가치를 띤다는 것도 다뤄지지 않는다. 따라서 복종이 종속의 조건이라면 권력은 취하는 정신적 형태는 어떠한 것인지 질문할 수 있다. 이런 기획을 위해서는 권력 이론과 심리 이론을 함께 생각해야 한다 … 지금 하는 이 연구는 한쪽 이론이 다른 쪽 이론을 서로 설명해주는 잠정적 관점을 살피고자한다. (*The Psychic Life of Power* 2-3)

정신psyche이 우선적으로 주체를 전제로 하고 주체를 필요로 한다면, 종속 과정에서 중심적 역할을 하는 정신이 어떻게 이런 작용을 할 수 있는지에 관한 이론적 문제로 정신의 개념이 복잡해진다. 버틀러가 그 예로 드는 것은 니체의 『도덕의 계보학』에 나오는 유명한 개념, 즉 자기 자신에게 등을 돌린 의식 개념인데, 의식은 타자와 맞서고 자신을 위협과 비난으로 표현하는 양심의 가책bad conscience이라는 정신현상을 시작한다. 양심의 가책 때문에, 주체는 타자의 권위를 수용하고 폭력이 (죄의식 형태로) 자신에게 향하도록 한다. 이 이론은 주체가 호명을 되면서 존재가 된다는 루이 알튀세의 주체 개념의 기반이 된다. 알튀세는 영향력 있는 논문 「이데올로기와 이데올로기적 국가장치」에서 다음과 같이 말한다. 제도, 텍스트, 담론이 다음에 나오는 것을 소집한다고 주장한다.

[제도, 텍스트, 담론은] 개인 중에서 주체를 호명하거나 불러세워 … 개인을 주체로 '변화시킨다.' 그것은 '이봐, 거기 당신!'처럼 아주 흔한 일상에서 경찰(혹은 다른 사람)이 부르는 것 같은 맥락에서 상상해볼 수 있다. 내가 상상한 이론적 장면이 거리에서 일어난다면, 누군가 부르면 이름을 불린 개인이 뒤를 돌아볼 것이다. 바로 이처럼 180도 몸을 돌리는 것만으로 그는 주체가 된다. 왜냐하면 그는 이 부름의 수신자가 '진짜' 자신임을 인정했기 때문이다. (Althusser, *Lenin and Philosophy* 163)

이 비유는 아주 단순하다. 알튀세의 사례에서는 길거리에서 누군 가에게 소리치는 사람이 경찰이지만, 그건 교실에서 학생에게 이야기하는 교사일 수도 있고, 빈칸을 채워야 하는 요식적 서류일 수도 있다. 공권력이 우리를 부르고 우리의 대답을 들을 때, 바로 그 순간 이런 만남의 출발점이나 맥락은 공권력을 가진 인물이 범주화를 할 권리, 그리고 일어난 범주화의 타당성에 있다. 이 공식은 어느 정도 문제가 있는데, 모든 행위성이나 불복종의 가능성을 제거하는 것처럼 보이기 때문이다. 버틀러가 지적하듯, '법은 거부당할 수 있을 뿐 아니라…파열될 수도 있고', 법의 '일신교적 힘'이 의문시될 수도 있다(Bodies that Matter 122). 그러나 알튀세의 요점은, 공권력과 공권력의 자기 서사(국가가 가장 잘 알고 있고, 경찰이 당신 편에서 일하며, 당신은 더 열심히 일해야 한다는 등)를 주체가 '믿는지' 아닌지는 그리 중요하지 않다는 것이다. 알튀세는 파스칼의 '무릎을 꿇고 입술을 움직여 기도하면 … 믿게 될 것이다'라는 유명한 경구를 언급한다. 이 말이 의미하는 것은 사실상 유순한 주체를 생산하는 부름과 응답이 의례적ritual이라는 뜻이다. 간단히 말해, 믿는 것처럼 행동한다면 결국 행위한 대로 믿게 될 것이다.

니체의 영향을 받은 종속 이론에는 푸코와 알튀세의 연구도 포함되지만, 이 이론들은 모두 주체 없는 정신의 문제를 설명하지 못한다. 이에 대해 버틀러는 그들의 설명이 비유적이라고 생각한다. 다시 말해 푸코의 규범화, 니체의 양심의 가책, 알튀세의 호명은 '설명을 쉽게 만들기도 하지만 … 한계도 표시하는'(The Psychic Life of Power 4) 이론적 메커니즘으로 읽힌다. 이 부분에서 버틀러의 관심은 정신분석학과의 관계를 연구하는 쪽으로 가게 된다. 주체가 신체 각부의 관계로 만들어진 산물이라는 생각과, 형성이나 종속을 포함하는 과정이라는 생각은 순차적으로 나타나기도 하고 서로 동시에 나타나기도 한다. 이런 생각은 거의 억압 및 무의식 개념과 호응하는 메커니즘을 필요로 한다.

> 종속을 복종인 동시에 주체의 형성으로 보는 푸코의 생각은 특정한 정신분석학적 가치를 나타낸다. 어떤 주체도 자신이 근본적으로 의존하고 있는 사람들에 대한 열정적 애착 없이는 탄생하지 않는다는 것을 생각해본다면 말이다…. 아이의 의존이 일반적 의미에서의 정치적인 복종은 아니지만, 의존 속에 일차적 열정이 형성되면 아이는 복종이나 착취에 약해진다… 게다가 이런 일차적 의존 상황은 주체의 정치적 형성과 규제의 조건이 되고, 주체가 종속되는 수단이 된다. (*The Psychic Life of Power* 7)

'열정적 애착' 개념이 정신분석학적인 종속 서사를 시작하게 하지만, 이는 언제나 문제가 있고 어쩌면 오명이 될 수도 있는 애착이다. 좋게 봐도 긴장이 감도는 지점이고 최악의 경우 주체를 해체할 수도 있는 욕망의 장면이 되기도 한다. 의존anaclisis의 과정에서 나타나듯, 특정한 신체 층위에서 애착 장소(말 그대로 모유 공급원인 젖가슴이나 젖꼭지)는 본능적인 것 이상으로 변형된다. 그래서 아이에게 주 보호자(반드시 부모일 필요는 없다)와의 첫 관계는 반드시 필요하며 생존에 관한 것이다. 아이는 생존을 위해 주 양육자에게 의존해야 하지만, 의존이 사랑으로 변하면서 사실상 분열된 주체를 낳는 폭력도 동시에 겪는다. 엄밀한 의미에서 이것이 폐제 개념의 의미다. 즉 주체를 구성하던 것이 사라지고, 다시 나타날 때는 주체의 해체를 촉발하는 것 말이다. 버틀러가 지적하듯, 이것이 진정한 종속의 논리이자 종속 상황이다. '자기자신으로 존속하기 위해 자신이 복종할 조건을 바래야기 때문이다(*The Psychic Life of Power* 9).

버틀러는 어떻게 폐제를 푸코의 규제, 훈육, 규범화 과정과 연결하는가? 아니 이런 실천과 기술은 어떻게 정신의 층위에서 주체에 합체되는가? 정신분석학이 주체의 내적 작용(정신)을 설명하는 반면, 푸코는 장소, 건축, 담론, 감시의 반복 기제 같은 사회문화적 실재가 어떻게 유순하고 순응적인(또한 생산적인) 몸으로서의 주체subjects-as-bodies를 만드는지 보여준다. 버틀러는 이런 구성요소가 (정신psyche이 규제와 규범화를 촉진한다거나 그 반대 경우처럼) 순차적 관계에 있다고 보기보다는, 권력 작용의 두 측면으로 생각하는 것이 유용하다고 주장한다. 버틀러는 이렇게 설명한다.

> 규범이 욕망을 규제하기도 하고 생산하기도 하면서 정신 현상으로 작용하는 한, 그것은 또한 주체의 형성을 지배하고, 살만한 사회성 영역의 경계도 만든다. 규범의 정신 작용은 명백한 강제보다는 더 은밀한 경로를 규제 권력에 제공한다. 이것이 성공하게 되면 사회적인 것 안에서 규범이 말없이 작용하는 것이 가능해진다. (*The Psychic Life of Power* 21)

이처럼 정신과 훈육 메커니즘의 겹침은 권력의 명령과 논리 그리고 폭력이 어떻게 내면화되는지에 대한 기술적인 설명을 제공해줄 뿐만 아니라 정신분석학의 반역사적 경향도 피한다. 그리고 어쩌면 훨씬 더 중요한 것은, 이런 겹침이 주체를 사회적이고 역사적인 과정과 실천에 기반하게 만들어서 주체에 대한 정신분석학적 설명의 구조적 닫힘을 해결할 대안을 제공한다는 점이다. 이는 주체를 구성하기도 폐기하기도 하는 규칙과 규범, 그리고 이런 규범의 보편성과 당연시의 환상을 만드는 담론 작용 사이에 틈이 있다는 의미다. 게다가 권력이 생산한 것이 원래 목표한 것과 꼭 같지는 않으며, 사실 권력 안에 자체의 취약성의 씨앗을 내포하고 있다고 주장한다. 모든 의미의 행위성이나 정치적 저항은 권력의 관점 안에서만 발생할 수 있지만, 이 관점은 언제나 정상적이고 건강하며 인정받을만한 인간으로 공인받고 규정된 것의 외부에, 또 반대편에 있는 일련의 범주에 근거한다.

> 규범이 정신적인 것이 되면서 규범은 사회적 권력을 회복할 뿐만 아니라 대단히 특정한 방식으로 권력을 형성하기도 하고 권력에 취약해지기도 한다. 주체의 취약성을 확립하는 범주화 자체도 … 정신적 변화와 역사적 변화에 취약하다. 이런 관점은 … 사회적인 것보다 앞서 있는 … 정신적이거나 언어적인 규범성에 대한 생각에 반대한다. 주체가 주체보다 앞서 있는 권력의 조건에서 비롯되는 것처럼, 규범의 정신 작용도 그것에 앞선 사회적 작용에서 … 비롯된다. (The Psychic Life of Power 21)

욕망에 대해서도 똑같이 말할 수 있다. 욕망은 권력에 의해서 규제되고 처리될 뿐 아니라, 규범적인 논리나 서사와는 정반대의 방식으로 권력에 의해 움직이기도 한다. 버틀러가 지적하듯, 법은 금지 행위를 통해, 은연 중 자신이 금지한 것을 매혹의 대상으로 만든다. 어떤 길이 내가 갈 수 없는 길이라고 저지당하면 그 길은 '욕망의 중심'(The Psychic Life of Power 21)이 된다. 라캉의 정신분석학에서 근친애 금기가 언제나 의도와 다르게 작용하는 이유도 여기에 있다. 근친애 금기는 그 자체로는 성애적이거나 성적인 가능성이 없을 만한 관계를 택해, 그 관계에 사회와 문화의 토대가 되는 구조적 보편성이라는 위상을 부여한다. 따라서 근친애 금기라는 법의 보편성에는 자체의 논리를 약화시키는 이런 메커니즘의 자의성이 특징적으로 나타난다. 이 규칙은 근친애 관계를 폐제하지만, 그래봐야 상상할 수 없는 근친애에 대한 생각을 더 갈망하게 만들 뿐이다. 이것을 잘 나타내는 사례는 파솔리니의 영화 <오이디푸스 왕>에 나온다. 여기서 두 주인공 인물 사이의 성적인 긴장감과 욕망은 그들 관계의 진실성을 보여주는 기호가 증폭하자 분명 강화된다. 오이디푸스와 이오카스테 Jocasta는 마치 근친애가 배제되어 생각조차 할 수 없는 것처럼 행동하지만, 근친애의 배제가 근친애를 저지르고 싶은 욕망을 증가시킨다.

정체성과 동일시

지금까지 우리는 『젠더 트러블』과 『의미를 체현하는 육체』에서 찾은 이론적 문제 대부분을 다루었다. 몸을 문화적으로 인식 가능한 장소이자 텍스트로 형성하는 것, 욕망의 위상과 그것이 주체성과 맺는 관계, 그리고 주체가 권력의 규제적 체제를 통해서 형성되는 동시에 그 체계에 종속되는 과정 등을 말이다. 남은 것은 주체성과 정체성(확장하자면 동일시) 개념의 관계이다. 그리고 이 장 앞부분에서 제기한 두 가지 문제도 남아있다. 첫 번째는 정체성을 주체성과 어떻게 구분할 것인가의 문제이고, 두 번째는 정체성이 어느 정도까지 행위성으로서의 동일시 identification-as-agency라는 의미를 작동시키거나 포함한다고 말할 수 있는가의 문제다.

버틀러는 『권력의 정신적 삶』 서문에서 이 중 첫 번째 문제를 어떻게 이해하고 있는지 분명하게 설명한다. 이 책은 주체와, 정체성으로서의 개별 인간의 몸의 차이를 설명하고자 한다. 버틀러에 따르면

> '주체'는 때로 '사람'이나 '개인'과 상호교환되는 것처럼 말해진다. 그러나 주체의 계보학은 … 주체가 개인과 완전히 동일시되기보다는 언어적 범주, 자리표시어placeholder, 형성 중의 구

조로 지정되어야 한다고 주장한다. 개인들이 주체의 자리site를 차지하게 된다(동시에 주체가 '자리'로 등장한다) … 어떤 개인도 먼저 종속되지subjected 않고서는 주체subject가 될 수 없다. (*The Psychic Life of Power* 10-11)

이러한 관점에서 종속은 구조나 건축의 기능을 하는 것으로 이해된다. 종속은 주체가 존재하도록(인정받도록) 해주기도 하고, 주체가 더 넓은 사회문화적 장으로 들어가서 그 안의 이야기 항로를 갖게도 해준다.

버틀러에게 중요한 정체성의 형식은 성적 정체성이다. 성적 정체성을 보존하기 위해 동일시는 근친애 금기와 이성애규범성의 명령에 따라야 한다. (이 문제는 다음 장에서 더 자세하게 다룰 것이다.) 그렇다면 동일시는 행위성이라기보다는 선택의 여지가 없는 [강제적] 선택이다. 주체는 여자, 아이, 딸과 같은 이름으로, 애착의 형태로 지목되고 불리며, 결국에 욕망은 인정가능하거나 그에 상응하는 정상적인 것이 되어야 한다. 결정적으로 동일시는 또한 비동일시에 관한 것이기도 한데, 둘 다 근친애 금기의 층위에 있고, 나아가 정해진 섹슈얼리티 서사의 층위에 있다. 버틀러는 다음과 같이 설명한다.

'남성적' 위치와 '여성적' 위치가 … 부분적으로는 금지를 통해 확립되는 것은 분명해 보인다. 금지는 특정한 성적 애착의 상실을 요구할 뿐 아니라, 그런 상실은 공언되어서도 안 되고 애도되어서도 안 된다 … 오이디푸스 콤플렉스는 이성애 욕망이 이미 성취된 것으로 간주하고, 이성애와 동성애의 구분(필연적이지 않은 구분)을 강제한다. 그런 의미에서 근친애 금기는 동성애 금지를 전제한다. 근친애 금기가 욕망의 이성애화를 전제하기 때문이다. (*The Psychic Life of Power* 135)

더 일반적으로 그리고 여러 문화적 장에 걸쳐서, 주체는 더 많은 정체성들을 계속 '선택'하고 또 획득한다. 그러려면 각 범주 및 정체성의 자리와 관련된 요건(담론, 수행, 가치 있는 형태, 몸의 헥시스)에 대한 이해력을 높여야 하고, 선택한 것이 규범적 가치와 맞는다는 확신도 있어야 한다. 우리는 이러한 과정을 부르디외가 '자연화된 역사'라 규명한 아비투스로 이해할 수 있다. 아비투스가 확신하는 바, 우리가 내린 결정과 동일시한 가치에 어떤 경향이 있는 것은 맞지만, 그런 경향이 있다는 사실은 무의식의 층위로 옮겨졌다. 다시 말해 경향과 필연은 자유 의지나 선택이라고 잘못 인식된다(Bourdieu, *Pascalian Meditations*). 부르디외에게 문화적 실천과 선택은 언제나 아비투스와 특정한 문화의 장과 맥락이 함께 어우러진 결과물이다. 사람들은 여러 문화의 장과 제도를 거치면서 또 그 영향을 받으면서 그러한 가치, 담론, 이상, 행동 방식을 자연스러운 것으로, 어느 정도 보편적인 것으로 간주하는 경향이 있다. 버틀러 말대로 '이런 믿음은 … 관련된 개인의 사상, 즉 자기 믿음에 대한 사상이 있는 의식을 가진 주체로서의 개인에게서 비롯된다. 이런 식으로 … 관련된 주체의 태도가 자연스럽게 이어진다'(*The Psychic Life of Power* 210-11).

부르디외는 '규범이 어떻게 구현되는지'를 보여주지만 '의도나 고의가 없는 규범의 합체가 일어나는 방식에 대해서도 꽤 그럴듯하게 설명한다'(*The Psychic Life of Power* 142). 주체간, 객관 구조물간, 그리고 시간과 공간 간에 발생중인 관계에 대한 부르디외의 분석이 보여주는 것은, 이런 실천들이 제도의 논리, 서사, 규칙, 가치, 담론, 한 분야의 이데올로기(객관적 실천 조건)라는 관점에서도, 또 개인의 매개없는 의사 결정이라는 관점에서도 설명되지 않는다는 것이다. 아비투스는 수많은 경향, 작동 양식, 성향, 가치, 근거로 만들어진다. 이런 원칙들은 다음과 같다.

의식적인 목표 설정이나 목표를 이루는데 필요한 과정의 빠른 습득을 미리 생각하지 않았는데도 그 결과물과 객관적으로 맞을 만한 실천과 재현물을 만들고 조직한다. 규칙에 복종한 결과물이 아닌데도 객관적으로 '규제되고' '규칙적인' 이런 실천과 재현물은, 행위자가 조직화 활동을 한 결과물은 아니지만 집단적으로 조직될 수 있다. (Bourdieu, *Outline of a Theory of Practice* 53)

이제 실천은 아비투스의 형성중인 경향과 이 결합에서 만들어진 객관적 조건이 결합한 (언제나 약간 '싱크가 안 맞는') 결과물이다. 버틀러는 이 과정을 '시간성의 벡터'(*Giving an Account of Oneself* 35)라고 묘사한다. 간단히 말해, 모든 문화적 장 및 더 넓은 장의 객관적 실재가 겪는 시간과 권력의 작동은, 결코 어떤 주체의 시간과도 동시에 일어나지 않는다는 말이다. 게다가 인정의 적합성이나 수준, 장소의 유사성, 밀접하게 공유된 아비투스를 고려하지 않는다고 해도, 어떤 주체든 다른 주체와 시간상으로 완전히 일치할 수 없다. 아마도 주체가 하나의 장 혹은 여러 장에 걸쳐 차지하는 장소가 다른 것으로 완전히 대체될 수 없고, 그것과 유사하지도 않기 때문이다. 각 주체가 그 장과 관련해서 싱크가 안 맞는 정도는 장소마다 다를 것이고, 결국엔 주체마다 다를 것이다. 그 결과, 하나의 장이 지나가는 때와 장소에서 특정 주체가 기대할 수 있는 정도가 어느 정도인지, 어떤 규범이 수정 중이고 이 수정의 핵심은 무엇이고 누구를 위한 것이며, 그것으로 가장 혜택을 볼 방법은 무엇인지의 질문도 제기될 것이다. 이런 동시성 부족이 이들의 문제를 풀어낼 기반이 되는 만큼, 아비투스와 장 사이의 간극은 생산적일 수 있다. 다시 말해 두 개의 대단히 당연시된 체계와 논리가 서로를 논박하는 곳에서, 주체의 '무의식적 믿음'에 대해 이의가 어느 정도 제기될 것이다.

주체의 삶과 사물의 사회문화적 질서 사이의 불일치는 푸코의 주장, '담론은 당신의 삶이 아니며, 담론의 시간도 당신의 것이 아니다'에 잘 나타난다(Burchill et al. Foucault Effect 72). 그러나 주체는 시간상으로 언제나 어긋나 있을 뿐 아니라, 주체에게 말을 걸려고 하는 이 담론의 질서(및 권력의 순환)와 완전히 무관하진 못해도 정서적으로 분리되어 있다. 푸코가 분명하게 말하듯, 주체는 언제나 그리고 반드시 존재를 가능하게 만드는 조건에서 소외되어 있다.

> 나의 담론에서 핵심은 나 자신의 생존이 아니라고 생각해야 하는가? 그리고 말을 함으로써 나의 죽음을 쫓아내는 것이 아니라 오히려 확정한다고 … 내 삶과 너무나 무관하고 너무나 중립적이어서 내 삶과 죽음의 차이조차 모르는 말을 내가 입 밖으로 내는 것이라고 생각해야 하는가? (The Foucault Effect 71)

맺음말

어떤 의미에서 주체는 카프카의 『심판』에 나오는 우화 속의 시골 남자와도 같다. 이 남자는 법 앞에 설 수 있는 문을 계속 찾아가지만, 입장을 거부당한다. 결국엔 '그의 기력이 다하는 순간에' 와서야 '이 문은 당신만을 위해 만들어졌으니 당신 말고는 그 누구도 이 문에 들어갈 수 없소. 이제 나는 이 문을 닫아야겠소'라는 말을 듣게 된다(The Trial 237). 은유적으로 보건 문자 그대로 보건 그는 삶이 다한 상태지만, 동시에 그의 삶에 일관성, 목적, 초점과 방향을 준 것은 바로 '법에 도달하라'는 명령이다. 버틀러가 말하듯, '내 삶을 인식가능성 속에 유지하는'

규범은 '내 삶의 시간을 방해'하는 동시에 '나와 나의 삶, 나의 죽음과도 무관하지만, '역설적이게도 … 그럼에도 불구하고 내 삶을 유지하는 것이 … 이런 방향 상실이고 … 이런 무심한 사례다'(*Precarious Life* 35). 다음 장에서는 버틀러가 페미니즘 이론에 다양하게 개입하게 되면서 어떻게 이런 과정과 문제가 전달되는지, 또 어느 정도로 이탈을 겪는지도 살펴볼 것이다.

더 읽을거리

Bourdieu, P. (2000) *Pascalian Meditations.* Cambridge: Polity. 부르디외. 『파스칼적 명상』. 김웅권 옮김. 동문선, 2001.

Foucault, M. (2005) *The Hermeneutics of the Subject.* New York: Picador. 푸코. 『주체의 해석학 1981-1982, 콜레주 드 프랑스에서의 강의』 심세광 옮김. 동문선, 2007.

Nietzsche, F. (1956) *The Birth of Tragedy and The Genealogy of Morals.* New York: Doubleday Anchor. 니체. 『도덕의 계보학』. 홍성광 옮김. 연암서가, 2020.

2

젠 더

Gender

2. 젠더

버틀러는 『젠더 트러블』에서 젠더가 페미니즘 이론에서 이해되고 활용되는 방식을 연구한다. 페미니즘 안에서 '여성'이라는 보편 주체가 여성의 범주에 속하는 지배 집단의 경험에 특권을 주고, 인종이나 계급 같은 차이로 인한 결과를 고찰하지 않는다고 계속 비판하는 데 주력한다(Gender Trouble 14). 페미니즘이 여성을 더 완전하게 재현할 수단을 밝히려 한다기보다는, 그렇게 하려는 동력 자체가 사실은 젠더의 관계와 규제에 관한 모든 변화에 적대적인 권력관계를 숨길 수 있다고 주장한다. 그래서 그는 페미니즘 이론에 지배적인 가정, 즉 페미니즘 정치학은 여성 범주를 중심으로 조직된 재현의 정치학이어야 한다는 가정에 의문을 제기한다. 그리고 페미니즘 이론이 '하나의 혹은 고정된 토대를 구축할 필요가 없는 급진적 비평을 누릴 때도 된 것 같다'고 주장한다(Gender Trouble 5).

버틀러가 하는 비판의 초점은, 페미니즘의 재현 정치학에서 '여성'이 안정되고 알기 쉽고 보편적인 주체의 위상을 가정하게 되는 메커니즘에 있으며, 버틀러의 주장으로 그런 가정은 '자기도 모르는 사이에 젠더 관계를 규제하고 물화'한다(5). 여기에서 버틀러가 의미하는 것은 '여성'이라는 범주가 실은 생산적 권력의 장이 만든 결과물인데도, 마치 자명한 것처럼 언제나 거기 있던 것같아 보인다는 뜻이다. 그런 권력의 장이 젠더 불평등을 생산하기 때문에, 페미니즘이 무비판적으로 여성을 복제한다면 젠더 억압을 만드는 권력 기제를 검토할 수 없을 것이다. 재현 정치학의 전략보다는 여성 범주가 의미 있는 문화 범주로 통용되는 조건에 대해 조사하고 비판하는 것이 페미니즘에 더 유용할 것이라는 것이 버틀러의 주장이다.

젠더와 계보학

『젠더 트러블』에서 버틀러가 제안한 것은 젠더 범주에 대한 '계보학적 비판이다'(Gender Trouble ix). 버틀러가 사용한 계보학 개념은 (니체의 연구에 기대어 있는) 푸코의 연구를 따른다. 앞 장에서 살펴보았지만, 푸코의 주장은 계보학을 이용하여, 보편적인 것처럼 보여서 '역사가 없는 것처럼 느껴지는 것'(The Foucault Reader 76)을 검토해야 한다는 것이다. 계보학은 자명하거나 보편적인 것으로 순환하는 제도나 패러다임의 중요한 기원을 찾기보다는, 제도뿐 아니라 제도를 보편적인 것으로 순환시킬 수단도 생산하는 권력과 지식의 상호작용을 연구한다.

예를 들어 푸코는 『성의 역사』 1권에서 어떻게 이성애를 동성애와 다른 섹슈얼리티 양식으로 생각하게 되었는지, 동시에 어떻게 이성애가 '동성애' 욕망을 파생시키는 보편 규범으로 구성되는지를 고찰한다. 18세기 말 이전의 남색sodomy은 주로 사법적 틀에서 '법에 반하는' 것으로 간주되었고, 남색이 혼외 관계나 불륜 등의 다른 죄와 다른 점은 '자연스러움'의 정도에 불과했다고 푸코는 주장한다. 그러나 '이성애의 일부일처제와 관련된 원심 운동'(The History of Sexuality 38-9)에 따라, 성적 일탈은 말해야 하는 것, 그것을 말하는 몸과 은밀히 밀착된 것이 되었다. 앞서의 원심 운동에서는 새로운 사생활 담론 아래, 그리고 이런 비규범적 섹슈얼리티 양상에 개입된 이들에 대한 대중적 관심이 증폭되면서 이성애가 일어났다. 교회의 고백성사에서 정신분석학의 상담실에 이르기까지, 푸코는 도착 행위를 둘러싸고 이렇게 '담론으로 선동'하는 수많은 사례들을 열거한다. 이처럼 도착 담론이 발달하자 이런 새로운 '개인의 세분화'specification(43)는 그 개개인들이 개입된 도착 행위와 은밀히 연관되었고, 동성애라 규명할만한 개념도 생겨났다. 동성애는 이제 하나의 정체성으로 구성되었지만, 동시에 이성애는 스스로 말할 필요가 '점차 줄어들었다(38). 그에 따라 이성애는 '역사가 없는' 것처럼 보인다. 이성애의 외관 자체가 권력의 장 안에서 나타난 주체화 담론의 실천에 달려있는데도 말이다. 버틀러도 '여성 범주에 대한 페미니즘 계보학(Gender Trouble 5)을 수행하면서 이와 비슷한 방식으로 젠더에 접근하려 한다. 이런 페미니즘 계보학은 마치 '여성'에는 구성된 역사가 없는 것처럼 보이게 만든 권력 메커니즘을 추적하고자 한다.

성별과 젠더

이런 계보학적 접근의 틀이 되는 것은 일부 페미니즘 이론에서 사용되는 '성별'sex과 '젠더'gender의 구분에 대한 버틀러의 비판이다. 성별/젠더 구분은 몸을 남녀로 구분하는 생물학적으로 주어진 사실과, 이런 몸이 자연스럽다고 간주되는 문화적 특성을 분리한다. 이런 구분은 특히 게일 루빈의 논문 「여성의 거래: 성별의 '정치경제학'에 대한 노트」(1975)

덕분에 생겼다. 루빈은 (페미니즘을 포함해) 사회적 불평등에 관한 지배적 분석인 마르크스주의의 틀이 '성별 억압을 완전히 표현하거나 개념화'하지 못한다고 주장한다(Rubin, 'The Traffic in Women' 160). 루빈은 생산 자원이 오직 특정한 사회적 조건 하에서만 자본이 된다는 마르크스의 논의를 해설하면서, 여성이 '특정 관계에서만 가정부, 아내, 사유재산, 플레이보이 클럽의 웨이트리스, 창녀, 같은 말만 반복하는 수다쟁이가 될 뿐'(158)이라고 주장한다. 특정한 관계가 '인간의 성과 번식이라는 생물학적 날재료'(165)를 여성만의 제한된 주체 위치로 바꾼다. 루빈은 이런 배열 조합을 '성별/젠더 체계'라고 부르고, 여기서 성별은 해부학의 '생물학적 날것'으로, 젠더는 그것을 변화시킨 '특정한 관계'(159)로 이해한다. 루빈에 따르면 마르크스주의만으로는 이 체계를 뒷받침하는 젠더의 사회적 관계를 충분히 설명할 수 없다.

버틀러는 「여성의 거래」를 많이 활용하는데 그 활용은 이 장의 뒷부분에서 논의하겠다. 그러나 여성이 생산되는 방식에 대한 버틀러의 분석은, 생물학적 날재료라는 가정에 있어서 루빈의 분석과 차이가 있다. 루빈에게 날것의 재료는 어쨌건 문화적 배열보다 앞서 있고 문화적 배열을 겪어야 한다. 버틀러는 계보학적 접근을 하면서, 당연시 과정과 거리를 두는 페미니즘 분석이 어떻게 몸의 개념을 검토하지 않고 있는지에 관심이 있다. 버틀러의 비판은 담론적 장 안에서 생산된 몸이, 어떻게 담론적 장에 앞서 존재하는 것으로 반복해서 상상되는지 그 방식을 주로 다룬다. 성별/젠더의 구분은 성별의 물질적 사실에 주목한다. 그러나 버틀러는 성별의 진실이란 그런 진실이 존재한다는 가정에 따라 젠더 규범을 생산하는 똑같은 규제적 실천을 통해 생산되는 것이라고 주장한다(Gender Trouble 17). 그래서 버틀러는 '몸은 어느 정도로 젠더의 표식 속에서, 그리고 그 표식을 통해서 존재가 되는지'를 질문한다(8).

버틀러가 『젠더 허물기』에서 한 논의는 이 말을 어떤 의미로 한 것인지 이해하는데 유용하다. 4장 「젠더 진단 미결정」에서, 젠더 정체성 장애GID가 외과적으로 젠더 기호를 바꿀 누군가의 필요/욕망을 '진단하는데 활용되는 방식과 관련해서, 트랜스젠더인 사람들의 모순되고 복합적인 상황을 살핀다. 젠더 관련 수술과 호르몬 치료의 비용을 생각해본다면, 이런 진단을 받아서 꼭 필요한 치료로 만들 능력은 젠더에 개입할 비용을 어느 정도 감당할 수 있게 해준다. 버틀러도 지적하듯, 물론 그 '댓가'는 트랜스혐오가 상당히 강한 병리화 담론에 복종하고, 그 담론으로 주체가 되는 것이다(Undoing Gender 76). 이것이 제기하는 문제는 복잡하지만 지금 논의와 특히 관련되는 문제는 버틀러의 말대로, GID진단이 만든 젠더 개입의 위계질서가 성별의 물질적 개념 안에 내재한 모순을 어떻게 보여주는지이다.

버틀러는 유방암 진단을 받은 부치 레즈비언을 예로 든다. 그는 유방암 때문에 가슴 하나를 절제해야 했고, 암 재발의 위험을 줄이고자 양쪽 다 유방절제술을 받기로 결심했다. 버틀러가 묘사하듯, '그는 자기 젖가슴에 별 애착이 없었으므로 쉽게 결정을 내렸다. 젖가슴은 그의 젠더나 성별 면에서 자신을 이해하는데 중요한 역할을 하지 않았던 것이다'(85~6). 그러나 보험 회사는 트랜스 대기 수술로 간주될 선례를 남길까봐, 두 번째 유방의 절제술에 대해서는 수술비 지급을 꺼렸다. 보험급여의 자격을 얻기 위해서 GID 진단을 받으려고 자신을 트랜스라고 밝혔을 수도 있다. 그러나 여기서 버틀러가 가리킨 것은 정신의학담론에서 상상하지도 표명하지도 못했던 젠더의 개선을 일상 속에 행하는, 젠더화된 몸이 변형 가능한 범위이다. 이 범위가 정신의학 담론에서 상상도 표명도 못했던 젠더 강화를 일상 속에 실현한다. 이 논의에서 버틀러의 관심을 끈 것은 이 부치에게 결과적으로 가능한 선택과 불가능한 선택을 둘러싸고 있는 역설과 모순의 범위이며, 또한 한 사람이 성별 특징과 맺는 관계에 대한 규범적 기대를 이런 제한이 반영하게 만드는 방식이다.

젠더화된 몸의 수정이라는 면에서 받아들일 수 있는 범위는 보통 젠더에 대한 규범적 기대와 호응한다고 버틀러는 주장한다. 이는 음경 확대나 유방 수술에서부터 머리 길이나 몸 사이즈에 대한 결정에 이르기까지 다양하다. 왜 성별이 물질적 진리로 생각될 수 없는지를 어쩌면 가장 분명히 밝히면서 버틀러는 이렇게 주장한다.

> 그 범주가 성별을 나타내는 몸의 온갖 표시를 뜻하는데 쓰인다면, 이런 실천(헤어컷이나 다이어트)은 이차적인 성별 특성을 높이는 일상의 습관이 될 것이다. 몸의 특성이 성별을 '표시'한다고는 해도, 성별이 성별 표시 수단과 꼭 같은 것은 아니다. 성별은 그것을 어떻게 읽고 이해해야 하는지를 표시하는 기호를 통해 이해하게 되어 있다. 이런 몸의 표시는 성별화된 몸을 읽는 문화적 수단이다. 이런 표시는 몸의 표시이고 기호로 작동하므로, 성별화된 몸에서 무엇이 '물질적' 진실이고 '문화적' 진실인지 구분하기는 쉽지 않다. 순전히 문화적인 기호만이 물질적인 몸을 낳는다고 주장하려는 게 아니다. 그러나 이런 기호 없이는 몸을 성적으로 읽을 수 없으므로, 이런 기호는 문화적인 동시에 물질적이며 더 축소할 수는 없다. (*Undoing Gender* 87)

따라서 남녀 간의 물질적 차이, 체현된 차이로서의 성별은 문화적 틀 안에서만 의미를 갖는데, 성별/젠더 구분에서 문화적 틀은 달리 보면 이 구분에 앞서는 것으로 생각된다. 어떤 젠더로 읽혔던 간에 그 몸은 둘 다 똑같은 방식으로 나타나리라는 점이 이 사실을 분명히 해줄 것이다.

루빈과의 인터뷰에서 버틀러는 이것이 「여성의 거래」에서 루빈이 택한 입장이라고 버틀러는 주장한다(Rubin, "Sexual Traffic"). 루빈이 연구한 젠더의 사회적 관계 중에는, 클로드 레비-스트로스가 여성의 교환을 통해 만들어졌다고 주장한 친족 배치가 있다. 그 결과로 여자의 몸에 부착된 의미들을 바꾸기 위해서, 루빈은 친족 배열을 제거하거나 변화시킬 것을 주장한다. 친족 체계를 전복하는 일은, '문화적 잔여물과 상징적 표현물, 이 체계의 모든 다른 양상, 그리고 사람들에게 이런 구조와 범주의 각인 및 장착("Sexual Traffic" 72)을 동시에 제거하는 것이다. 더 간단히 말해서, 기존의 친족 구조를 제거하면 젠더 체계도 제거된다. 그런 변화를 겪으면서 성차는 문화 속 완전히 다른 결과물에 나타날 것이고, 몸이 '젠더 불평등과 무관하게'(Gender Trouble 75) 갈 수도 있다. 버틀러는 이것이 젠더를 성별과는 완전히 별개로 '자유롭게 떠도는 인공물'(Gender Trouble 6)로 삼는 유토피아적 비전이라고 주장하는데, 루빈도 나중에 인터뷰에서 이 점에 동의한다("Sexual Traffic" 72). 그런 논리의 결과로 보면 '"남성"의 구성물이 꼭 남자의 몸에만 달릴 필요도 없고, "여성"의 구성물이 꼭 여자의 몸만 해석할'(6) 필요도 없다고 버틀러는 주장한다. 어떤 몸이라도 모든 젠더를 보여줄 수 있고, 그 몸의 성별화된 체현에 대해 진실함도 주장할 수 있다. 그러나 문화가 반복해서 밝히고 있고 버틀러도 주목하고자 하는 것은, 젠더 규범에 순응하지 못하면 그 결과가 그 자리에 문제없는 성별의 몸이 나타날 수 없다는 점이다. 그보다 규범에 순응하지 못하면 그 몸에서 적법성이라 불리는 것이 문제된다. 버틀러의 주장대로, 성별과 젠더의 사이에 일관성이 없는 이런 몸은 몸의 층위에서 인식 불가능한 것으로 작동하며, 반박할 수 없는 것으로 반복 표명되는 물질성으로 작동한다.

해석할 수 있는 몸

버틀러가 설명하는 관점에서 이를 잘 보여준 사례는, 2009년 세계 육상 선수권 대회의 여자 800미터 종목에서 금메달을 딴 남아프리카 공화국의 선수 캐스터 세메냐에게 쏟아진 관심이다. 그는 태어날 때 여자로 확인되었고, 여자로 길러졌고, 선수 생활 내내 여자로 경기에 출전했다. 하지만 국제 육상경기에서 순위가 빠르게 상승하면서, 세메냐의 외모(얼굴, 목소리, 체격)에서 오는 '남성성'은 그의 젠더 정체성이 적법한지 의심을 불러왔다. 세계선수권대회가 끝난 후에, 국제육상경기연맹(IAAF)는 메달 타이틀을 확정하기 전에 그에게 젠더 테스트를 받을 것을 요구했다. 사생활 이야기가 이 테스트의 특성 주위에 보이기는 하지만, 타임지 보고서에 따르면 이것은 '내분비학과, 산부인과, 심리학과, 그리고 내진과 외진을 모두' 포함한다(Adams, 'Could This Woman's Champ Be a Man?'). 초반의 언론 추측은 세메냐가 젠더 규범에서 벗어났다고 설명할 만한 것으로 과도한 테스토스테론을 지목했다. 하지만 많은 보고서 또한 테스트 결과 세메냐가 간성으로 밝혀졌다고 주장했다. IAAF가 2009년 11월자에 언급하기를, 테스트 결과 세메냐는 세계 타이틀을 유지하겠지만, 테스트의 결과는 공개하지는 않겠다고 했다. 남아프리카 공화국 체육부는 이 결정을 발표하면서 세메냐에게는 '어떤 잘못도 없음'(Guardian 'Caster Semenya')이 밝혀졌다고 언급했다. 이를 두고 논평자들은 의도적으로 젠더를 속인 증거는 없지만, 그렇다고 해서 세메냐가 대회 목적에 맞는 여성의 자격을 갖췄다는 의미는 아닐 수도 있다고 해석했다(Epstein, 'Biggest Issue').

세메냐에 대한 기관과 언론의 반응은 (무엇보다도) 간성, 젠더 규범성, 젠더와 계급의 관계, 특히 젠더와 인종의 관계를 둘러싸고 수많은 문제를 제기한다. 여기서 이 문제를 논의할 수 있도록, 이 사례는 인식가능성이 어떻게 젠더와 관련을 맺으며 작동하는지도 강조한다. 또한 인식가능성이 성별과 젠더의 관계에 대해 의미하는 바가 무엇이고, 몸을 이런 정체성 패러다임 속에 몸을 인식할 수 없게 되면 어떤 파장이 오는지도 조명한다. 앞서 살펴보았듯, '성별과 완전히 무관한'(Gender Trouble 6) 젠더 개념이 전제하는 것은, 어떤 젠더건 어떤 몸에서도 나올 수 있다는 것이라고 버틀러는 주장한다. 그러나 의심스럽다고 여겨져 밝혀지지 않는 여러 테스트를 받은 것은 세메냐의 성별의 진실성이다. 그것은 일반적 성별 표시(생식기)에 이상이 발견되어서가 아니라, 그의 젠더 수행이 태어날 때 이미 기록하고 등록해 둔 성별과 맞지 않아서였다. (앞 장에서 논의했던) 데이비드 라이머를 분석하면서 버틀러가 언급했듯, 몸의 검증가능성은 지금 시행 중인 조사 체계에 달려있다. 세메냐를 평가하기 위해 일단의 전문가가 초빙된 것으로 보인다면, (데이비드처럼) 세메냐도 '많은 시선을 통해 전달된 … 규범화된 이상 … '에 복종할 것이다. 이 시선 전부가 성별의 자연스러움이 거짓임을 보여주는 질문, 즉 '이 사람은 충분히 여성적인가'(Undoing Gender 67)라는 질문을 반복하면서 말이다. 젠더가 자유롭게 떠도는 문화적 부착물이라면 이런 질문은 할 필요가 없다. 따라서 성별의 문화적 인식가능성은 특정한 방식, 그리고 규범적인 방식으로 성별과 젠더가 일관되게 쭉 유지될 것을 요구한다는 것이 이제 밝혀졌다.

대중매체가 세메냐 문제를 다룬 결과, 겉보기에 자명해 보이는 젠더 범주 안에 엄청나게 많은 해부학, 호르몬, 염색체의 변이들이 있다는 사실이 부각되었다. 동시에 이 논의는 이런 이례적 사례에 대해, 변형태는 발견되는 즉시 교정해야 한다는 기대의 틀을 만든다. 온라인 『스포츠 일러스트레이티드』에 기고하는 데이비드 엡스타인은, 세메냐에게 (어딘가에서 사실로 보도된 것처럼) 여성에게 정상적 테스토스테론 수치의 세 배가 있는 게 발견되면, 이런 발견은 '치료가 필요한 의학적 문제를 알릴' 것이라고 주장한다. '여성 세계 챔피언이 남자일 수도 있는가?'를 묻는 타임지 표제처럼 이것이 입증한 바는 무능력인데, 이 몸이 인식 가능해질 수 있는 두 개의 기존 젠더 범주 중 하나를 결정하는 것 그 이상의 논의는 생각조차 못한다는 무능력이다. 이런 추이는 성별이 먼저 오고 다음에 젠더가 와서, 표식조차 없었을 몸에 문화적으로 각인된다는 주장이 거짓임을 보여준다. 대신 성별을 만드는 것이 젠더의 담론적 틀이라는 버틀러의 주장이 사실임을 입증한다. 그러므로 성별이 간단한 해부학적 차이라는 생각은 젠더가 작동한 결과로 나타난 것이다. 버틀러는 주장한다.

> 성별이 자연에 대한 것이 아니듯 젠더도 문화에 대한 것이 아니다. 젠더는 또한 '성별화된 자연'이나 '자연스런 성별'이 마치 '전 담론적인 것', 문화에 앞서는 것, 문화가 작동하는 정치적으로 중립적인 표면인 양 생산되고 확립되는 담론적/문화적 수단이다. (*Gender Trouble* 7)

버틀러가 말하듯, 성별은 '내내 젠더였던'(8) 것으로 밝혀진다. 성별화된 몸이 해부학적 사실인 척할 수 있던 것은 젠더가 문화적인 것으로 이해되는 방식을 통하기 때문이다. 따라서 어느 정도는 아직 성별/젠더의 구분이 의미가 있다고 해도, 버틀러가 주장하듯, 페미니즘 이론을 지배하는 자연/문화의 이분법이라는 관점에서 보면 그렇지가 않다. 오히려 성별은 성차(남자와 여자의 차이)지만, 그것은 담론적으로 생산된 조직화의 틀로 이해된 성차이다. 젠더는 (사회적, 문화적, 경제적, 정치적) 과정이며, 이 과정 때문에 성별은 마치 그것에 인식성을 주는 젠더화 과정과 물질적으로 다른 것처럼 보일 뿐이다.

따라서 버틀러는 "'사람'의 "일관성"과 "연속성"이 사람됨의 논리적이거나 분석적인 특질이 아니라, 사회적으로 제도화되고 유지된 인식 가능성의 규범'이라고 주장한다(Gender Trouble 7). 그런데 이러한 규범 안에서 일관성을 유지하지 못하는 몸은, 동시에 그 규범에의 일관성이 부여하는 사람으로 인정도 받지 못한다. 책 전반에 걸쳐서 반복해 언급하듯, 문화적 인식가능성과 그것이 부여하는 인정의 중요성은 크다. 10주년 기념판 『젠더 트러블』에서 버틀러는 '젠더 규범의 폭력'을 물질적인 삶 안에 확실히 들여놓는데, 그건 비평가들 주장으로는 버틀러가 그간 무시했던 부분이다. 그리고 예를 들면 '해부학적으로 이례적인 몸 때문에 감금되었던 친척 아저씨'에 대해서 이야기한다(Gender Trouble 1999 xix). 『젠더 허물기』에서는, 인간됨이 이해되는 규범은 인권과 정치 참여가 부여되는 조건이기도 하다고 주장한다. 이런 규범은 정체성의 범주화에 첨부되고, 그 정체성에 속한다는 검증에도 첨부된다. 따라서 '인간은 인종, 그 인종의 식별성, 형태론, 그 형태론의 인정가능성, 성별, 그 성별의 지각적 검증에 따라 다르게 이해된다'고 버틀러는 주장한다(Undoing Gender 2).

몸은 백인 아닌 인종, 남성 아닌 성별에 속하게 되면 이분법의 두 항 중 열등한 위치에 놓이게 되는 만큼, 이런 이분법중 하나로 인정조차

받지 못하면 몸은 완전히 다른 생존가능성 장치에 등록된다. 캐스터 세메냐를 보도하면서 계속 반복되었던 질문은, 그가 '진짜' 여성인지에 대한 것이었고, IAAF는 그 문제를 해결하고자 했다. 버틀러가 보기에, 담론의 물질적 효과에 대한 비판이 잘못임을 보여주는 것이 바로 이처럼 한 사람의 실제 있다는 사실을 의심한 사례이다. '비현실적이라고 불리게 되고 그런 이름을 갖는다는 것은 타자가 되는 것이고, 인간은 그런 타자에 반해서 만들어지기 때문이다'(*Undoing Gender* 218).

『젠더 트러블』 이후의 저서에서 버틀러는 해석 불가능의 영향에 대해 계속 주장하는데, 이는 담론을 통해 성별화된 몸이 생산된다는 그의 주장이 몸의 물질성을 도외시한다는 페미니즘의 끈질긴 비판에 대한 응답이기도 하다. 버틀러의 주장으로, 이런 논쟁에서 물질은 명백한 차이의 생물학으로 여겨지고, '살고 죽고, 먹고 자며, 고통과 쾌락을 느끼고, 질병과 폭력을 견디는' 몸으로 여겨진다(*Bodies That Matter* ix). 비평가들의 주장으로, '단순한 구성물로 일축할 수 없다'(ix)는 것이 바로 이런 몸이다. 버틀러는 이런 반박불가능에 대해 논쟁하기보다, 이 비판에서 구성 개념이 어떻게 이해되는지에 주목한다. 자신의 주장처럼 몸을 하나의 구성물로 정의한다고 해서, 몸이 인공적이거나 가짜라고 보는 것은 아니라고 버틀러는 주장한다. 그보다 몸은 여러 설명 체계를 통해서만 의미가 통하고 이해된다고 주장하는 것이다. 어떤 의미에서 몸은 몸을 설명하기 위해 사용해야 하는 언어를 통해서만 나타날 뿐이다. 몸이 인식될 수 있는 것도 몸이 설명되고 말해지는 방식을 통해서이며, 몸이 구성되는 것도 이런 설명 속에서 이루어진다. 버틀러는 탄생의 순간을 그 예로 든다. 아이가 태어날 때 젠더를 나타내는 대명사를 붙이는 것이 그 아이를 비인간 '이것'(예를 들어 '이게 뭐지?')에서, 유아로 인식할 수 있게 하는 여자나 남자('여자애네요!')로 바꾸어준다고 주장한다(7). 이런 호명의 순간에

'여자애네요!'라는 말이 의미가 통하는 것은 그 말 이전에 '여자'에 대한 이해가 있기 때문이고, 그 의미가 통하려면 이를 계속 고수해야 한다.

바로 이 지점, 즉 구성은 한 번의 행위로 끝나지 않는다는 점이 버틀러에게는 매우 중요하다. 구성을 둘러싼 논의는 행위성 문제에 빠지는 경향이 있고, 여기서 이런 질문이 나온다. '젠더가 구성물이라면, 그 구성을 실행하거나 수행하는 "나"나 "우리"가 있는 것인가?'(*Bodies That Matter* 7). '문화, 담론, 권력'(9) 같은 구조가 인간의 행위성을 선취하여 구성주의적 행위를 낳는다는 주장에 대해서도 같은 질문이 제기된다. 버틀러는 구성이 젠더화를 통해 인간으로 인정되는 단일한 주체를 생산한다고 여겨지건, '일단 발생하고 나면 효과가 단단히 고정되는' 행위(9)라고 여겨지건, 두 경우 다 이 구성이 한 번 일어나는 것으로 여겨진다고 주장한다. 그러나 캐스터 세메냐가 입증하듯 탄생이라는 명목의 서술 순간은 '여자가 되는' 과정을 시작할 뿐이다. '여자'(7-8)라는 위상을 계속 유지하기 위해서는, 몸이 규범적 담론을 고수하고 규범적 담론 안에서 인정도 받아야 한다. 게다가 처음 서술과 그에 잇따른 이 서술의 모든 공적 인정, '젠더 테스트'라 서술할 이 모든 것은 그 몸의 특이성singularity 이전에 있던 인식가능성의 틀을 반복하고 되풀이한다. 앞장에서 논의했듯이, 버틀러는 구성주의에 찬성하거나 반대하는 입장에서, 어떻게 물질이 조직되고 서술되는 것처럼 나타나는 담론적 수단을 통해서 물질화되는지에 대한 설명으로 성별에 대한 논의를 바꾸려 한다. 따라서 버틀러는 물질을 새롭게 구상한다. 물질은 '장소나 표면이 아니라 **오랫동안 물질이라 불리는 경계, 고정성, 표면 효과를 안정되게 생산한 물질화 과정이다'**(9, 원문강조).

성별의 물질화

버틀러는 어떻게 이런 물질화 작업이 일어나는지 밝히기 위해 성별의 구성을 연구한 다른 이론가들의 설명을 가져와 논의를 시작한다. 『젠더 트러블』에서 (사실 젠더에 관한 모든 논의에서) 그는 시몬느 드 보봐르, 모니끄 위티그, 뤼스 이리가레, 푸코의 저작을 활용하고 또 비판하는데, 때로 완전히 다른 방식이긴 해도 이들은 모두 성별이 권력의 장 안에서 생산된다고 주장한다. 버틀러는 보봐르의 논의로 시작하는데, 보봐르의 '여성은 태어나는 것이 아니라 만들어지는 것'(Beauvoir, *The Second Sex* 301)이라는 주장은 전형적인 구성주의적 진술로 보인다. 버틀러 주장대로, 그는 '몸이 하나의 상황'(38)이라는 보봐르의 주장을 가져와서 '이미 항상 문화적 의미로 해석되지 않은 몸에 기댈 곳은 없다'(*Gender Trouble* 8)는 결론을 내리고, 그것은 버틀러 자신의 입장으로 나타난다. 그렇지만 『젠더 트러블』에서 버틀러는 보봐르가 데카르트식 정신/몸의 이원론에 기대고 있다고 설명한 부분을 비판하면서 이 주장을 좀 더 발전시킨다.

버틀러는 남/녀 틀의 작동 방식에 대한 보봐르의 분석에서 남성주체를 언제나 보편 주체로 상상하고 여성 주체를 영원한 타자로 상정하고 있다고 주장한다. 실존적인 남성 주체는 합리적 정신과 유사한 위상을 갖지만, 여성 주체는 몸의 체현이라는 수렁에 빠져 있다. 버틀러의 지적대로 '정신을 남성성과, 몸을 여성성과 연결하는 문화적 연상작용은 철학과 페미니즘 분야의 문헌에 잘 나타나 있다'(*Gender Trouble* 12). 따라서 보봐르는 이런 남녀 분리를 재생산하면서 이 구분에 있는 '암묵적 젠더 위계'를 들여올 뿐 아니라, 담론적으로 구성된 몸에 대한 버틀러의 초기 해석을 틀렸다고 보는 체현 이론도 들여온다. 니키 설리반이 설명하듯, 정신/몸의 이원론에서 몸은 '정신이나 영혼이 사는 물질적 용기'로 생각된다(Sullivan, *Critical Introduction* 41). 버틀러는 몸이 문화적 의미의 외부에 있는 '단순한 **도구나 매개**로 형상화되는' 모든 철학적 입장에 반대하며, '"몸"은 그 자체가 하나의 구성물'이라고 주장한다(*Gender Trouble* 8, 원문강조).

이리가레에게 여성은 열등한 것이 아니라, 재현 체계 안에서 전혀 의미화되지 않는 것이다. 보봐르의 유명한 책 제목이기도 한 '제2의 성'은 존재하지 않으며 존재할 수도 없다. 여성을 계속 몸으로 연상하면, 여성은 주체성의 영역에서 늘 배제되기 때문이다. 여성은 문화적 관점에서 생각될 수 없으므로, 문화 속에서는 남성성의 미발달되거나 기형적인 형태로만 존재할 뿐이다. 따라서 버틀러가 요약하듯, '여성은 생각할 수 없는 성별, 어떤 언어적 부재나 불투명성을 재현한다'(*Gender Trouble* 9). 그리고 버틀러 말대로 여성이 나타나는 것처럼 보이는 순간은 '바로 여성이 삭제되는 장'이다(*Bodies That Matter* 37).

따라서 여성은 생각할 수 있는 것의 규정적 경계를 만드는 '구성적 외부'(*Bodies That Matter* 35)로 작용한다. 이제 생각할 수 있는 것은 언제나 오직 남성적인 것뿐이다. 이리가레가 의미화 경제의 남성주의에 주목하는 것을, 버틀러는 성차가 논의될 방법을 열 수단으로 본다. 버틀러 주장으로, 이리가레는 '성차가 하나의 사실이 아님을 밝히며', 그보다는 언어의 조직화 구조가 만든 결과물이고, 또한 '불안정하고 미해결'(*Undoing Gender* 177)로 남은 끈질긴 질문이라고 밝힌다. 앞으로 살펴보겠지만, 버틀러가 『젠더 트러블』에서 펼치는 정치적 기획은, 젠더의 담론적 재생산이라는 떨칠 수 없는 본질을 활용하고 또 이용하려는 것이며, 그 목적을 위해 버틀러의 연구와 이리가레의 의미화 체계의 불안정성 사이에는 생산적 접점이 (가장 뚜렷하게는 『의미를 체현하는 육체』에) 나타난다.

그러나 버틀러는 이리가레가 가끔씩 성차의 물질성이라는 보편화된 개념으로 되돌아간다고도 주장하는데, 그 개념은 앞에서 개요한 입장과 충돌을 일으키는 것으로 보인다. 이리가레가 말하는 '하나'가 아닌 성이 의미하는 것은, 여성이 어떤 성도 될 수 없다는 불가능성을 말하기도 하고, 여성은 단수가 될 수 없다는 불가능성을 말하기도 한다. 단수성은 남성적 담론이기 때문에, 오직 남성만 재현하는 남근로고스중심의 언어 체계는 단수적 관점에서만 재현된다. 이리가레에게 여성다움은 다수적이어서 이 단수성 체계에 담길 수 없다. 버틀러에 따르면, 이리가레가 '젠더의 **표식**을 벗어날'(Gender Trouble 26) 유일한 가능성으로 보는 것은, 대안적인 의미화 경제를 생산하는 것이다. 그러나 모니끄 위띠그가 주장하듯, 이런 패러다임은 본질화된 성차로 보이는 것에 의존한다(Gender Trouble 26). 버틀러 또한 이리가레가 그런 용어 중 여성다움이라는 개념을 사용해서 여성을 보편화하는 틀로 향하는 경향이 있음에 동의한다. 결론적으로 버틀러는 이리가레가 '같음이라는 기호 아래서 이러한 차이들을 식민화할' 위험이 있다고 주장한다. '이 차이가 총체화 개념에 문제를 제기할 수도 있는데 말이다'(13)

게다가 (어쩌면 바로 이런 보편화의 제스처를 보여주는 사례로서), 보봐르와 이리가레는 여성이 남성과의 관계 속에 의미화하는 방식, 혹은 그 반대 방식을 고찰하지만 둘 다 성별 분석이 암묵적으로 이성애의 이분법으로 조직되는 방식에는 관심을 두지 않는다. 반대로, 위띠그는 남자와 여자의 의미화 체계는 전부 그가 '이성애적 경제'(Wittig, 'The Point of View' 66)라 명명한 것과의 관계 속에서만 생각될 수 있다고 주장한다. 위띠그도 이리가레처럼 성별 범주가 순전히 언어적 구성물이라고 주장하지만, 그것이 '이성애적 사고 체계와 이성애적 경계 체계 안에서만 의미를 갖는'(Wittig, 'The Straight Mind' 110) 구성물이라고도 주장한다. 위띠그는 '사회를 이성애적으로 세우는 정치적 범주'('The Point of View' 66)로 성을 정의하면서, 남자가 여자를 사회적으로 또 경제적으로 노예로 만드는 것이라고 규정한다. 위띠그는 성별이 이성애적 관점에서만 생각될 수 있다는 점에서 레즈비언은 '여성이 아니다'('The Straight Mind' 110)라고 결론 내린다. 레즈비언은 그 용어에 의미를 주는 경제 바깥에 있기 때문이다.

위띠그에게 여성의 위상을 바꿀 유일한 가능성은 성별 체계를 제거하는 것이고, 따라서 생식기 차이에 대한 인식으로는 형성되지 않는 다형적 섹슈얼리티의 등장이 가능해진다. 레즈비언은 남자와 별개로 존재하는 것이고, 따라서 성의 경제에 포함되지 않기 때문에 레즈비언에는 '대안적 쾌락 경제'의 가능성이 있다(Gender Trouble 26). 그것을 (마르크시스트인) 위띠그는 여성의 재생산 능력과 결부된 경제로 본다. 이처럼 레즈비언은 성별 체계를 전복할 가능성뿐 아니라 수단도 보여준다. 강제적 이성애(위띠그가 정의하는 성)의 불평등이 은연중 깔리지 않은 성별 체계의 내부는 없으므로, 위띠그가 보기에 성별과 관련해서 택할 수 있는 유일한 대안은, 버틀러 말대로 '(a) 철저한 순응 아니면 (b) 철저한 혁명' 뿐이다 (Gender Trouble 121).

여러 주요 지점에서 버틀러는 위띠그와 의견이 다르다. 버틀러 주장으로, 성이 해체되면서 등장할 다형적 섹슈얼리티에 대한 위띠그의 설명은 인본주의적 관념, '자유를 특징으로 하는, 젠더화 이전의 **사람**'이라는 관념에 기반한다. 버틀러에게는 이런 주체성 모델에 의지하는 것은 담론의 결과이지, 담론 이전에 있던 게 아니다. 버틀러는 또한 주장하기를, 위띠그가 이성애를 '섹슈얼리티를 알리는 유일한 강제적 권력 표현'(*Gender Trouble* 121-2)으로 특권화하는 것 같다. 더 비판적으로 보자면, (그보다 앞선 위치가 있음을 알려주면서) 이상화된 레즈비언에 기반한 저항 모델이 성별 체계 바깥에 있는 주체성의 장소나 모델을 상정한다. 이런 설명에서 버틀러가 제기하고 싶은 문제는 두 가지라고 생각된다. 첫째, 레즈비언 섹슈얼리티는 이성애규범성이라는 젠더화 동력으로 인해 자유롭게 순환하는 것처럼 보인다. 둘째, 강제적 이성애는 그 주체화 행위 내부와 (혹은 이전과) 더는 연관이 없는 주체에 의해서 전복될 수 있다.

버틀러가 보기에 위티그의 저항 전략은 이성애규범적 권력(혹은 힘)의 구조를 잘못 이해했다. 『젠더 트러블』에서 버틀러는, 위티그가 정체성의 규제적 체계를 비판하지만 이런 규제적 체제 내부에서 있으면서 반대하는 권력에 대하여 페미니즘이 저항적으로 반응하기는 표현이나 실천 모두 어렵다고 생각한다. 저항의 힘은 그 힘이 확립된 장의 내부로부터 올 수 밖에 없다고 버틀러는 주장한다. 권력의 장 바깥을 상상하는 것은 권력이 작동한 결과이며, 표면상 반대하는 것처럼 보이는 것을 오히려 확립해주는 행위성의 환상이다. 버틀러는 이렇게 쓴다.

> 섹슈얼리티가 기존의 권력관계 안에서 문화적으로 구성되는 것이라면, 권력의 '앞'에 '밖'에 또 '너머'의 규범적 섹슈얼리티를 가정한다는 것은 문화적으로 불가능한 일이며, 정치적으로도 실현될 수 없는 꿈이다. 즉 권력 자체의 관점에서 섹슈얼리티와 정체성의 전복적 가능성을 재고한다는 구체적이고 당면한 과제를 뒤로 미루게 하는 것이다. (*Gender Trouble* 30)

버틀러의 성별/젠더 구분에 대한 비판의 전개는 이런 권력 모델에서 오며, 이 비판이 보여주는 것은 바로 이런 권력의 작용이다. 담론 이전의 성이라는 환상이 젠더 작용을 통해서 만들어지고 당연시되는 것처럼, '이성애 규범의 조건을 철저히 벗어난'(Gender Trouble 121) 위띠그의 레즈비언 개념도 이성애규범 담론의 결과물이라고 버틀러는 주장한다. 버틀러가 그 대신 표명하는 저항 모델과 정체성의 '내부에서 반대하는' 전략이 어떤 것인지를 살펴보려면 그 안에서 성이 생산된다고 버틀러가 주장하는 권력의 네트워크를 먼저 살펴볼 필요가 있다.

이성애규범성

개입하는 전략은 서로 다를지라도 버틀러와 위띠그가 확실히 공유하는 입장은, 성별이 철저히 이성애규범적인 것으로 만들어지는 권력의 장을 개념화한다는 것이다. 이미 살펴본 것처럼, 버틀러가 보기에 페미니즘 이론에서 일상적으로 성별/젠더 구분이 표현되는 방식은, 인식규범이 특정한 몸에 대해서는 성별로 상상되는 물질적 실재의 위상을 부여하지 않는 방식들과 충돌한다. '여성' 범주는 성별과 젠더의 일관성에, 또 페미니즘 재현 전략에서 종종 감추거나 확정하는 허가에 달려있다. 버틀러는 '젠더를 본질로 보려는 정치적 이유'가 '강제적이고 당연시된 이성애'의 요구와 규정에 있다고 비판적으로 보며, 그의 주장으로 이런 이성애가 이원적 젠더 체계를 만들고 '성별, 젠더, 욕망의 내적 일관성을 고수하게 한다'(Gender Trouble 22-3)

따라서 페미니즘 이론에서 통일된 주체가 나타날 수 있는 것은, 페미니즘이 강제적 이성애와 젠더 생산의 관계를 고려하지 못할 때뿐이다. 리즈 코츠와 인터뷰에서 말했듯이, 버틀러가 『젠더 트러블』을 집필한 주요 동력은 그가 '대부분의 페미니즘 이론에 깊이 박혀있는 이성애 중심주의'(Kotz, 'The Body You Want' 83)에 개입해보고 싶어서였다. 따라서 이 책에서 버틀러가 묻고 싶은 가장 중요한 문제는 '여성 범주가 어느 정도로 이성애 매트릭스의 맥락에서만 안정성과 일관성을 얻는가이다(Gender Trouble 5). 버틀러는 '이성애 매트릭스'를 '몸, 젠더, 욕망이 자연스러워지는 문화적 인식성의 기준'(151)으로 정의한다. 이성애 매트릭스 안에서 몸이 의미있는 (또한 중요한 몸으로 여겨지는 것은) 성별, 젠더, 욕망이 이성애로 조직된 틀 속에 일관되게 나타날 때뿐이다.

성별과 젠더가 강제적 이성애 체제 밖에서는 사유될 수 없다고 주장하고 그 권력이 취하는 형식을 밝히면서, 버틀러는 특히 푸코의 저작에 기댄다. 푸코는 『성의 역사』 1권 끝에서 섹슈얼리티의 생산에 대해 자신이 꾸준히 주장했던 것에 대해 여러 비판이 쏟아질 것이라 예상하고, 성의 사실성이 상상된 것이라는 데로 관심을 돌린다. 버틀러처럼, 푸코도 그 자체로 저절로 존재하는 성이라는 개념은 받아들이지 않으려 하며, 성이 '정말로 섹슈얼리티의 발현을 뒷받침하는 고정점인지, 아니면 섹슈얼리티의 전개 속에 형성된 복잡한 개념은 아닌지 묻는다'(The History of Sexuality 152). 푸코는 성의 생산이 『성의 역사』의 출발점인 섹슈얼리티의 규제와 종속, 즉 이성애를 당연시하는 종속에서 벗어나지 않게 한다. 푸코의 주장으로, 섹슈얼리티 과학은 성별화된 주체와 뗄 수 없는 방식으로 이루어진다. 욕망을 지시하고 표명하는 사법적, 경제적, 교육학적 권력 실천을 따라서 말이다. 푸코의 계보학적 접근은, 성이 섹슈얼리티

생산 체제의 근원인양 당연시하면서 어떻게 성 범주가 그 범주의 생산 메커니즘 자체를 감추게 되는지 보여주려 한다. 버틀러가 말하듯, '성별을 분명하고 이원적인 범주로 만드는 전술적 생산은 **성별**을 성적 경험과 행동과 욕망의 **원인**으로 가정해서 바로 그런 생산 장치의 전략적 목적을 감춘다'(*Gender Trouble* 23).

19세기 양성인간 에르퀼린 바르뱅의 일기는 푸코와 버틀러에게 특정한 방식, 즉 이성애규범적 섹슈얼리티를 생산하는 틀에 들어갈 수 없는 몸이, 성별/젠더/욕망이라는 문화적 질서의 경계를 만들고 동시에 입증하는 방식을 보여준다(Foucault, *Herculine Barbin*). 엘리자베스 그로스의 주장대로, '몸이란 몸이 무엇을 할 수 있는지를 말하고, 어떤 몸이든 할 수 있는 것은 어떤 당대 문화든 그 허용범위 훨씬 너머에 있다'(Grosz, *Space, Time* 214). 이제 바르뱅은 그런 몸을 적법한 사회적 주체로 간주하지 않아야 그 허용범위가 유지된다는 것을 드러내 보여준다(그리고 여기서 앞서 논의했던 캐스터 세메야를 떠올려볼 수 있다). 그러나 버틀러의 주장에 따르면, 이런 몸은 처음에는 거부하는 것 같았던 당연시된 틀을 혼란스럽게 만들 수도 있다. 따라서 바르뱅의 스캔들은 그/녀가 섹슈얼리티와 성별과 이분법 체계를 교란했다는데 있는 게 아니라, 언어적인 움직임과 (버틀러의) 수행적 움직임을 문제삼았다는 데 있다. 그런 언어적이고 수행적인 움직임으로 이분법 체계는 다른 몸에 대한 일상의 규제를 교란없이 확대할 수 있다.

젠더 수행성

『젠더 트러블』의 1장 3절 「젠더: 현대 논쟁에서 돌고 도는 잔해」
에서 버틀러는 다음과 같이 묻는다. '사람이 **가지고 있다**고 여겨지는 **하
나의** 젠더라는 게 과연 있는가, 아니면 ('어떤 젠더신지요?'라는 질문이 의미하듯)
젠더는 어떤 사람**으로** 말해지는 본질적 속성인가'(*Gender Trouble* 7 원문강조).
3절의 제목에서 버틀러는 두 질문 다 유용한 개입이 아니라고 암시한다.
버틀러에게 젠더는 소유having냐 존재being냐의 문제가 아니라 행위doing
의 문제이고, 젠더는 인정될만한 인간 주체로 구성되기 위해 행해야 하
는 것이다. 젠더는 문화적으로 인가된 수행이며, 몸이 특정한 인식가능
성의 규범에 따라 지금도 앞으로도 계속 일관될 것을 요청한다. 『젠더
트러블』의 주제이자 버틀러의 젠더 이론화를 좌우할 중심 개념은 젠더
가 수행적이라는 점이고, 또 젠더 수행성을 좌우할 권위는 이성애적 인
식성의 모태 안에서 몸이 구성된다는 데서 온다. 버틀러의 젠더 수행성
설명은 오스틴의 언어적 수행성 이론과 오스틴에 대한 데리다의 반응에
기댄다. 『젠더 트러블』이 오스틴이나 데리다를 상세히 다룬 것은 아니
지만, 버틀러가 두 사람(특히 데리다)의 공로에 힘입었다는 것이 『의미를
체현하는 육체』에서 분명해진다.

오스틴은 『말과 행위』에서 '**진술**statement'이 하는 일은 어떤 상황을
기술하거나 **어떤 사실을 언급**하는 것뿐이며, 그것은 사실 아니면 거짓으
로 말해야 한다'고 '너무 오랫동안' 철학자들이 전제해왔다고 기술한다
(Austin, *How to do Things with Words* 1). 오스틴의 언어적 수행문 분석은 진실

이나 사실과 관련된 진위 주장에서 벗어나, 특정한 구성의 힘을 행사하는 선언을 통해서 어떻게 뭔가가 사실이 되는지를 논의하는 방향으로 가려했다. 데리다가 오스틴을 논평하듯, 그의 수행문 분석의 특징은 '진실의 가치보다는 '힘의 가치'에 대한 연구에 있다'(Derrida, *Margins of Philosophy* 322). 그러기 위해 오스틴은 특정 발화, 특히 사법적 인용과 관련된 발화가 자기가 기술한 행위를 실제로 구현한다는 것을 보여준다. 그런 수행적 진술이나 발화 행위에서 '발화가 발생한다는 것은 행위가 수행된다는 것이다'(*How To Do Things With Words* 6). 어떻게 수행문이 작용하는지를 보여주려고 오스틴이 드는 사례 중에는 결혼 서약에서 말하는 '이로서 나는 당신을 ⋯ 라고 선언한다'와, 법적 절차인 '당신에게 ⋯ 형을 선고한다'(Austin, *Philosophical Papers* 235), 그리고 내기의 약속에서 '나는 당신이 ⋯ 할 것에 걸겠다'(*How To Do Things With Words* 7) 등이 있다. 이 모두가 말하는 동안 말한 것을 실행하는 발화 행위의 사례들이다.

데리다는 이런 발화의 수행력에서 중요한 점은 이 발화가 그 말을 행동으로 만드는 권력을 명시적으로나 암묵적으로 이용하는 정도라고 주장한다. 오스틴이 활용한 결혼 사례에서 미사를 집전한 신부는 수행적 선언에 앞서 '내게 주어진 권한에 따라'라는 적절한 성혼의 권위를 인용할 것이다. 이와 유사하게, '이제 선고합니다'라고 선언하는 판사는 행정당국의 권위를 직접 인용하거나, 법복과 기타 사법적 권위를 나타내는 법정의 상징물을 통해 그 선언의 수행적 힘을 은근히 인용한다. 이런 인용의 메커니즘은 이전에 쓰던 구문이나 여러 규약을 되풀이하는 것이고, 그런 구문이나 규약이 인용자에게 그가 말한 것을 실행할 권위, 즉 모든 화자가 다 갖지는 못하는 권위를 세워준다. 데리다에게 있어, 오스틴의 주장은 화자를 기존 권위의 틀 안에 두며, 따라서 화자가 하는 말의 힘이 화자에게서 온 것이 아니라 화자가 있는 곳의 관례와 규약에서 기인함을 인정한다는 점에서 중요하다. 모든 수행문은 되풀이 모델(Derrida, Limited Inc)로 정의되고 그 모델을 따르며, 되풀이 모델의 권위는 인용하는 행위와 동시에 재구성된다. 선고를 내릴 때 법의 권위를 인용하는 판사는, 그런 선고를 받은 주체 및 모든 다른 주체에게 바로 법이 그런 선고를 내릴 힘을 주었다는 사실을 일깨운다.

버틀러에게 젠더 수행성은 반복 및 인용과 똑같은 논리로 작동한다. 그리고 모든 젠더 수행의 효과는 바로 이 반복과 인용 작용에 달려 있다. 특정한 젠더 선언, 특정한 젠더 수행은 강제적 규범 되풀이를 통해 젠더의 위상과 고정성을 만든다고 버틀러는 주장한다. 담론은 실은 그 담론의 관점에서 만들어진 규제를 되풀이함으로써, 담론이 생산한 것에 마치 이름만 붙이는 듯 보이면서 자체의 수행문을 실행한다. 젠더 담론의 진리는 진리의 표식에 달려있고, 그런 진리의 표식은 사실 그 담론이 만든다. 이 진리는 다음과 같은 수단을 통해 실행된다.

> 행위, 제스처, 욕망은 내적 핵심이나 본질이라는 효과를 만들긴 하지만, 이 효과를 **몸 표면에** 만든다 … 일반적으로 이해되는 이런 행위, 제스처, 실행은 **수행적**인데, 달리 표현하려던 본질이나 정체성이 몸의 기호 및 다른 담론적 수단을 통해 꾸며지고 유지되는 **조작물**이라는 의미에서다. (*Gender Trouble* 136, 원문 강조)

따라서 '여자(혹은 남자)가 되는 것'의 자연스러움은 '성별 범주 안에서 그 범주를 통해 생산된, 담론적으로 규제된 수행적 행위'를 통해 구성된다(*Gender Trouble* vii). 앞에서 논의한 '여자되기'의 과정은 '여자애네요?'와 같은 인정의 순간처럼 보이지만, 실은 '이 몸이 이런 위상에 계속 맞으려면 이런 관점에서 인정받아야 해'라는 구성의 행위로 시작된다. 주체성과 그에 따른 주체성의 한계는 선언되면서 부여된다. '이런 **나**는 젠더에 복종하고 젠더로 주체가 되지만, 이 젠더화 과정에 앞서거나 뒤따르는 게 아니라, 오직 젠더 관계의 매트릭스 안에서, 또 매트릭스로서 등장한다"(*Bodies That Matter* 7). 젠더 부여는 각각의 시간에 젠더를 확립하는 것이기보다는 어떤 반복된 구성이다. 규칙을 만들면서도 '자기를 감춘 채로 그 규칙을 시행하는'(*Gender Trouble* 145) 반복적 구성 말이다. 버틀러는 성별/젠더 체계를 유지하는 수행성이, 젠더를 자연스럽게 만드는 만큼의 많은 담론적 효과와 더불어 성별을 생산하고 자연스럽게 만든다고 주장한다. 젠더 규범을 시행하는 권력의 담론 작용이 전에는 표식조차 없던 물질적 몸 위에 시행하는 것이 아니다. 그 몸의 물질성은 똑같은 수행성의 담론적 작용을 통해 생산되고 유지된다.

버틀러 주장으로, 담론 속에서 젠더의 위치를 구성하는 일련의 '요구, 금기, 인가, 명령, 금지, 불가능한 이상, 그리고 위협'이, 인용성에 달려있는 수행적 행위를 통해서 '문화적으로 생존 가능한 성적 주체'(*Bodies That Matter* 106)를 생산한다. 『의미를 체현하는 육체』에서는, 데리다가 인용을 강조한 것에 특히 주목해 그의 젠더 수행성 모델을 더 발전시킨다. 여기서 버틀러의 전략은 『젠더 트러블』에 반응으로 확산되어 보이는, 젠더 수행 모델에 대한 '잘못된 해석'이라고 버틀러가 기술한 것을 전하려는 것이기도 하다. 버틀러는 리즈 코츠와의 인터뷰에서 다음과 같이 말한다.

> 잘못된 해석은 이런 식으로 생각하는 겁니다. 나는 아침에 일어나 옷장 안을 들여다보고 오늘 어떤 젠더가 되고 싶은지를 결정할 수 있다, 옷을 하나 꺼내 젠더를 바꿀 수도 있다, 젠더를 스타일로 만들어서 그날 밤 젠더를 다시 바꾸어 완전히 다른 뭔가가 될 수도 있다. 이런 식 말입니다. (Kotz, 'The Body You Want' 83)

『의미를 체현하는 육체』에서 버틀러는 데리다가 강조한 되풀이 개념에 기대어, 이런 의지주의적 관점에서는 젠더가 생각될 수도, 이해될 수도, 경험될 수도 없다고 분명히 주장한다.

앞서 밝혔듯이 '여자애네요'라는 말이 의미를 갖는 것은, 그 말보다 앞서 있고, 버틀러에게 매우 중요한 것인데, 이런 선언이 필요한 인식가능성의 틀이 있기 때문이다. 따라서 주체의 탄생은 의미의 네트워크 안에서 일어나고, 의미의 네트워크에는 오랫동안 확고히 이어져 온 인용의 역사가 있다. 데리다가 보기에, 수행문에 그 힘을 실어주는 것은 (모든 인용이 과거의 인용들을 메아리로 되울리는) 이런 인용의 역사다. 데리다는 다음과 같이 질문한다.

> 수행적 발화의 공식이 '약호화'된 발화나 되풀이된 발화를 반복하지 않는다면, 수행적 발화가 성공할 수 있을까? 다시 말해 회의를 시작하거나, 배를 처음 띄우거나, 결혼을 시작하기 위해 선언한 공식이 되풀이 모델에 따르는 것으로 확인되지 않는다면, 즉 '인용'으로 확인되지 않는다면 과연 성공할 수 있을까? (*Margins of Philosophy* 18)

버틀러는 이 틀을 이용해서, 모든 젠더 수행에는 젠더 인식성의 역사가 필요하다고 주장한다. 젠더 수행에 앞서 있으면서 젠더 수행을 생산하는 규범을 인용하기 위해서다. 그리고 지금 진행중인 젠더 수행의 요건에는 이런 규범에 대해 지금 진행 중이고 반복되는 인용이 필요하다.

> 모든 여자는 생존 가능한 주체의 자격을 얻고 그 자격을 유지하기 위해 그 규범을 '인용'해야만 한다. 따라서 여성성은 선택할 수 있는 생산물이 아니라 강제된 규범의 인용이며, 그런

복잡한 역사성은 규율, 규제, 처벌의 관계에서 떼어낼 수 없다.
(*Bodies that Matter* 232)

버틀러 주장으로는, 젠더 수행성의 당연시 작업은 이성애를 당연하게 여기게 하고 이성애에 특권을 부여한다. 젠더 규범과 금지 조항들은 '이상화되고 강제된 이성애라는 문화적 인식성의 기준에 따라'(*Gender Trouble* 135) 젠더 정체성을 만든다. 그리고 모든 다른 형태의 섹슈얼리티는 원본이자 자연스러운 이성애의 불완전한 모방본으로 간주한다. 이런 다른 섹슈얼리티는 이성애의 맥락에서만 (즉 이성애규범성의 작용을 통해야만) 의미를 얻을 수 있다. 그러나 다른 섹슈얼리티는 모든 몸이 다 그들에게 요구된 규범적 관점에 맞는 것은 아니라는 점도 보여준다. 그래서 버틀러는 모든 규범적 젠더 수행이 일관성을 주장하면서도 '젠더 불연속성이 … 마구 날뛰는 방식은 감춘다고 주장한다'(*Gender Trouble* 135) .

버틀러와 푸코에게 에르퀼린 바르뱅은 젠더와 성별과 욕망의 규범성이 금지된 영역을 가로지르지 못하는 몸을 보여주는 분명한 사례가 된다. 스스로의 모호한 성별이 욕망의 원인이라고 바르뱅이 전제한다면, 버틀러의 주장으로, 대신 우리는 '이 몸을 … 단성적 성별에 대해 사법 담론이 만든 해결 불가능한 모호성의 기호로 읽어야 한다'(*Gender Trouble* 99). 특이성에 대한 기대 때문에 이례적 사례가 있는 것이지만, 그 기대의 한계가 분명해지는 것도 이런 이례적 사례를 통해서다. 버틀러에 따르면 이런 해석은 푸코의 해석과 충돌한다. 바르뱅에 대한 논의에서 버틀러가 강조하는 것은, 푸코가 바르뱅의 다형적 쾌락 지점을 이상화하는 방식이며, 또 그 과정에서 푸코가 『성의 역사』에서 성을 논의하던 것과 다르게 어떤 해방적 이상을 표명하는 방식이다. 푸코가 바르뱅의 일기에 부치는 서문에서 **법에 앞서는** 섹슈얼리티를, 정말 **성별**의 족쇄에서 해방되기를 기다리는 섹슈얼리티를 사실상 전제하는, 담론 이전의 리비도의 다형성에 대한 비유를 불러온다'(*Psychic Life of Power* 97)고 버틀러는 주장한다. 그러나 버틀러의 설명에 따르면, '공식적' 푸코는 이렇게 주장한다. '섹슈얼리티는 언제나 권력의 매트릭스 안에 놓인다 … 그리고 법에 앞서는 섹슈얼리티에 기대는 것은 해방적 성 정치학이라는 환각적이고 공모적인 장치이다'(97).

　　버틀러가 푸코를 활용하리라는 게 이런 모습에서도 나타나지만, 특히 바르뱅에 관심을 가지는 것은 이런 틀 안에서다. 버틀러의 주장으로, '해방적' 푸코는 니체의 용어로 '실체의 형이상학'이라 서술한 것에 기여한다. 결국 그것으로 인해 성은 '실체적인 것'의 특징을 띠게 된다는 것이다. 버틀러는 또한 보봐르, 위띠그, 이라가레에게서도 실체의 형이상학을 발견하는데, 이들은 모두 (성이 생산된다는 논의에 기여하긴 했지만) 특정한 성차의 형태를 누군가 되거나 가질 수 있는 것으로 표명하게 된다. 버틀러는 니체를 따라 이렇게 주장하는 미셸 아르를 인용한다. '주체, 자아, 개인은 그저 흔한 허위 관념에 불과하다. 이들은 처음에 언어적 실체밖에 없던 허구적 통일체를 실체로 바꾸기 때문이다'(*Gender Trouble* 21).

　　버틀러의 젠더 수행성 이론에서 젠더는 주체의 삶에서 여러 번 반복되어야 하는 과정이고 새로운 주체들이 존재의 내부로 들어가고 외부로 나가면서 젠더가 재구성되는 과정이다. 이 이론은 버틀러가 활용하고 또 비판하는 성 구성주의 이론가들과 버틀러의 성 생산 이론이 달라지는 부분이다. 버틀러에게 젠더는 수행이고, 수행은 누군가가 가진 것이나 누군가가 되는 것이 아니라 누군가 행동한 것이기 때문이다. 젠더가 수행, 즉 문화적으로 인가된 행동이기 때문에, 그 행위를 허물 기회나 최소한 그 행위에 간섭할 기회는 젠더가 생산되는 바로 그 수단 안에 있어야 한다. 버틀러가 제안한 바와 같이 우리가 할 일은 저항을 이성애 규범적 의미화 체계의 외부나 앞에 있는 것으로 보기 보다는 '권력의 관점에서 섹슈얼리티와 정체성의 가능성'을 다시 생각해보는 일이다(Gender Trouble 30).

버틀러에게 인식가능성의 바로 그 경계를 보여주는 '인식 불가능한' 몸에 버틀러가 그처럼 관심을 두는 이유가 바로 여기에 있다. 이런 몸이 규범적 섹슈얼리티의 생산 속에서 그에 대한 저항의 가능성도 담고 있음을 보여주기 때문이다. 이런 결론에 도달하면서 버틀러는 권력의 생산적 능력에 대한 푸코의 설명과, 푸코가 '억압 가설'이라고 이름 붙인 것에 대한 푸코의 비판에 기댄다. 『성의 역사』 1권에서 푸코는 빅토리아기의 특징이 보통 빅토리아기로 연상되는 섹슈얼리티 표현의 금지에 있는 게 아니라 '담론의 선동'에 있다고 주장한다. 푸코의 주장에 의하면 '우리 사회가 성에 대해 행사하는 억압의 권력'이라는 지배적인 주장은 불충분한데, 그의 계보학적 설명이 보이는 성과 관련된 일련의 '강화와 증대'(The History of Sexuality 72)를 설명하지 못하기 때문이다. 푸코에게 권력은 생산적이다. 즉 그는 금지가 욕망의 담론적 효과를 억압하기 보다는 생산하는 작용을 한다고 주장한다.

근친애 금기

버틀러는 푸코의 권력 모델을 염두에 두고 『젠더 트러블』의 상당 부분(2장 전체)을 할애해서 문화 속에서 가장 강력한 성적 금기 중 하나인 근친애 금기에 대해 논의한다. 버틀러는 권력을 생산적인 것으로 개념화하면서 근친애 금기가 젠더 정체성을 세우는 이성애 규범적 메커니즘으로 작동한다는 것을 보여주려 한다(Gender Trouble x). 그는 주로 푸코의 억압 가설 비판을 통해 프로이트의 정신분석학을 재독해하면서 이것을 보여주려 한다. 근친애 금기에 대한 버틀러의 관심은 주로 근친애 금기가 구조주의 인류학과 정신분석학에서 (각각) 문화를 정립하는 순간과 인식 가능한 주체를 정립하는 순간으로 자리잡는 방식에서 온다.

구조주의 인류학과 정신분석학에 대한 버틀러의 분석은 푸코식 비판이 나올 것이라 경고하는 틀로 짜여 있다. 『젠더 트러블』 2장에서 버틀러는 페미니즘 이론이 때때로 가부장제 이전의 시대를 상상하고 표현하려 했다고 지적한다(Gender Trouble 35). 버틀러의 주장에 따르면 가부장제가 이런 상상 속에 틀을 만드는 경향을 보이는 보편화의 방식들은 페미니즘이 반대하는 가부장 구조 자체를 물화할 위험이 있다. 버틀러는 물화reification, 즉 중요한 뭔가를 생산하는 사회관계를 눈에 보이지 않게 만드는 메커니즘을 불러와 이 책을 뒷받치는 역사에 대한 계보학적 연구를 계속 이어간다. 따라서 버틀러의 관심은 가부장제를 억압적이고 항구적인 단수의 법으로 재현할 때 그 법이 계속 재생산되는 사회적 문화적 맥락을 생략할 위험에 있다. 대개는 보통 이런 서술에 생략되는 사회관계가 이성애적 헤게모니의 작용, 즉 2장의 제목인 '이성애적 매트릭스'의 작용이라고 버틀러는 논의할 것이다. 버틀러에 따르면, 모든 것을 포괄하는 억압의 법으로서가 아니라 이성애적 매트릭스를 통해서 젠더 위치가 생산되는 방식에 페미니즘 이론이 비판적으로 주목하지 못한다면, 그 이론은 권력 구조를 잘못 이해해서 페미니즘 기획을 뒷받침하는 젠더 생산에 관여할 기회 자체를 놓칠 위험이 있다.

버틀러는 레비-스트로스로 전환하면서 근친애 금기에 관한 논의를 시작하는데, 레비-스트로스의 연구가 라캉의 정신분석학에 영향을 주고 또 변화도 시킨다. 레비-스트로스는 「친족의 기본 구조」에서 근친애 금기(즉 가까운 친척간의 성적 접촉을 금지하는 사회법)가 어느 사회에서든 기본적 구조가 되는 법이라고 주장한다. 그는 어째서 이런 금기에 사회집단(가족, 종족) 간의 여성 교환이 필요한지를 개요한 뒤, 이런 교환이 (모든 사회에 공통적이기도 한) 선물의 교환이라는 형식을 취하며 그 기본 형태는 결혼이라고 주장한다. 루빈이 주장하듯, '그 결과로 확립된 관계가 상호성 관계만이 아니라 친척 관계이기도 하므로, 여성을 선물한 결과는 다른 선물을 거래한 결과에 비해 상당히 크다'(Rubin, 'The Traffic in Women' 173). 이런 결과적인 친족의 구조와, 그 구조가 없었다면 연결되지 않았을, 새로 만들어지고 부가된 사회집단 간의 복합적 상호성 관계 때문에, 레비-스트로스는 근친애 금기의 적용이 문화가 토대하는 순간이라고 결론 내린다. 이런 토대의 순간에 모든 여성을 교환 상품으로 축소시킨다는 것을 생각하면, 레비-스트로스에게 문화는 '여성의 세계사적 패배'에서 비롯된다 ('The Traffic in Women' 176).

버틀러와 루빈 둘 다 근친애 금기와 문화의 관계에 대한 이런 해석을 비판하며, 이들은 레비-스트로스가 문화의 '토대'(물론 버틀러 연구의 반-토대주의적 추동력과 상반되는 개념)와 강제적 이성애를 구조화하는 체계 사이의 관계를 설명하지 못한다는 것을 보여주려 한다. 근친애 금기가 여성을 남성들 사이에 교환되는 욕망의 대상이라는 위치에 둔 것을 보면, 이 도식에서 욕망은 분명 이성애적인 것으로 상상된다. 하지만 동성애적 무의식의 가능성이 어떻게 이런 교환 체계를 조직했는지 생각해본다면 버틀러에게는 이런 체계가 오히려 더 놀랍다(Gender Trouble 41). 루빈이 주장하듯, 이런 배타적 이성애의 관점에서 근친애 금기를 생각하려면 '이보다 앞서 있지만 명확히 밝혀지진 않은 동성애에 대한 금기를 전제해야 한다'('The Traffic in Women' 180). 버틀러는 레비-스트로스가 이런 앞선 금기의 작용을 인정하지도, 근친애적 이성애가 '표면상 자연스럽고 인공 이전의 것으로 보이는 욕망의 매트릭스로 구성되는'(Gender Trouble 42) 방식을 검토하지도 않았다고 주장한다. 그보다 레비 스트로스는 어머니와 아들의 근친애 관계가 '전반적으로 확산된 문화적 환상'(42)이라고 하는데, 이는 그의 연구에서 이성애가 normal이라는 생각을 새우 싱하는 밑곤이 된다.

루빈과 버틀러는 근친애 금기에 대한 구조주의적 설명에서, 법이 단수적이고 억압적인 관점으로 생각되는 방식에 의문을 제기한다. 루빈은 (마르크시즘과 대화를 이어) 여성의 교환이 '문화를 정의하는 것도, 그 자체로 저절로 어떤 체계인 것도'('The Traffic in Women' 176-7) 아니며, 성별/젠더 체계의 경제학에 의존하는 생산 체계의 일부라고 설명한다. 간단히 말해, 그는 근친애 금기야말로 문화가 토대하는 순간이라는 레비-스트로스의 주장을 거부한다. 루빈은 여성을 교환 품목으로 축소하는 것이 사회 관계를 조직하는 것이 아니라 어떻게 '특정 관계'가 성별이라는 생물학적 날 것을 젠더로 바꾸는지를 보여주는 사례라고 주장한다.

버틀러가 성별/젠더의 구분을 복잡하게 만드는 데는 다른 입장을 필요로 한다. 버틀러는 『젠더 트러블』에서 푸코의 틀로 「여성의 거래」를 다시 읽는다. 버틀러는 루빈의 권력 모델이 특히 성 정체성 문제를 둘러싼 생산적인 모델이라고 특정해 지목한다. 루빈은 근친애 금기를 통해서 젠더가 '성별과 동일시 될 뿐 아니라 이성을 향한 성적 욕망도 일으킨다'('The Traffic in Women' 180)고 본다고 버틀러는 주장한다. 젠더 정체성과 성 정체성은 모두 버틀러가 '효과 면에서 주로 생산적'(Gender Trouble

73)이라고 말한 근친애 금기를 통해 구성된다. 루빈은 강제적 이성애를 제거하면 젠더도 동시에 제거되어 성별 표식이 없는 성이 남을 것이라고 주장하지만, 버틀러는 이런 입장이 법보다 앞서 있을 수 있는 이상화된 섹슈얼리티를 잘못 상상한다고 주장한다. 또 이처럼 '더 행복한 상태에 기대는'(76) 것은, 루빈이 은연중 비판하던 바로 그런 (단수이고 보편적인) 권력에 대한 이해로 만들어진다는 것이다. 버틀러는 푸코의 억압 가설 비판을 확실히 이용해서, 근친애 금기는 자신이 금지하는 욕망뿐 아니라 그 이전의 원래 섹슈얼리티라는 개념도 만든다고 주장한다(76).

버틀러는 이런 생산성이 자신이 주입한 이성애규범성에 저항할 수단을 얼마나 갖고 있는지에 특히 관심을 둔다. 그가 사용하는 푸코식 모델은 권력 작용이 언제나 권력에 저항할 능력과 수단을 동시에 갖고 있다는 주장을 포함한다. 푸코가 말하듯, '저항이 없는 권력 관계란 없다. 그리고 저항은 권력 관계가 일어나는 바로 그 지점에서 형성되므로 더욱 현실적이고 효과적이다(*Power/Knowledge* 142). 버틀러는 근친애 금기는 금기의 생산성 속에서 특정한 성 관계를 금지하고 있을 때조차 '부지불식간에 여러 대체 욕망과 미리 규제되지 않은 정체성들을 생산한다(*Gender Trouble* 76)고 주장한다. 푸코를 통해 근친애 금기를 다시 읽게 되면 어떻게 이 금기가 자신이 유일한 합법적 욕망의 틀로 제정한 이성애에 저항할 수단을 만드는지 알 수 있다.

근친애 금기와 강제적 이성애의 관계를 더 완전하게 논의하기 위해 또 푸코의 관점에서 저항의 가능성을 탐구하기 위해, 버틀러는 젠더를 구성하는 아마도 가장 영향력 있는 틀을 생산했던 분야, 즉 프로이트의 정신분석학으로 향한다. 아동 발달 단계 중 오이디푸스기에 대한 프로이트의 설명은 주체가 가족생활 및 사회생활을 지배하는 젠더에 대한 규범적 기대와 타협하는 심리적 과정에 대해 세밀히 분석한다. 그 설명은 어머니와에 대한 근친애 금기를 깨닫는 게 아이가 욕망을 깨닫는 결정적 단계라고 지목하기도 한다.

프로이트에 따르면, 엄마에 대한 아이의 무의식적 근친애 욕망을 오이디푸스 콤플렉스 속에 해소하면서 규범적인 성의 주체가 형성된다. 약 3세에서 5세 가량의 아동은 가족 구조 안에서, 더 큰 젠더 구조 안에서 자신의 위치를 인지하게 된다. 그 과정은 이렇게 나타난다. 아이는 엄마를 원하지만, 그게 아무 소용없는 욕망이라는 사실을 마주한다. (아들의 경우) 자신의 적수인 거세하는 존재, 즉 아버지 때문이고, (딸의 경우) 음경이 없어서 엄마를 가질 수 없다는 발견 때문이다. 아들의 경우, 아이는 엄마에 대한 사랑을 포기하고 아버지와 동일시한다. 딸의 경우, (엄마가 음경의 결핍과 연결되어) 엄마는 사랑의 대상이 되지 못해 거부하고 아이는 그 욕망을 아버지에게로 이동시킨다. 딸아이가 최종적으로 어머니와 이루는 동일시는 약간 더 복잡한데, 그 동일시는 아이가 아버지에 대해 갖는 욕망/능력과의 동일시를 중심에 두기 때문이다. 그렇지만 두 경우 모두 성공적으로 오이디푸스 위기가 해소되면 동성 부모와의 동일시가 일어나고, 아이는 이성애 구조의 시대를 연다.

버틀러가 오이디푸스 단계에 대한 프로이트 이론에 관심을 두는 것은 특히 두 개의 (서로 연관된) 문제와 관련이 있는데, 하나는 동성애 금기이고, 다른 하나는 이성애와 우울증의 관계이다. 이중 첫 번째 것과 관련해서 버틀러의 주장은 (레비-스트로스에 대한 루빈의 주장처럼) 아이의 발달에 대한 프로이트의 주장에는 그보다 앞선 동성애 금기가 전제되어 있는데도 드러내지 않는다는 것이다. 프로이트는 모든 아이들이 양성애로 시작하고 양 부모 모두에게 욕망을 보인다고 주장한다. 그러나 프로이트는 이런 양성애의 특징으로 남성적 '기질'과 여성적 '기질'의 존재를 말하고, (아이의 젠더와 상관없이) 남성적 기질은 어머니에 대한 욕망과, 여성적 기질은 아버지에 대한 욕망과 등치한다. 버틀러에 따르면, 프로이트에게 양성애는 '두개의 이성애 욕망이 하나의 심리 안에서 동시에 발생'(*Gender Trouble* 61)한 것인데 왜 동성애적 관점에서 욕망을 생각할 수 없는지에 대해 설명이 없다.

버틀러는 프로이트가 동성애의 가능성을 소홀히 다룬다고 말하면서, 어쩌다 프로이트가 이처럼 이성애적 양성애로 연결한 기질과, 규범적인 젠더 발달과 연결한 내적 동일시를 구분하게 되었는지 묻는다. 그 말의 함축된 의미를 설명하기 위해 버틀러는 프로이트의 애도와 우울증 이론으로 향한다. 「애도와 우울증」에서 주체가 사랑의 대상을 상실할 때(예를 들어 사랑하는 사람이 죽었을 때)의 심리는 애도 상태에서 그 상실을 슬퍼하지만, 결국은 상실을 받아들이고 그 리비도 에너지를 새로운 사랑의 대상에게 투여(대상 카섹시스)하면서 상실을 해결한다고 프로이트는 주장한다. 반대로 우울증은 상실을 받아들일 수 없거나, 그래서 그 슬픔을 해소하지 못한 주체의 상태를 말한다. 대신 상실한 대상을 떠나보낼 수 없는 심리는 자신의 에고 안에 대상의 양상 일부를 합체함으로서 대상을 보존하려 한다. 상실한 대상의 일부를 이렇게 합체하는 것은 (프로이트가 '내사'introjection라고 부른 과정인데) 새로운 대상 카섹시스object-cathexis로 나타나기 보다는 상실한 사랑의 대상과 이루는 동일시로 나타난다(*On Metapsychology*).

프로이트가 이 초기 논문에서 우울증의 특징이 해결 불가능한 애도의 병리적 상태라고 설명했으나 『자아와 이드』에서는 이 입장을 수정한다. 이 글에서 '우울증에 특징적으로 나타나는 상실한 사랑과의 동일시는 애도 작업의 전제조건이 된다고 버틀러는 설명한다. 원래 대립적인 것으로 생각되었던 두 과정은 이제 슬픔을 겪는 과정에서 내적으로 연결된 양상으로 이해된다(Gender Trouble 62). 따라서 모든 동일시가 애도의 결과로 오는 것은 아니지만, 이제 모든 애도 상태는 동일시 양상을 일부 포함한다.

『젠더 트러블』에서, 그리고 더 충분하게는『권력의 정신적 삶』에서, 버틀러는 오이디푸스 위기의 해결을 뒷받침하는 이성애규범성을 따라 생각해본다면 이런 변화가 어떤 파장을 가져올지에 대해 논의한다. '젠더 동일시나, 그보다 젠더 형성에 중심이 된 동일시가 우울증적 동일시를 통해 생산(Psychic Life of Power 134-5)되는 방식이 있을지를 묻는다. 버틀러의 주장은, 오이디푸스 위기의 끝을 나타나는 동성 부모와의 동일시, 그리고 그에 따르는 (이성애) 규범적 젠더 정체성의 가정은 사실 상실한 사랑의 대상인 동성 부모와 우울증적으로 동일시하는 것일 수 있다는 것이다. 이성과의 (동성애적) 젠더 동일시가 성립하지 못하므로, 남자아이에게 아버지와의 동일시로 표시되는 남성성에는 영원토록 '애도할 수 없는 사랑이 출몰한다'(138). 규범적 남성성은 여성성과의 거부된 동일시로 표시되는데, 이런 여성성 또한 동성애적 상실로 인한 해소할 수 없는 슬픔이다.

『젠더 허물기』에서 버틀러는 이성애적 우울증의 의미를 정리한다. 동성애적 애착과 이성애적 젠더 규범의 강화의 관계에 주목하여 어떻게 특정 형태의 사랑을 금지하는 것이 주체에 대한 존재론적 진리로 확립되는지를 보여주는지 설명한다. '나는 남자다'의 '~다'는 '남자를 사랑해선 안돼'라는 금지를 기호로 표현한다"(Undoing Gender 99). 따라서 젠더의 진실, 혹은 성별의 선언은 언제나 동시에 그보다 앞서 있는 동성애에 대한 거부를 인용한다. 이것이 금지의 힘이고, 그렇게 젠더화된 주체에 대해 앞선 진실의 억압이다(물론 버틀러에게 이런 진실은 그 위치를 바꾸려는 진실만큼이나 존재론적으로 의심스러운 것이다). 그러나 우리가 푸코로 돌아간다면, 동일시를 만드는 것은 금지이므로, '남자를 사랑해선 안돼'라는 금지가 사실상 '나는 남자다'라는 정체성을 생성한다는 것을 알 수 있다. 젠더 정체성을 만드는 것은 당연시된 이성애적 욕망의 규범적 해소가 아니라, 말하지 못한 (그래서 애도하지 못한) 동성애에 대한 금기이다. 간단히 말해, 이성애규범성이 젠더를 생산한다.

전복적 반복

『젠더 트러블』에서 버틀러의 목표는 페미니즘 이론에서 젠더가 (성별과 다른 것, 이성애와 연결되지 않은 것으로) 이해되어 온 방식을 비판하고, 자신이 규명한 한계점과 누락 부분을 고려해서 대안적인 젠더 구성 모델을 세우려는 것이다. 이 책이 출판된 후 젠더에 관한 버틀러의 연구 중 상당수는 페미니즘의 비판과 젠더의 문화적 사회적 이론적 분야에 나타난 변화에 대해 대응하기 위해 이 책의 중심 사상을 수정하고 재논의했다. 물론 버틀러도 지적하듯, 이성애적 우울증과 젠더 수행성의 연결이 특별히 분명해진 것은 아니다(Gender Trouble 1999: xv). 버틀러는 『의미를 체현하는 육체』 및 『권력의 정신적 삶』에서 우울증적 동일시를 젠더 규범의 생산 및 트러블 일으키기와 더 분명하게 연결한다. (다음 장에서 논의하겠지만) 이런 논의들은 『젠더 트러블』의 마지막 장을 기반으로 하고 있는데, 마지막 장에서 버틀러는 젠더 정체성의 수행적 구성이 젠더 정체성을 전복할 메커니즘을 제공할 수도 있다는 식으로 논의를 시작한다.

이런 전복의 가능성은 수행문이 그 인용의 적법성을 계속 재확립하기 위해서는 반복될 필요가 있다는 데 초점을 둔다. 앞서 논의한 것처럼 버틀러는 젠더 행위에 생기는 '실체의 외관'이 젠더 수행의 반복에 달려있다고 주장한다. 이 반복이 '이미 사회적으로 확립된 일단의 의미를 재상연하는 동시에 재경험'(Gender Trouble 140)한다. 수행적 반복이란 반복된 허구를 공인된 권위로 구성하는 인용 행위이다. 예를 들어 어떤 아이를 '너무나 소년답다'고 묘사하는 것은 반복된 젠더 수행을 확인해 주기도 하지만, 동시에 바로 그 규범의 인용 행위를 통해 소년다움이라는 앞선 진실을 재확인하기도 한다. 버틀러에 따르면, 반복의 불연속성을 강조함으로써 인용 고리를 파열시키면, 젠더의 진실이라는 게 자신의 적법한 권위를 발생시키는 '행위의 양식화된 반복'(Gender Trouble 140)으로 유지되는 규제적 허구라는 사실이 드러날 위협에 놓인다. 버틀러는 이렇게 주장한다.

> 젠더 변화의 가능성은 바로 이런 행위들의 자의적 관계 속에, 반복에 실패할 가능성 속에, 기형성 혹은 패러디적 반복 속에 나타날 것이다. 패러디적 반복은 지속적 정체성이라는 환상의 효과가 정치적으로 미약한 구성물에 불과하다는 것을 폭로한다. (Gender Trouble 141)

이를 위해 버틀러는 '드랙의 문화적 실천, 크로스드레싱, 부치-펨 레즈비언 정체성의 성적 양식화'(141)가 주체적 상연 행위라고 강조하는데, 이런 상연 행위는 제대로 반복하지 못한 것을 정치화할 수 있다. 그 결과, 버틀러가 제시하는 것은 이런 젠더 수행이 젠더 통일성이라는 허구적 당연시 과정을 드러내고, 그것이 강제적 이성애와 맺는 관계를 드러낼 가능성이다.

예를 들어, 버틀러는 드랙이 전복적 잠재력을 실행하는 것은 젠더가 반복에 달려있음을 드러내는 방식으로, 젠더를 반복하면서 젠더 수행에 있어서 '모방본'과 '원본'의 관계를 복잡하게 만들면서 이루어진다고 설명한다. 잘못된 젠더 수행이라는 드랙의 위상이야말로 수행으로서의 젠더를 또한 성별과 일치할 것을 문화가 강제한 수행으로서의 젠더를 전면화한다. 따라서 버틀러는 다음과 같이 주장한다.

> 드랙이 '여성'에 관한 통일된 그림을 만드는 만큼 … 드랙은 또한 이성애적 일관성이라는 규제적 허구를 통해 통일체로 잘못 당연시된 젠더화 경험의 이런 양상이 뚜렷이 있다는 것도 드러낸다. **드랙은 젠더를 모방하면서, 젠더의 우연성뿐 아니라 젠더 자체의 모방 구조도 은근히 드러낸다.** (*Gender Trouble* 137, 원문 강조)

따라서 드랙은 패러디를 통해서, 이성애적 헤게모니가 의존하는 진정한 젠더 정체성에 대한 주장을 당연시하지 않도록 만들 수 있다.

버틀러는 부치-펨과 관련해서도 비슷한 주장을 한다. 다음 장에서 더 다루겠지만 부치-펨의 관계는 종종 레즈비언 페미니즘을 염두에 두는데, 레즈비언 페미니즘에서 부치-펨 관계는 억압적 이성애의 무비판적 재현이자 성애화라고 일부 비판을 받기도 한다. 그러나 버틀러는 이런 해석이 이성애에게 원본의 지위를 부여하는 성적 정체성의 위계를 그대로 두는 경향이 있다고 주장한다. 반대로, 버틀러는 부치-펨을 이런 원본인 이성애의 모방본으로 읽을 것이 아니라 아래를 입증하는 것으로 읽어야 한다고 주장한다.

어떻게 소위 원본이 즉 이성애 틀 안의 남녀가 이와 유사하게 구성되고, 수행적으로 확립되는지를 (입증하는 것으로) 말이다. 따라서 표면적 모방본이 원본을 참조해서 설명되는 게 아니라, 원본도 모방본 만큼이나 수행적인 것으로 이해된다. (*Undoing Gender* 209)

맺음말

버틀러가 전복적 수행성에 두는 가능성은 『젠더 트러블』의 틀이 되는 계보학적 방법론을 강조하고 그 접근법과 관련해서 푸코의 영향을 강조한다. 버틀러에게 부치-펨이나 드랙은 역사가 없는 섹슈얼리티라는 이성애의 외관을 전복할 가능성이 있는 퍼포먼스이다. 그리고 이들에게 이런 전복의 가능성은 그런 외관이 유지되는 메커니즘을 통해, 다시 말해 성의 담론 속에 몸의 토대를 세우고 지금 가동되는 적법성에 권위를 주기 위해 젠더규범이 반복하는 요건을 통해 온다.

버틀러가 『의미를 체현하는 육체』 마지막 장에서 주장하듯, 전복적 반복의 똑같은 논리는 '퀴어'의 이론적이고 활동가적인 전개에서도 찾아볼 수 있다. 버틀러에게 모욕어인 '퀴어'를 동성애혐오의 의미로 사용하는 것은 모욕어의 반복이라기보다는 하나의 독립된 모욕어처럼 보인다. 그리고 이런 외관은 이 사용이 재설정하는 규범의 경계에도 역사가 있다는 사실을 (그리고 모욕어에 그 힘을 실어주는 것이 바로 이런 역사라는 사실을) 숨긴다. 따라서 버틀러에게 퀴어의 이론적 활용이 중요한 것은, 모욕어에서 가해 능력을 빼앗기 위해 동성애혐오적 모욕어를 개선할 전략에 있는 게 아니다. 그보다는 수행적으로 작용하는 이 용어의 활용 혹은 오용이 어떻게 수행문의 작동 방식을 있는 그대로 다 드러내는지에 있다. 다음 장에서는 버틀러가 어떻게 이런 가능성을 이론화하는지를 살피고, 그가 퀴어 이론과 맺는 관계에 특징적으로 보이는 관련성과 비판점에 대해 살펴보겠다.

더 읽을거리

Benhabib, S. et al. (1995) *Feminist Contentions*. New York: Routledge.
Derrida, J. (1988) *Limited Inc*. Evanston: Northwestern UP.
Lloyd, M. (2008) *Judith Butler*. Cambridge: Polity P.

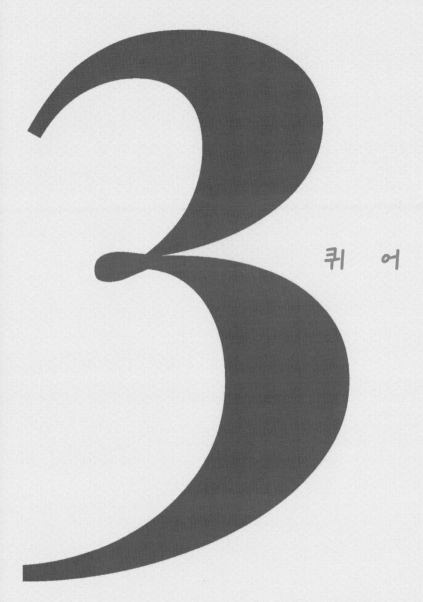

3

퀴 어

Queer

3. 퀴어

머리말

1991년의 논문 모음집 『안/밖』[1]에서 버틀러는 레즈비언으로서, 장소로서의 '레즈비언'의 개념에 문제를 제기하고 이에 대한 이론화를 시도한다. 『젠더 트러블』에서 주장했던 바와 같이 '레즈비언이라는 기호'가 때때로 정치성을 쉽게 드러내 줄 수 있는 장점이 있다고 해도, 버틀러는 '정체성 범주가 규제적 체제의 도구로 쉽게 이용될' 위험성을 인식해야 한다고 주장한다'(*Inside/Out* 13). 그래서 그녀는 '레즈비언이라는 기호가 의미화하는 바를 하나의 명확한 의미로 고정하지 않고 계속 불분명하게 남겨두기를 희망한다'(*Inside/Out* 14).

『젠더 트러블』에서 버틀러는 페미니즘의 주체로서 여성을 '어떻게 완전하게 재현할 것인가'라는 기존 페미니즘 논쟁 구도를 비판하면서, 그 논의의 프레임을 '젠더화된 권력 구조가 내부와 외부를 나누는 배제 메커니즘에 의해 어떻게 유지되는가'라는 질문으로 전환하고자 한다. 『젠더 트러블』에서 시도했던 바와 마찬가지로, 『안/밖』에서도 버틀러는 동성애 혐오에 저항하기 위하여 레즈비언이나 게이라는 기호를 사용할

1) [역주] 『안/밖』은 퍼스가 편집한 '동성애' 논문 모음집이다. 버틀러는 1989년 예일대에서 동성애를 주제로 한 학술대회의 발표문을 수정하여 1991년 '모방과 젠더 불복종'(Imitation and Insubordination)이라는 제목으로 이 책의 제1장에 실었다.

때조차 레즈비언이나 게이와 같은 기표가 정상성이나 정상/비정상의 범주를 작동시킨다는 점에 주목한다.

버틀러는 게이해방운동 초기부터 게이 정치학의 중심에 '커밍아웃' 담론이 작동해왔음을 밝히고 그 담론의 위험성을 밝힌다. 그녀는 사람들이 커밍아웃을 찬양할 때 커밍아웃이 '섹슈얼리티를 투명하게 드러내겠다는 약속'이라고 상상하지만(*Inside/Out* 15), 사실 이것은 정체성의 한 부분을 총체적 주체로 재생산하는 행위성과 지배담론의 판타지 속으로 들어가는 것이라고 주장한다.

> 레즈비언-기표가 환기하는 최종 의미는 항상 모호한 채 남아있어야 한다. 왜냐하면, 레즈비언의 의미화가 언제나 어느 정도는 지배담론의 통제를 벗어난 곳에서 발생하고, 지배담론의 일관성을 무너뜨리면서 순환하는 배제에 의해서 그 **특수성**이 생겨나기 때문이다. 그렇다면, 레즈비언들이 함께 공유할 수 있는 정체성이 있다면 그것은 무엇인가? 레즈비언의 정체성을 결정하는 사람은 누구이며, 누구의 이름으로 결정할 것인가?
> (*Inside/Out* 15, 원문강조)

버틀러에 의하면, 정체성 담론은 특정한 정체성에 안정된 의미를 부여하고자 하는 것이다. 그러나 정체성 담론은 이성애규범성에 '트러블을 유발할 수밖에 없는'(*Inside/Out* 14) 비이성애와 양립하기 어렵고, 이성애규범성의 불완전성과 연관된 비이성애의 쾌락과도 양립하기 어렵다. 그래서 버틀러는 '게이 또는 레즈비언 공동체'의 다른 구성원들의 정의를 그대로 수용하기보다는 레즈비언과 게이를 '불가능한 정체성'으로 규정해왔던 그들의 역사적 위상을 생산적으로 활용하고 '기존의 정체성 범주와 정체성을 분열시키고 정체성의 오류, 혼란과 분쟁을 드러내는 집결지'(*Inside/Out* 16)로 이용하고자 한다. 그러나 버틀러도 인정하듯이, 이러한 주장의 문제는 정체성의 범주가 전략적이고 물질적 가치를 지니는 정치적 맥락에서 트러블을 유발하는 형태의 저항을 수행적으로 활성화하기 어렵다는 데 있다. 그러므로 버틀러에게 관건은 '레즈비언-게이의 기호를 활용하면서, 동시에 그 일시적 우발성을 어떻게 선언하느냐'는 것이다(*Inside/Out* 19).

정체성 정치 비판

정체성 정치를 주장하는 사람들은 레즈비언·게이의 정체성을 태생적이고 자명한 것처럼 상상하고, 레즈비언과 게이의 정체성을 확립하는 것이 정치적으로 필요하다고 주장하면서 점점 보수화되어간다. 그러나 주디스 버틀러는 이러한 종류의 안정된 레즈비언·게이의 정체성에 안주하지 못하는 사람들의 편에서 발언하고 있다. 1969년 스톤월 항쟁[2]을 계기로 부상한 게이해방운동은 원래 인간의 섹슈얼리티가 '본질적으로 다양하고 양성애적'(Altman, *Homosexuals* 74)이며, 성 정체성의 급진적 전환이 가능하기 때문에 '동성애'라는 고정된 정체성 개념을 종식시키기 위한 사회 정치 운동이었다. 그러나 1970년대 중반이 되자, 보수적인 게

. . . .

2) [역주] 스톤월(Stonewall Inn)은 뉴욕시 그린위치빌리지에 있는 마피아가 불법으로 운영하던 주점으로 동성애자에게 서비스를 제공하는 행위를 법적으로 금지했던 1960년대에 동성애자들의 음성적으로 모이는 시설이 열악한 게이 바였다. 그러나 1969년 6월 28일 새벽 갑자기 시작된 경찰의 단속에 한 레즈비언이 격렬하게 저항했고, 클럽 내의 성소수자 뿐만 아니라, 오랫동안 짓눌려왔던 다른 성소수자들이 합류하면서 7월 3일까지 지속된 항쟁이다.

이해방운동가들은 '게이가 소수자이므로' (Weeks, *Sexuality and its Discontents* 198) 주변부에서 벗어나 주류로 진입해야한다고 생각했고, 그래서 동성애라는 고정된 정체성 모델이 레즈비언·게이 정치학을 정의하는 담론으로 굳어지게 되었다.

그러나 정확히 누가 이러한 정체성의 프레임 속에 포함될 것인지, 레즈비언·게이의 권리를 위한 투쟁이 다른 형태의 정체성과 정치학과 어떤 관계를 맺을 것인지는 게이해방운동 내부에서도 여러 이견이 존재했다. 특히 인종, 젠더, 계층은 수많은 이견과 균열을 만드는 키워드였다. 게이해방운동 내에서 다른 목소리를 내는 사람들, 주로 인종적, 계급적, 성적으로 주변화된 경험을 가진 사람들은 보편적 게이의 주체성이 명백히 백인, 중산층, 남성을 중심으로 결집되어 있다고 주장했다.

레즈비언들 사이에서는 (같은 레즈비언이라도 남성 역할을 하는 쪽과 여성 역할을 하는 쪽을 나누는) 성적 관행의 정당성을 둘러싸고 격렬한 논쟁이 벌어졌다. 이러한 관행은 이성애 문화를 명백히 모방한다는 비판에 점점 더 많이 휩싸이게 되었다. 이 때 특히 맹비난의 대상이 된 것은 부치-펨 문화였다. 부치-펨은 레즈비언들이 수용할 수 없는 '이성애가부장제' 모델의 재생산인 동시에(Jeffreys, 'Butch and Femme' 178) 레즈비언 페미니스트들이 여성에게 가해지는 성애화된 폭력이라고 비난하는 사도마조히즘 모델의 반복적 재생산이라고 비판받았다.

이러한 논쟁은 버틀러와 같은 레즈비언과 게이 이론가들에게 또 다른 폭력에 대한 우려를 낳았다. 동성애의 정체성을 고정된 것으로 제시하게 되면 정치적으로 유용하겠지만, 레즈비언·게이 정치학이 제거하고자 했던 동성애 혐오라는 폭력 대신 또 다른 형태의 폭력을 낳을 수 있다는 우려가 그것이다. 그래서 버틀러는 특정한 정체성의 프레임을 만들고 주장하고 주입하는 사람이나 단체의 정치학에 주목하고, 이에 대한 여러 질문을 제기한다.

> [동성애 혐오 진영의] 레즈비언과 게이를 제거하려는 위협을 우리가 반드시 정치적 저항의 조건으로 삼아야하는가? 만일 동성애혐오를 정치적 저항의 조건으로 삼는다면, 동성애혐오적인 시도가 애초에 헤게모니 전투에서 승리했기 때문에 정치적 저항을 시작한다는 주장으로 이어지지 않는가? … 레즈비언과 게이의 특정한 정체성만을 가시화하기 위해 다른 어떤 것을 내적으로 배제하는 것은 아닌가? … 정체성이 내적 감찰의 대상이 되고, 정체성을 여러 방향에서 '감찰'하고자 정체성을 정치적 문제로 삼는다면, 이는 오히려 공적 정치가 절망적이라는 표시가 아닌가? (*Inside/Out* 19)

젠더와 관련하여 제기했던 바와 마찬가지로, 여기서도 버틀러는 하나의 고정된 정체성 모델만을 고수할 때 생겨나는 문제들, 즉 억압을 떠받치는 배제 메커니즘을 재설립하고 재상연하는 여러 방식에 주목한다. '여성'의 범주와 마찬가지로 '레즈비언'의 범주 역시 정상성과 규범을 강제하면서 작동한다. 버틀러가 정체성에 기반한 정치를 비판하는 것은 정체성 정치가 섹슈얼리티를 변하지 않는 본질로 이해하고 있기 때문이다. 게이와 레즈비언 활동가인 퍼스는 다음과 같이 주장한다.

> 게이의 본질이라는 개념은 게이 운동을 활성화하고 합법화하기 위해서다. '게이의 자존감', '게이 문화', '게이 감수성'은 모두 게이 공동체의 토대이자, 오랫동안 억압되어온 집단 정체성을 드러내는 지표다. (Fuss, *Essentially Speaking* 97)

비록 퍼스가 게이 정체성을 보편화시키는 문제를 비판하기는 하지만, 퍼스는 본질주의자들은 역사적으로 보편적인 동성애의 (억압된) 욕망을 재배치하고 그것을 정치적 연대의 힘으로 활용하고자 했다는 점은 인정한다. 페미니즘에서 본질주의 대 구성주의 논쟁이 벌어졌던 것처럼, 레즈비언과 게이 학자들 사이에서도 비슷한 논쟁이 발생했고, 구성주의보다 본질주의 모델이 점점 대세가 되어갔다. 반면, 구성주의는 (주로 서구) 역사 속에서 같은 성에 대한 욕망이 어떤 식으로 의미화되고 구성되었는지를 분석한다. '구성주의'는 욕망의 사회적 의미를 역사적으로 설명하고, 같은 성 사이의 성적이고 정서적 관계가 반드시 성적 정체성과 연결되지 않는다고 주장했다.

구성주의는 푸코의 저작에 큰 영향을 받았다. 앞 장에서 논의한 바와 같이, 푸코는 『성의 역사』 1권에서 성 정체성이라는 개념의 발전이 권력의 담론적 네트워크의 산물이라고 주장하고 그 흔적을 추적했다. 푸코는 결혼과 성을 기준으로 사람들을 억압했다고 보는 빅토리아 시대에 대한 지배적인 관점에 도전한다. 그는 이러한 지배적 관점과 달리, 빅토리아 시대에 성적 도착에 대한 담론이 오히려 증가했고, 주로 고백성사의 형태로 성적 도착이 특정한 신체화된 공간을 차지한다는 것을 보여주었다고 주장했다. 빅토리아 시대에 이러한 성적 담론이 발전하면서, 성도착과 내밀하게 관련된 사람들을 [단순한 성적 일탈이 아니라 비정상인으로] 따로 구별하여 분류하게 되었다.

> 동성애라는 용어는 남색sodomy을 양성성이나 영혼의 자웅동체라는 뜻으로 바꾸어 사용하면서 생겨난 섹슈얼리티의 한 형태이다. 남색자는 일시적인 일탈이었지만, 동성애자는 이제 하나의 종이 되었다. (*The History of Sexuality* I 43)

(동성애 욕망이 게이 정체성으로 굳어졌음을 확인한 제프리 윅스의 논의와 더불어) 푸코와 같은 설명은 특히 후기구조주의의 영향력이 커지면서 레즈비언·게이 연구에서 비판적 중요성을 지니게 되었다. 정체성에 기반한 정치는 총제적이고 경계가 확실한 주체를 상상하고 주장하지만, 후기구조주의는 주체를 '탈총체성과 갈등의 장소'로 이론화하고(Weedon, *Feminist Practice* 21), 주체에 부착되고 주체에서 비롯하는 모든 단일한 정체성은 '지속적이고 영속적인 문화적 판타지'에 불과하다고 주장한다(Jagose, *Queer Theory* 78). '문화 속으로 편입되기 이전의 진정한 자아는 존재하지 않는다'(Sullivan, *Critical Introduction* 41)는 후기구조주의의 주장에 따르면, 게이 주체성에는 내적 진실이나 본질이 있을 수 없다는 결론에 이른다. 윅스와 푸코의 주장처럼, 동성애는 담론을 통해 구성될 뿐만 아니라 정체성이 구성되는 과정을 감추고, 정체성이 안정적이고 보편적이라는 허구를 생산하는 담론체재의 산물이다.

퀴어 이론

학계에서 널리 인정받는 '퀴어 이론'이라는 용어를 처음 사용한 이론가는 테레사 드 로레티스이다. 드 로레티스는 레즈비언·게이 연구와 비판적 거리를 표시하고, 레즈비언과 게이를 고정적이고 규범적 용어로 주장하는 정체성 정치를 비판하기 위하여 '퀴어성'이라는 용어를 사용했다(de Lauretis, "Queer Theory"). 데이비드 할퍼린에 따르면, 퀴어는 정체성을 확정하여 물화시키는데 저항하고, 계속 진행 중인 저항 프로젝트로 재생산하는 데 유용한 용어다(Halperin, *Saint Foucault* 66). 그는 퀴어가 규범적이고 결정된 것으로 간주되는 정체성의 분열을 표시해주기 때문에, 퀴어를 정의하기 위해 **'반드시** 필요한 특성은 **특별히** 없다'(62)라고 말한다. 이 말은 퀴어가 정상이나 규범에 어긋나는 반규범성 일반을 지칭하고, 이성애규범성을 초과하는 잉여의 자리에 위치하지만, 그렇다고 해서 강제적 이성애규범성과 분리된, 완전히 독립된 위치를 점하는 것은 아니라는 뜻이다. 야고스가 언급한 바처럼, 퀴어가 '정체성의 자기장 바깥'에 있는 것은 아니다(Jagose, *Queer Theory* 132).

사실상, 정체성의 장은 정확히 퀴어성이 가장 잘 상연되는 수행적 장소다. 버틀러에 따르면, 퀴어는 젠더 수행성을 통해 고정된 모범적 정체성을 인용하고 모방하지만, 그 반복 과정에서 모범적 여성성이나 남성성에 도달할 수 없어 그 한계를 드러낼 수밖에 없다. 버틀러는 이를 '과장적 모방'hyperbolic mimicry이라 칭한다(*Bodies That Matter* 232). 퀴어란 단일하거나 통일된 정체성이 없다는 의미이며, 퀴어를 언급하는 것 자체가 사실상 정체성의 한계를 드러내는 일차적 전략이다.

세지윅은 퀴어가 명목상 일관성 있는 성 정체성을 이용하는 동시에 그 정체성을 뒤흔드는 방식을 정확히 보여주면서 다음과 같이 그 의미를 환기시킨다.

> 1992년 뉴욕시에서 개최된 '게이 자존감 행진'에서, 잘생긴 근육질의 남자가 가죽 휘장을 두르고 부풀어 오른 가슴에 '내 자궁을 법으로 단속하지말라'KEEP YOUR LAWS OFF MY UTERUS라고 적힌 티셔츠를 입고 있었다. 시위 행렬 속에는 액트업3)이 판매하는 동성 간의 키스 장면을 담은 두 종류의 '내 말을 들어

. . . .

3) [역주] 액트업(ACT UP, Aids Coalition To Unleash Power)은 1987년 뉴욕의 레즈비언 · 게이 공동체가 설립한 정부의 에이즈 대책 강화를 요구하는 국제단체이다.

봐'READ MY LIPS라고 프린트된 티셔츠를 입고 있는 사람들이 눈에 많이 띄었고 그 수도 수천이 넘었다. 두 명의 퇴폐적인 여성이 서로를 열정적으로 포옹하고 있는 모습이 그려진 티셔츠를 입었던 사람들은 주로 게이 남성이었고, 키스하는 두 남자 선원의 모습이 그려진 티셔츠를 입은 사람은 대부분 레즈비언이었다. 각 다른 성의 티셔츠를 입은 행렬을 선보인 것은 그때가 처음이었다. FAGGOT와 BIG FAG[4]이 프린트된 티셔츠는 여자들이 많이 착용한 전설적 티셔츠이며, DYKE[5]와 여성의 음부를 좀 더 연상시키는 LICK BUSH라고 쓰인 티셔츠는 주로 남자들이 많이 착용했다 … 간단히 QUEER라고 적힌 티셔츠를 입은 사람들도 많았다. 퀴어의 시간이었다. (Sedgwick, *Tendencies* xi)

자신의 섹슈얼리티를 나타내는 티셔츠를 입는 것은 성정체성의 수행인 동시에 성정체성을 커밍아웃하는 수행적 행위이다. 세지윅이 말했듯이, 다른 성의 티셔츠 입기와 같은 퀴어의 퍼포먼스는 성적 기표를 교환하고 이동시키는 수행적 행위인 동시에 기존의 정체성과 다른 정체성을 만드는 수행적 전략이며, 정상/비정상이라는 규범에 의도적 불일치를 야기하는 것이다.

액트업 포스터

자신의 성별과 다른 성정체성의 기호를 활용하는 것은 퀴어와 퀴어의 불확정성에서 일반적으로 상상되는 바와 같은 기호의 혼란을 생산

. . . .

4) [역주] FAGGOT는 북미에서 남자 동성애를 비하하는 단어. 줄여서 FAG라고 한다.
5) [역주] DYKE는 주로 남성 역할을 하는 레즈비언을 비하하는 단어.

한다. 주어진 성정체성의 실패를 반복하여 수행하는 것은 특히 중요하다. 고유한 정체성의 거부는 인정의 도구를 활용하여 그 인정가능성에 균열을 일으키는 것이기 때문이다. 버틀러가 주장하듯이, 권력 공간의 바깥이나 주어진 정체성의 바깥(혹은 그 바깥이라는 판타지)이 아니라, 권력이 행사되는 바로 그 지점에서 권력의 장에 균열을 일으키는 활동일 수 있다. 그러므로 버틀러의 젠더 수행성 이론은 몸이 기존 정체성의 범주를 완전히 벗어나서는 읽힐 수 없다는 것, 그리고 기존 정체성 범주를 완전히 벗어날 수 있다는 상상이 오히려 이성애규범성의 은밀한 문화적 판타지가 될 수 있다고 본다.

『의미를 체현하는 육체』에서 버틀러는 수행적 힘을 지탱해주는 지칭referral의 상황과 그 맥락을 강조하면서 데리다를 인용한다. 즉 '만일 수행성의 형식이 '코드화된' 혹은 되풀이되는 발화를 반복하지 않는다면, … 그 발화가 코드화된 어법을 전혀 '인용하지' 않는다면, 과연 그 수행성이 성공할 수 있을까?'(Derrida, *Margins of Philosophy* 18) 되풀이가능성6)

. . . .

6) [역주] 되풀이iteration는 반복repetition과 다르다. 되풀이의 사전적 의미는 '반복'repetition, '또 다시'once again를 의미하지만, 반복과 정확히 그 의미가 같은 것은 아니다. 데리다가 「서명 사건 맥락」('Signature Event Context')에서 설명했듯이 산스크리트어에서 되풀이는 'iter'은 타자를 의미하는 'itara'에서 유래했으며 동일한 것의 반복이 아니라 동일성으로 환원될 수 없는 차이를 포함하는 반복을 뜻한다. 또한 수학에서 iteration은 근사치라는 뜻이다. 근사치란 수의 계산에서 소수점 이하의 모든 수까지 다 표기하기 어려워서 소수점 이하 몇 자리 정도에서 반올림하여 구한 것이다. 데리다는 언어를 근사치의 재현으로 본다. 근사치에는 언제나 오차가 따르기 마련이고, 이 오차의 계속된 되풀이가 어느 순간 예견되지 않은 의미를 도래하게 한다. 그러므로 데리다의 되풀이가능성iterability은 완전한 동일성으로 환원되지 않은 차이와 차연이 도래할 가능성이다(315). 버틀러는 이러한 데리다의 개념에서 되풀이의 반복수행성을 강조하고, 수행성을 통한 계속적인 되풀이가 의도하지 않은 의미를 열어줄 수 있다는 것을 강조하기 위해 재되풀이

은 퀴어의 실천에 결정적인 역할을 한다. 티셔츠를 입은 사람들은 '게이성'을 퀴어성으로 생산하기 위해 게이임을 반복하여 선포한다.

마이클 워너는 레즈비언과 게이의 티셔츠 바꿔입기의 실천이 섹슈얼리티의 주관적 의미를 다시 생각하게 해주며, '사회적 이데올로기와 제도 속에서 지속되는 이성애규범성을 새로운 방식으로 생각하는데 퀴어가 잠재적으로 공헌한다'고 말한다(Warner, *Fear of a Queet* x~xi). 워너에 따르면, 이성애규범성이란 '사회가 그 자체로 이성애적이라고 배타적으로 정의하는 능력'이다(*Fear of a Queer* xxi). 그러므로 이성애규범성은 비판의 핵심 대상이자 개입의 장소다. 일반직으로 규범성은 젠더와 섹슈얼리티의 수행이 규율적 힘으로 기능하는 권력의 장이기 때문에, 반규범성은 일반적으로 퀴어의 장이 된다. 퀴어성은 '정상적인 것, 합법적인 것, 지배적인 것과 어긋나는 모든 것으로 정의되기 때문에'(Halperin, *Saint Foucault* 62), 퀴어성은 정상(규범)이라는 기준에 따라 게이·레즈비언 정체성(혹은 레즈비언·게이 정치학의 목표)를 감시하는 여러 방식을 포함한다.

우리는 퀴어의 이러한 마지막 특징에 주목해야한다. 반동성애혐오 정치학 또한 규제 메커니즘을 활용하여 어떤 몸을 특권화하고 다른 몸들을 배제하면서, 그들이 반대하는 규제 메커니즘을 다시 긍정하기도 한다. 지배적인 주류 레즈비언·게이 정치학의 대표자들도 여기에 포함된다. 버틀러는 『젠더 허물기』에서 이러한 정치학의 한계를 동성 결혼의 사례를 통해 다음과 같이 언급하고 있다.

레즈비언과 게이의 결혼을 합법화하려는 최근의 시도는 [새로운 결혼] 규범을 만들고자 하는 시도다. 그러나 이 시도는 기존 형

. . . .

reiterability라는 용어를 사용한다.

태든 수정된 형태든 결혼이라는 규범을 거부하는 성적 결합을 비합법적이고 [법의 보호를 받을 수 없는] 비체의 지위로 떨어뜨릴 위험이 있다. (*Undoing Gender* 5)

마이클 워너에 따르면, 이성애규범적인 동시에 동성애 혐오적인 사회에서 동성 결혼 합법화 운동이 주로 활용하는 주장은 다음과 같은 약속을 제공한다. 버틀러 역시 같은 생각일 것이다.

요컨대, 결혼은 착한 게이들에게 적합할 것이다. 즉 이성애문화의 규범에 도전하지 않고, 이성애와 다른 성을 가졌다고 주장하지 않는, 보통 사람들과 다르게 살고자 하지 않는 착한 게이들에게 말이다. (Warner, *The Trouble with Normal* 113)

버틀러와 워너가 동성 결혼 캠페인이 이성애규범의 검열을 그대로 복제하고 있다는 주장은 <아메리칸 아이돌> 시즌 8에서 준우승을 차지하며 동성애자임을 커밍아웃한 아담 램버트가 2009년 <아메리칸 뮤직 어워드>에서 공연을 한 직후에 생겨났다. 이 공연에서 램버트는 댄서를 가죽 끈으로 묶어서 끌고, '짧은 스커트를 입은 여성 댄서로 하여금 그의 은밀한 부위를 만지게 하고', 남성 키보드 연주자를 휘어잡고 '강제로' 입을 맞췄다(Everett, 'Adam Lambert'). 공연 직후의 언론 논평 중 <허핑턴 포스트>에 실린 제니퍼 바나스코의 '아담 램버트가 어떻게 동성 결혼을 해치고 있는가'라는 제목의 기사가 있었다. 이 기사에서 바나스코는 주류 미국인들이 왜 게이를 두려워하는지를 정확히 보여주고 있다고 지적하며 램버트의 경솔한 공연을 다음과 같이 비난한다.

이것이 주류 미국인들이 게이[결혼]에 반대하는 투표를 하는 이유다. 그들은 동성애자가 가족과 직업을 갖고, 세금을 내고 결혼하는 것에 반대하는 것이 아니라, 램버트와 같은 사람들이 자신의 아젠다를 드러내기 위하여 섹슈얼리티를 경솔하게 이용하기 때문에 반대하는 것이다. (Vanasco, 'How Adam Lambert')

바나스코의 주장은 명백히 이성애규범성에 토대를 둔 검열이다. 버틀러와 워너가 기술한 바처럼, 게이의 공연은 좁은 의미의 '게이의 대의명분'에 적합해야하며, 주류 미국인들이 받아들일 수 있는, 바나스코가 말하는 '시민권'을 위협하지 않은 공연만이 허락된다. 표명가능한 욕망과 그렇지 않은 욕망을 왜 '주류 미국인'이 결정해야 하는 지에 대해서 바나스코는 전혀 의문을 제기하지 않는다. 그녀는 주류 미국인이 원하지 않는 것을 하지 않음으로써(혹은 원하는 것만을 행함으로써), 이성애만을 항상 특권화하는 인정의 구조를 그대로 모방할 뿐이다.

반면, 퀴어 정치학과 퀴어 이론은 정체성의 여러 범주와 정체성의 이름으로 종종 전개되는 규범적 정치학이 다양한 몸들의 가능한 행위들을 담아낼 수 없는 순간들을 추적하고 생산하고자 한다. 버틀러의 주장은 다음과 같다.

이성애적으로 조직되고 구성된 이성애의 일관성을 분해하고 깨뜨리면 남/녀로만 구분되지 않는 다양한 몸의 장이 폭로되며, 이성애의 일관성이라는 것이 규제가 만들어낸 허구에 지나지 않는다는 것을 알 수 있다 … 규제적 이상은 발생적 법으로 자신을 위장하고서, 이성애의 이상에 맞추어서 성적 영역을 규제하게 된다. (*Gender Trouble* 136)

여기서 정체성의 규범을 따르는 데 실패한 몸들에 의해서 성적 정체성의 헤게모니를 장악한 권력의 테크놀로지가 폭로된다. 다양한 몸들은 남/여라는 성별에 따라 동일시하는 데 실패함으로써, 우발적이고 새로운 여러 가능성에 자신을 개방하는 방식으로 규범을 전복한다. 그래서 세지윅은 퀴어를 다음과 같이 기술한다.

> 성별이나 젠더의 구성요소가 단일한 의미로 주어지지 않을 때 (혹은 **주어질 수 없을 때**), 퀴어는 의미의 과잉이자 일탈을 지칭하며, 의미의 포개짐, 부조화이자 반향인 동시에, 여러 가능성들의 열린 그물망을 지칭한다. (Sedgwick, *Tendencies* 8, 원문강조)

버틀러의 저작이 퀴어 이론의 발전에 얼마나 중심적 위치를 점하고 있는지 이해하는 것은 어렵지 않다. 버틀러에 따르면, 젠더의 허구는 이성애규범성이 지속적으로 재생산되고 주장됨으로써 진실처럼 구성된다. 일부 페미니즘에서 젠더는 문화적으로 구성된 것이고, 성은 태어나면서 자연적으로 주어진 것이라고 젠더와 성을 이분법적으로 구분하지만, 버틀러는 이성애/동성애의 이분법과 마찬가지로, 이러한 젠더/성의 이분법을 표면적으로나마 계속 유지하는 것 역시 이성애에 지속적으로 특권을 부여하는 것이라고 주장한다.

이성애규범성이나 [여성이나 남성으로 키워져서] 특정 젠더로 식별된다는 주장 모두 개인을 특정한 성정체성으로 구성하는 동시에, 성정체성을 태생적인 것으로 자연화하는 과정이다. 따라서 젠더를 구성물이자 재현으로 간주하고 성은 생물학적인 것으로 간주하는 이분법은 성정치학에서 재현/원본의 이분법이 어떻게 유지되는가의 문제로 사유되어야 한다. 버틀러는 푸코의 계보학적 비판을 활용하여, '사실상 제도, 관행, 담론들의 **효과**로서 생산된 정체성 범주를 **기원**이자 **원인**으로 명명하게 된 정치적 이해관계를 추적하고'(*Gender Trouble* ix), 젠더 정체성이 담론적 수행성을 경유하여 구성된다고 주장한다. 그녀는 섹슈얼리티를 구성하는 사회·문화·정치적 범주화에 의해서 섹슈얼리티가 구성되고, 이성애에 특권을 부여하게 된다고 반복해서 강조하면서, 섹슈얼리티의 재현을 정치적으로 이용할 때 그 한계를 분명히 해야한다고 주장한다.

퀴어 이론은 섹슈얼리티의 구조들 속에서 이성애적 헤게모니를 유지하는 방식을 드러내는 이론이며, 버틀러의 수행성 이론은 이 과정을 보다 자세하게 설명하고 지지하는 이론이다. 퀴어 정치학은 정체성 범주를 활용하여 성주체성을 생산하고 구성하는 권력의 작동방식에 주의를 기울이고, 이렇게 구성된 이성애적 주체성이 어떻게 당연하고 자연스러운 것으로 간주되는지에 초점을 맞추는 것으로 간주된다. 그래서 '퀴어의 수행'은 종종 규범성의 반복을 전복하고자 한다. 그 전복의 방식은 버틀러가 드래그와 젠더 구조의 흉내내기를 통한 반복이 가지고 있는 비판적 잠재력과 유사하다.

정교함은 조금 떨어지지만, 버틀러는 퀴어의 전복성을 설명하면서 동성애의 부인disavowal을 통해서 이성애가 구성된다는 결정적 주장을 펼친다. 버틀러에 따르면 이성애가 아닌 것으로 명목상 배제하는 것, 즉 동성애와 동일시함으로써 이성애자는 우울증에 빠진다. 이것이 이성애 우울증의 구조다. 버틀러는 동성애의 부인을 통해 이성애가 구성되는 방식을 보여줌으로써 동일시가 불분명해지는 방식을 보여준다.

동일시와 부인

『안/밖』의 서문에서 퍼스는 내부/외부라는 형태를 활용하여 내부/외부를 유지하는 경계가 우리가 생각하는 것보다 훨씬 더 유동적이라고 주장하고 성적 지향이 구성되는 동일시 구조에 대해 질문한다. 내부/외부라는 이분법과 마찬가지로 다른 이분법들도 그 경계의 위반가능성에 열려있으며, 그 이분법을 유지할 수 없어 해체되기도 한다. 동성애/이성애의 이분법 역시 마찬가지다. 퍼스는 이를 다음과 같이 기술한다.

> 그러므로 이성애와 관련된 동성애는 … 불가피한 내적 배제다. 즉 동성애는 배제된 외부이지만, 이성애를 분명하게 표명하기 위한 '내부 속의 내부성'inside interiority이기도 하다. 이는 외부/내부의 필수적인 경계를 위반한다. (Fuss, *Inside /Out* 3)

이분법의 한 축인 동성애는 이성애와의 차이를 드러내기 위해 항상 이미 구성되어 있다. 버틀러가 말하는 '이성애의 우울증 구조'에서처럼 동성애는 마치 존재하지 않는 것처럼 부인되지만 이성애의 구성을 위해서는 필수적이다. 버틀러와 마찬가지로 퍼스 역시 정체성이 어디서 생겨나는가보다는 억압의 그 문제틀을 유지하기 위해 정체성 범주가 어떤 역할을 하는가와 같은 질문에 더 많은 관심을 가진다.

레즈비언·게이 이론가 중 버틀러와 퍼스는 동성애 없이 이성애가 존재할 수 없고 이성애 없이 동성애가 존재할 수 없다는 것, 동성애/이성애와 같은 정체성 범주가 유지되기 위해서는 서로를 필요로 하지만, 이분법의 두 항 사이의 이러한 관계가 어떻게 은폐되는지를 분석한 대표적 학자다. 즉 그들은 섹슈얼리티가 곧 정체성이라는 지식을 생산하고 유지하는 동시에, 그것을 당연하고 자연스러운 것으로 만드는 권력의 기능을 분석함으로써, 퀴어 이론이 성적 정체성의 경계 지대에서 생겨나는 우발성을 밝혀서 저항의 새로운 가능성을 열고자 한다.

『의미를 체현하는 육체』의 마지막 장인 「비판적 퀴어」에서, 버틀러는 '퀴어'라는 용어를 재전유하여 정치화하고자 한다. 부분적으로 버틀러에게 이러한 담론적 전도reversal의 의의는 역사적으로 퀴어라는 단어에 경멸과 모욕을 부여하는 권력과 연결된다. 버틀러는 퀴어의 경멸적 사용을 수행성으로 특징짓는다. 즉 퀴어를 동성애를 혐오하는 단어로 오랫동안 사용하면서 권력이 '넌 퀴어야!'라고 조롱하고 '수치심을 느끼도록 호명하면서'(*Bodies That Matter* 226) 퀴어 주체가 생산되었다고 주장한다. '이성애의 세계는 이성애가 거부하고자 하는 퀴어들을 항상 필요로 한다'(*Bodies That Matter* 223). 왜냐하면 정상성의 범위를 명시하기 위해서는 [비정상적인] 퀴어가 있어야 하고, 정상성의 정해진 테두리를 벗어나면 '퀴어'라고 조롱하고 모욕을 주는 방식으로 이성애의 그 합법성을 재구성하고 재확증하기 때문이다. 퀴어라는 단어에 담긴 경멸은 한 두 번의 사용에 의한 것이 아니라 역사적으로 축적된 결과이며, 반복적 인용에 의존한다. 이러한 반복과 인용 메커니즘은 일상화되어 있기 때문에 식별하기는 어렵지만, 버틀러의 수행성에서는 결정적인 역할을 한다. 수행성은 반복을 통해서 축적된 권위의 힘에 의해 작동하며, 반복 속에서 수행성은 '그것이 활용하는 구성적 관습을 **끌어들이면서** 동시에 **은폐한다**'(*Bodies That Matter* 227, 원문강조).

모욕을 주는 사람과 모욕당하는 사람이 함께 공유하는 담론적 공간은 우울증적 동일시의 흔적을 남긴다. 버틀러는 이를 이성애규범성이 구성되면서 동성애가 마치 존재하지 않는 것처럼 부인한 흔적, 즉 구성적 부인constitutive disavowal의 흔적이라고 주장한다. 「다문화주의 혹은 다국적 자본주의의 문화논리」에서 지젝은 이 '구성적 부인'이 정확히 어떻게 작동하는지에 대한 유용한 예를 제공한다. 지젝은 '왜 군대는 공적으로 게이를 받아들이는 것에 강하게 저항하는가?'라는 단순하지만 중요한 질문에 다음과 같이 통찰력 있게 응답한다.

가능한 일관성 있는 대답은 단 하나다. [동성애가 군대의 남근적이고 가부장적인 리비도 경제에 위협이 되기 때문이 아니라] 군인 공동체의 핵심적 요소가 군인들 간의 강력한 남성-유대이며, 이 유대가 좌절된/부인된 동성애에 토대를 두고 있기 때문이다. (Žižek, 'Multiculturalism' 32)

이어서 지젝은 옛 유고슬라비아 인민군의 사례를 소개한다. 유고의 인민군은 동성애를 극도로 혐오하여, 동성애자가 발각되면, 바로 분리하여 군대에서 추방하지만, 그 부대의 다른 한편에서는 동성애와 관련된 음탕한 농담이나 [앞사람 엉덩이 찌르기와 같은] 장난이 과도하게 넘쳐난다. 지젝에 따르면, 같은 공간에서 동성애혐오뿐만 아니라 **동성애의** 기표들이 동시에 등장하는 것은 뜻밖의 우연이나 관용의 문제가 아니라, 동성애 혐오가 동성애를 의미화하지 않으면서, 그 속에 동성애가 어떻게 포함되는지를 보여준다.

지젝은 그의 주장을 뒷받침하기 위해 푸코의 권력 이론을 활용하여 다음과 같이 말한다. 즉 '[주변부를] 지배하기 위하여 행사되는 검열이 사실은 주변부의 전복적 힘을 가능하게 하고, 보다 급진적인 경우에는 권력담론 자체를 그 내부에서부터 분열시킬 수 있다'('Multiculturalism' 32). 동성애에 대한 검열은 이성애를 확립하기 위하여, 이성애가 실제로 동성애와의 관계 속에서 구성된다는 것을 은폐하려 하지만 완전히 성공하기는 어렵다. 지젝이 제시한 옛 유고슬라비아 인민군의 사례는 반드시 옛 유고의 군인들에게만 해당되는 특수한 사례가 아니다. 군대는 남성 간의 유대를 필요로 하며, 남성 간의 유대가 권력의 원천이자 효과로 기능한다.

또 하나의 예를 들면 구유고의 군부대에서 군인들이 인사를 할 때, '안녕'Hello 대신 비속어로 '내 거시기를 빨아봐'7)라고 말한다 ("Multiculturalism" 32-33). 동성애혐오가 극심한 군대에서 이러한 동성애 혐오발언는 발화자와 수신자 모두가 동일하게 비체화된 공간에 있다는 것을 보여준다. 모욕은 동성애를 가장 비천한 주체로 위치시키지만, 동시에 혐오발언자 역시 동일한 굴욕적 상황에 참여해야 모욕주기는 가능해진다. 따라서 동성애 혐오를 위한 모욕주기는 동성애를 공격적으로 거부하는 동시에 동성애와의 동일시를 상연한다.

이러한 지젝의 논의는 이성애는 동성애(혹은 동성애의 부인)를 토대로 해서 구조화된다는 버틀러의 주장과 명백히 공명한다. 『권력의 정신적 삶』에서 버틀러 역시 군대의 동성애 금지는 동성애의 부인에 토대를 둔다고 주장했다.

> 미국 군대에서 남성성의 수호자들은 동성애가 [동성애의] 포기의 순환에서 자유롭게 풀려날까봐 두려워한다고 추측할 수 있다. 동성애포기의 공격적 순환이 없다면, 남성성이 과연 **존재할** 수 있을까? 게이들이 군대의 남성성을 무력화할 수 있기 때문에 위협이 된다면, 그 주된 이유는 동성애를 단념(거부)함으로써 남성성이 구성되었기 때문이다. (The Psychic Life of Power 143, 원문강조)

버틀러에게 이성애와 동성애의 상호의존성이 조금이라도 드러나는 순간은 수행적 반복을 통해서 설립된 이성애의 위기가 그 중심부에

. . . .

7) [역주] '내 거시기를 빨아봐'smoke my prick는 세르보-크로아티아어(구유고어)로 Pusi kurac!을 직역한 것이다.

서부터 드러나는 순간이다. 『의미를 체현하는 육체』에서 버틀러가 설명한 것처럼, 이성애가 동성애와의 관계 속에서 구성되고, 동성애와의 관계항 때문에 이성애가 정상적 규범으로 기능하지만, 동성애는 [현실에서 추방되어] 상상계로 강등된다. 동성애를 현실에서 추방하여 상상계로 강등시키고 이를 부인하는 이유는 [자아가] '이성애적 동일시의 심장부에 있는 비체화된 동성애와 동일시할 가능성이 있기 때문에'(Bodies that Matter 111) 그 위험을 방지하기 위한 것이다. 버틀러는 다음과 같이 말한다.

가설적 위치[비체화된 동성애]와 동일시하기를 발본적으로 거부하는 것은 동일시가 어떤 단계에서 이미 발생했으며, 동일시가 이루어진 뒤에 그것을 부인한다는 것을 뜻한다. 그러므로 이 부인된 동일시는 증상으로 등장하고 주장되며 과잉결정된다. 이러한 동일시가 게이와 레즈비언 주체들이 공공영역에서 의미화하고자 하는 정체성이다(Bodies that Matter 113).

상상계로 쫓겨났음에도 불구하고, 동성애의 금지된 가능성은 항상 이성애의 프레임 속에 은밀하게 내재되어 있으며 몸 주변을 유령처럼 떠돈다. 그러므로 담론적 수행성은 '그것이 지칭하는 정체성을 최종적으로, 완전히 확립하는 데 실패한다'(Bodies that Matter 188). 이 실패가 일관적 정체성을 확립하려는 정치적 협약에 문제를 야기한다. '퀴어'를 조롱하면서 잠시나마 비체화된 공간 속에 머무는 동성애 혐오의 상연은 반복적 수행에 잠복한 불안을 표시한다. 그러므로 비체화된 동성애를 끌어들일 때조차도 그 구성적 관계를 계속 은폐해야 하므로 불안이 발생하는 것이 아닌가?

주로 『젠더 트러블』과 함께 퀴어 이론의 대표작으로 꼽히는 『벽장의 인식론』에서, 세지윅은 동성애와 이성애의 구성적 관계에 대한 동일한 부인disavowal을 찾아내고, 모순의 순간에 재의미화의 기회가 생긴다는 것이 반드시 주도권을 뒤흔든다는 의미는 아니라고 주장한다. 세지윅은 이성애와 동성애의 관계가 어떻게 지식과 무지 그리고 모순 공간의 특수한 작동을 통해 구성되는지 조사한다. 그녀는 '동성애/이성애 정의가 오늘날 풍토병처럼 만성적 위기에 처해있다'고 보고(Sedgwick, *Epistemology of the Closet* 1) 특히 그 정의를 둘러싼 침묵과 위기가 일반적으로 개념 정의의 모순을 생산한다고 주장한다.

세지윅은 해체론을 활용하여 이성애가 규범적 지위를 유지하기 위해 동성애를 요구할 뿐만 아니라 거부하기도 한다고 말한다. 의존과 종속의 겉으로 보기에 명백히 모순되는 관계는 정의상 특수한 불안정성을 낳는다. 세지윅은 이성애와 동성애가 이분법의 균형 잡힌 두 항처럼 제시되고 있음에도 불구하고, 그 둘의 관계가 고정되어있거나 안정적이지 않다고 주장하면서 다음과 같이 말한다.

> [이항대립의 두 항을 A항과 B항이라고 할 때] 첫째, B항은 A항과 균형 잡힌 대칭적 관계가 아니라 종속 관계다. (그러나) 둘째, 존재론적으로 가치가 부여된 A항은 실제로 그 의미에 있어서 B항을 배제하는 동시에 B항을 포함한다. (그러므로) 셋째, 이항대립에서 가정된, 중심 항목과 주변 항목은 분리될 수 없고 불안정하다. 이 불안정성은, 두 항의 구성에서, B항이 A항의 내부에 있는 동시에 외부에 있기 때문에 야기된 것이다. (*Epistemology of the Closet* 10)

세지윅의 분석은 동성애/이성애의 정의가 위기에 처해있다는 것을 보여준다. 이는 동성애/이성애 관계에 대한 여러 문화적 재현을 생산하고 유지하지만, 동성애 욕망과 이성애 욕망이 쉽게 분리되지 않고 그 분리불가능성이 사회의식으로 등장할 수 있기 때문에, 개념 정의의 위기는 인정가능성에 위협이 될 수도 있다.

지젝과 버틀러가 정확히 지적했듯이, 이성애와 동성애의 분할선이 흐려지는 지점은 가장 엄격하게 통제되어야만 하는 지점이다. (동성애로서의) 성 정체성과 그것을 '드러내는 것'은 사실상 허구에 불과한 개념을 자연스러운 재현으로 상연하는 것이다. 그 목적이 동성애혐오를 위해서든, 동성애혐오를 반대하기 위해서든, 성적 지향은 이분법의 구조화를 경유하여 이루어진다. 그러나 이 이분법적 경로가 불안하기에 그 존재를 주장하기 위해서는 계속 반복할 수밖에 없다.

세지윅이 분명히 밝혔듯이, 이 해결할 수 없는 불안정성을 위치시키고 이해하는 것은 그 자체로 변형적 힘을 지니지 않는다. 동성애/이성애의 상호침투성은 언제나 인정받아왔고, '게이의 문화적 힘뿐만 아니라 반동성애자에게도 계속해서 그 담론적 권위를 부여해왔다'(*Epistemology of the Closet* 10). 따라서 세지윅은 성 정체성 구조의 '모순이 그 정체성을 갉아먹는 효과'(11)가 있다고 [실천적 전략 없이] '이상주의적 믿음'을 고수하는 것보다, 그 개념 속에 들어있는 비일관성과 모순을 반동성애혐오를 위한 전략으로 활용하여 적극적으로 담론에 개입하고 그 정치적 효과를 생산해야한다고 주장하면서 다음과 같이 말한다.

> 이상주의적 관념 대신에, 나는 담론의 권력과 경쟁하기 위하여, 이성애/동성애라는 개념 정의의 비일관성이 실제 현실에서 어떻게 작동하는지 그 조건을 밝히고, 그것이 어떤 방식으로 도움이 되는지, 그 물질적이고 수사적 수단을 구체적으로 강구할 것을 제안하고자 한다. (*Epistemology of the Closet* 11)

맥락, 상황, 컨텍스트

세지윅이 [이성애/동성애의 개념 정의 속의]
모순 활용에 중요성을 부여하는 이유는
퀴어와 그 패러디적 정치학에서 그 모순
이 야기하는 트러블을 밝혀내고 그것을
제대로 기능할 수 있도록 보증하기가 어
렵기 때문이다. 사샤 바론 코헨 주연의
2009년 코메디 영화 <브루노>에 대한 비
판적인 반응은 이 딜레마를 분명히 보여
준다. 『가디언』의 <브루노> 영화 리뷰에

서 피터 브래드쇼는 이 영화를 다음과 같이 평가했다. 즉 <브루노>가
처음 상연되었을 때는 동성애 혐오 영화라고 비난받았지만, 실제 이 영
화는 '동성애혐오를 겪은 후에 펼치는 화려한 동성애 축하공연의 서막과
같으며', '비난의 여지가 전혀 없는 대단히 진보적'인 영화이다(Bradshaw,
'Bruno'). 그러나 브래드쇼와 달리, 다른 영화평론가들은 이 영화가 동성
애혐오라는 비난을 정말 피해 갈 수 있는지 확신하지 못했다.

니팔 달리왈은 영국의 계급 시스템의 정치학에 대한 비판을 마무
리하면서, <브루노>에서 바론 코헨이 게이의 성관계를 대단히 불편해하
는 (중산층의) 고정관념을 가지고 있기 때문에, '동성애를 몹시 열광적으로
흉내내고 조롱하는 연기를 펼쳤다'고 본다(Dhaliwal, 'Bruno is a Product'). <브
루노>에 대한 상반되는 평가에서, 문제는 누구의 관점이 옳은지 판단하

는 데 있는 것이 아니라, 담론적 개입이 관객에게 어떻게 받아들여지는지, 혹은 그 재현방식이 기존의 정체성에 정말 도전하고 있는지 확인하기가 불가능하기 때문에, 그 판단을 증명하기가 어렵다는 데 있다.

유사한 문제가 '캠프'8)의 공연방식, 즉 게이의 공연에서 주로 이용되어온 전통적 기교나 아이러니의 배치와 관련해서도 발생한다. 예를 들어 리처드 다이어는 '캠프'의 '아이러니적 자세'가 젠더의 구성을 의도적으로 '탈자연화하기 위해 이용되어왔다고 주장하면서 다음과 같이 말한다.

> 캠프는 자연스러운 느낌을 표현하는 대신에, 이미지를 자연스러운 것으로 구성하기 위해 필요한 인위적 장치와 기교에 끊임없이 주목하게 한다. 캠프, 드랙, 마초성은 의식적으로 젠더의 표지를 활용하는 놀이 속에 등장하며, 그 과장적 연기 속에서 대안적 섹슈얼리티를 암시한다. 그래서 그것은 섹슈얼리티와 젠더가 융합되어있는 전통적 관습에 문제가 있다는 것을 인정하도록 만든다. (Dyer, *The Matter of Image* 40)

『뉴 스테이츠먼』의 한 기사에서 존 리틀은 최근에 큰 인기를 얻은 리얼리티 프로그램에서 [뷰티, 패션, 인테리어 등을 통해] 라이프스타일을 획기적으로 바꿔주는 전문가들의 게이성에 주목했다. 리틀은 '이성애자들이 **정말로** 입에 넣고 싶지 않은 것을 삼키도록' 하여, '본질적으로 전복적인' 기회를 제공하는 텔레비전 캠프의 전략을 '정치적 목적'에 연결한다 (Lyttle, 'Wake Up, Britain' 29, 원문강조). 리틀에 따르면, 이것은 존 인먼, 프랭키 하워드, 케네스 윌리엄스, 대니 라 루, 케니 에버렛과 같은 연기자들의

....

8) [역주] 과장된 방식으로 포즈를 취하다는 뜻의 불어, *se camper*에서 유래된 단어이다.

캠프이며, 릴리 세비지, 줄리언 클레어리, 그레이엄 노턴 등에 의해 계속되고 있다.

리틀은 정치화된 캠프의 경우는 대문자 Camp를 사용하고, '가벼운 엔터테인먼트'의 경우는 대부분 소문자 camp를 사용한다(Lyttle, 'Wake Up, Britain' 28). 성적 다양성 수용을 위한 30년간의 노력에도 불구하고, 리얼리티 프로그램인 <퀴어 아이>9)에 출연하는 5명의 게이 전문가처럼, '게이 남성은 여전히 뷰티 전문가, 패션 전문가, 음식 및 와인 전문가, 디자인 전문가, 문화 전문가'(29)와 가장 잘 어울린다는 정형화된 패러다임 속에 갇혀있다.

퀴어적 저항의 이론화와 그 실효성의 비판 모두에서 우리는 버틀러의 젠더 수행성과 드랙의 논의를 강하게 연상할 수 있다. 버틀러는 자연화된 젠더 정체성을 해체하고 그 한계를 드러내는 재현에 잠재적으로 변형적 힘이 잠재한다고 주장한다. 캠프와 드랙 모두에 존재하는 과장적 상연hyperbolic enactments의 전복성은 [이성애자 남성이나 여성이라도 해도] 과장을 통하지 않고서는 젠더이상이나 젠더 규범성에 완전하게 맞추기가 힘들다는 것을 보여준다. 전형적 캠프 게이 남성에게도 과도하고 과장된 여성성이 존재한다. 그래서 마이어는 드랙의 정치학과 캠프의 정치학이 단

· · · · · · · ·

9) [역주] <퀴어 아이>(*Queer Eye for the Straight Guy*)는 2003년 미국의 케이블 채널 '브라보'Bravo에서 처음 방영했다. 제목은 '게이의 안목으로 [촌스러운] 이성애 남성을 변신시켜라'는 의미다. 다섯 명의 게이가 등장하여 이성애자 남성을 세련되게 변신시켜주는 리얼리티 프로그램이다. 프로그램이 큰 인기를 얻으면서 제목을 줄여서 <퀴어 아이>로 바꿨다. 5명의 게이는 피부, 헤어스타일 등을 담당하는 미용 전문가, 집을 멋지게 디자인해주는 인테리어 전문가, 패션을 책임지는 패션 전문가, 음식 및 와인 전문가, 그리고 노래와 춤, 매너 등을 알려주는 '문화 전문가'로 구성된다.

단하게 연결되어있으며, 대문자 캠프(여기서 대문자의 사용은 의도적이다)가 '구체적으로 퀴어 문화의 비판적 힘'을 구현하는 '**전적인** 퀴어 … 담론'이라고 주장한다(Meyer, *Politics and Poetics* 1, 원문강조). 그래서 마이어는 퀴어적 상황에서 출발하지 않은 소문자 캠프가 대문자 캠프와 다른 종류가 아니라, 퀴어를 전유하면서 파생된 것이라고 주장한다. 캠프는 항상 패러디적이고 항상 정치적이며 항상 퀴어를 산출한다.

소문자 캠프와 대문자 캠프를 구분하여 사용해야한다는 주장과 그 둘을 섞어서 사용해도 된다는 주장이 나뉘어져 있기는 하지만, 드랙과 퀴어가 공유하는 문제의식은 동일하다. 즉 둘 모두 젠더와 섹슈얼리티를 전복하는 상연과 반복 수행을 통해 기존의 젠더와 섹슈얼리티를 재확정하려는 상연을 구분해야한다고 본다. 클라인한스는 '캠프는 스스로를 지배문화와 다른 문화로 정의하지만, 이 정의가 캠프를 저절로 지배문화과 근본적으로 대립되는 문화로 구성해주는 것은 아니'라고 주장한다 (Kleinhans, "Taking out the Trash" 195). 아이러니와 정형성의 경계, 즉 반어적 표현이 정형성이 되고, 판에 박한 정형성이 반어적 표현이 되는 순간은 결코 명확하지 않으며, 반어가 반어로 수용되지 않는 경우도 있다.

세지윅과 클라인한스처럼 버틀러 역시 이성애규범성의 문화가 이성애의 모순을 드러내는 상연을 관용하기도 하고 심지어 생성하기도 한다는 것을 잘 알고 있다. 모든 패러디가 규범을 위태롭게 하는 정치학을 구현한다고 생각해서는 안 된다. 버틀러의 주장의 핵심적 구절은 다음과 같다.

> 패러디가 그 자체로 전복적인 것은 아니다. 그러나 실제로 전복의 효과를 만들고 진정한 트러블을 일으키는 패러디적 반복과 문화적 헤게모니의 도구로 길들여지고 헤게모니를 재표명

하는 반복은 분명히 구분되며, 반드시 구분해서 이해해야한다.
(*Gender Trouble* 139)

그러나 버틀러는 헤게모니를 전복하는 반복과 헤게모니에 복종하는 반복을 어떻게 '구분해서 이해할 수 있는지' 그 방법을 구체적으로 언급하지 않는다. 단지, 패러디적 전복을 위한 '어떤 유형의 행동들'(139)은 그 행동이 발생하고 수용되는 맥락과 상황에 달려 있다고 말할 뿐이다. 그래서 버틀러는 맥락을 고려하지 않는 행동들에는 별 의미를 두지 않는다. 1992년 코츠와의 인터뷰에서 버틀러는 '전복적인지 아닌지를 알 수 있는 쉬운 방법은 없으며', 그녀가 의미하는 전복은 측정되거나 계산될 수 없는 '계산불가능성의 효과'라고 대답했다(Kotz, 'The Body You Want' 84, 원문강조).

버틀러는 『젠더 트러블』에서 드랙을 전복적 수행성의 사례로 활용한 것이 실수였을 가능성을 인정한다.[10] 다큐멘터리 <파리는 불타고 있다>에서 '이제 많은 사람들이 수행성의 **패러다임**을 이해하고 있기 때문에, 드랙이 전복적 수행성의 모범적인 사례라고 말할 수 없다'고 말한다(Kotz, 'The Body You Want' 84). 확실히 드랙에 대한 버틀러의 후속 논의는 드랙 그 자체가 언제나 정치적인 것은 아니며, 드랙을 규범성의 작동을 방해하는 수행의 모범적 사례로 제시하지 않는다. 버틀러는 '모방이 이성애 헤게모니를 전복하기 위해서는 흉내내기miming를 통해서 관습을 대체해야한다'고 주장한다. 그러나 '모든 흉내내기가 관습을 대체하지는

. . . .

10) [역주] 버틀러는 코츠와의 인터뷰에서 『의미를 체현하는 육체』의 <파리는 불타고 있다>의 분석에서 드랙에 대한 견해를 수정한다. 즉 버틀러는 드랙이 전복적 수행성의 모범적 예라기보다는, 전통적 핵가족이 아닌 새로운 친족구성을 보여주는 '집'이 더 큰 전복적 수행성을 가진다고 주장한다.

않는다('The Body You Want' 84). 버틀러는 <파리는 불타고 있다>의 드랙의 경우, 드랙의 흉내내기가 '실제로는 젠더 이상ideals을 다시 부여하여 … 그 헤게모니적 지위를 다시 확고하게 한' 사례에 속한다(84)고 말함으로써 『의미를 체현하는 육체』의 분석을 수정한다. 버틀러는 드랙에 대한 관점을 수정하면서, '내가 『젠더 트러블』을 너무 빨리 쓴 것 같다'고 반성하기는 하지만, 드랙의 수행성이 가진 의의를 부정하지는 않는다. 버틀러는 드랙의 수행성을 활용한다면 '소위 젠더가 가진 특징의 변이가능성'을 증명하고 그 변이가능성을 함축하는 '젠더의 이론화'가 가능하다고 여전히 주장하고 있기 때문이다(Undoing Gender 213).

그럼에도 불구하고, 버틀러의 비판가들은 그녀의 수행성 이론(특히 드랙에 대한 설명)이 그러한 수행을 가능하게 하거나 불가능하게 하는 사회적, 물질적 상황과 맥락을 충분히 설명하지 못했다고 비판한다. 예를 들면 마르크스주의에 영향을 받은 로즈마리 헤네시는 버틀러가 활용하는 유물론이 재의미화라는 담론적 실천과 [재의미화의] 수행을 가능하게 하는 사회적 경제적 조건의 연관성을 제대로 설명하지 못했다고 주장한다(Hennessy, Profit and Pleasure 117). 헤네시는 특히 『의미를 체현하는 육체』에서 버틀러가 말하는 유물론이 물질성을 '단순히 규범의 문제로만' 축소된다고 비판한다(55). 즉 버틀러는 수행성을 설명하면서 재되풀이와 인용을 통해 규범이 성을 물질화한다고 주장하기 때문이다. 물론 헤네시는 버틀러가 '규범적 이성애를 '사회적이고 역사적 차원'(56~57)에서 분석하여, 그것이 사회적으로 구성된 것이라는 것을 보여줌으로써, 후기구조주의의 정체성이론에 크게 기여했다는 점을 인정한다. 그럼에도 불구하고, 헤네시는 버틀러가 '사회적 삶의 물질성을 전적으로 규범으로만 한정시켜 이해하는 것은 사회관계를 문화와 법의 영역으로 축소하는 것'이라고 비판한다(57). 따라서 규범적 담론의 규제를 벗어난 사회적 삶의 차원은 버틀러의 이론에서 제외된다는 것이다. 헤네시가 보기에, 버틀러의 몸의 물질화는 자본의 결정적 힘과 크게 관련이 없다.

버틀러에게 드랙은 규범과 어긋난 젠더 수행성의 한 사례이다. 그러나 여기서 과연 드랙이 경제적 불평등과 같은 사회적 상황과 항상 밀접한 관련성을 지니고 있는가, 그리고 누가 혹은 무엇이 퀴어적으로 되는 순간에 의미를 부여할 능력을 갖추고 있는가와 같은 의문이 제기된다. 버틀러는 젠더 규범에 문제를 일으킨다는 것의 뜻이 '전복적 혼란이 촉진되는 맥락이나 상황과 그것이 어떻게 수용되는가'(Gender Trouble 139)에 의존한다고 말하지만, 헤네시는 버틀러가 '그 맥락과 상황이 정확히 무엇을 의미하는가'(Hennessy, Profit and Pleasure 117)라는 결정적 질문에 대답하지 못한다고 주장한다.

헤네시는 버틀러의 '역사적 고찰'이 충분히 역사화되지 못했다고 지적한다. 다시 말해 헤네시는 버틀러가 드랙을 담론적 실천으로서 '드랙을 가능하게 하는 사회적 관계'(117)와 연결시켜 분석하지 못했으며, '버틀러가 **누구나** 성 정체성이 허구적이라는 사실을 폭로하는 데 참여할 수 있다고 가정한다'고 비판한다(117-18, 원문강조). 버틀러가 '레즈비언'과 '게이'는 의미를 확정할 수 없는 비결정성의 기표라고 주장하지만, 헤네시는 버틀러의 주장이 레즈비언과 게이라는 기호로서 그들의 진정한 정체성을 지칭하기를 고집하는 사회적 상황을 반영하지 못한다고 비판한다. 그러나 버틀러가 [레즈비언과 게이의] 기표에 비결정성을 부여했다는 헤네시의 주장은 버틀러를 잘못 해석한 것으로 보인다. 버틀러의 비결정성은 이성애 헤게모니 속에서 젠더가 남/녀로서 '결정'되고 퀴어가 성을 남/녀로만 결정하는 이성애헤게모니에 도전함으로써 이 결정성을 뒤흔든다는 뜻이다. 그러나 헤네시는 다음과 같이 주장한다.

많은 게이와 레즈비언은 성과 젠더를 동일하게 취급하는 규범적 이성애와 자신을 구분하고자 하지만, 그들은 그러한 주장을 펼칠 수 있는 사회적 자원과 이동성을 지금껏 가지지 못했다. 그래서 그들에게 드랙은 놀이를 통한 전복이 아니라, 진정성에 대한 고통스러운 갈망이며, 그 갈망은 때때로 잔혹한 폭력적 결과를 낳는다. (Hennessy, *Profit and Pleasure* 118)

그러나 버틀러의 주장은 이와 다르다. 버틀러는 인정받는 데 실패한 젠더의 상연은 젠더 규범성의 실패나 이성애규범성의 조직화된 도식에 가시적인 단절을 도입할 수 있지만, 이러한 시도가 강제적으로 젠더를 남/녀로만 부과하는 관습의 필요성이나 불가피성을 뒤흔들기보다는 재확증하는 역할을 할 수도 있다고 말한다. 즉 잘못된 몸의 상연은 젠더 정체성의 강제적 일관성에 대한 비판을 야기하는 것이 아니라, 정상이 아닌 몸 자체가 잘못되었다는 확신을 줄 수 있다는 것이다. 헤네시의 주장은 재현의 정치학을 주장하는 퀴어 이론과 퀴어의 몸을 가진 사람들이 일상적 경험 속에서 지속되는 실제 차별 사이의 커다란 간극을 보여주기 위해 (마르크스의 용어로 계급불평등과 관련된 경험이 존재의 진정한 조건으로 이해되는) 물질성의 영역에 초점을 맞추는 많은 비판 중 하나다.11) 유물론적 비판에 따르면, 문화 영역을 넘어서 [경제의 영역 등의] 다른 문제들을 고려하지 못하는 퀴어이론은 성적 규범성이 어떻게 기능하는지를 제한적으로밖에 설명하지 못한다.

버틀러의 젠더 연구, 특히 『젠더 트러블』과 그 후속 연구는 권력의 규범적 작동이 몸에 어떻게 실제적 영향을 끼치는가와 관련된 문제

. . . .

11) Kirsch, *Queer Theory and Social Change*; Morton, 'Birth of the Cyberqueer' 참조.

에 초점이 맞춰져 있다. 「단지 문화적인」에서 버틀러는 젠더 규범의 사회적이고 물질적 재생산과 퀴어의 문화 영역이 정확히 구분될 수 있는 것인가라고 질문한다.

> 비규범적 섹슈얼리티를 주변화하고 비체화하는 것이 단지 '문화적' 인정의 문제일 뿐인가? 아니면 생계의 문제도 연루된 것인가? '인간성'에 대한 법적인 정의가 그 물질적(경제적) 효과와 분리하기 힘든 문화적 규범에 의해 엄격하게 규정될 때, 문화적 인정의 결여와 물질적 억압을 이론적으로라도 구분하는 것이 가능한가? (Butler, 'Merely Cultural' 273)

버틀러는 퀴어의 정치학이 방법론적으로 그 물질적 효과에 초점을 맞출 수 있다고 주장한다. 그래서 버틀러는 『젠더 트러블』 10주년 기념판 서문에서 그 목적을 다음과 같이 서술한다.

> 『젠더 트러블』의 목적은 젠더의 가능성의 장을 여는 것이지만, 나는 어떤 종류의 가능성이 구체적으로 실현되어야 하는지를 [의도적으로] 서술하지 않았다. 그래서 혹자는 그런 '가능성을 여는' 것이 결국 무슨 소용이 있는지 질문한다. 그러나 '불가능하고' 비가시적이며 비현실적이고 비합법적인 존재로서 사회적 세계에서 살아간다는 것이 무슨 의미인지를 이해하는 사람이라면 그러한 질문을 하지 않을 것이다. (Gender Trouble 1999 viii)

이러한 결론은 고유의 경험을 보편화하는 서사로 보여주는 것을 어렵게 만든다. 그러나 여기서 버틀러의 요점은 다음과 같다. 즉 자신의 경험을 보편화하기 위해서는 물질적 정치적 효과로서 배제될 가능성있다는 것을 미리 알아야하고, 이를 위해서 읽힐 수 있고 가시화되어야 하는 모든 것이 담론 속에 이미 존재하고 있어야 한다는 가정이 반드시 성립해야한다. 『젠더 트러블』에서 버틀러가 기술한 전복적 반복의 가능성에 대한 비평가들의 (긍정적이거나 부정적인) 반응은 거의 대부분 드랙의 사용에만 초점이 맞추어져 있다.

드랙이 의도적이고 과장된 퍼포먼스를 연상시키기 때문에 많은 비평가들은 버틀러의 젠더 수행성 논의에서 버틀러가 젠더를 어느 정도 선택가능하다고 말한 것처럼 잘못 이해하는 경우가 많다. 앞 장에서 서술한 바처럼 이러한 버틀러에 대한 오독이 종종 『젠더 트러블』을 동성애가 선택이자 의지의 문제라고 '완전히 잘못 이해하게 되는' 결과로 이어진다. 또한 부분적으로는 드랙의 퍼포먼스가 여성비하나 여성혐오의 역사를 재상연하고 재구성한다는 페미니즘의 우려와 맞물린다. 일부 페미니스트들은 버틀러가 [전복의 사례로] 드랙에 가치를 부여함으로써, 여성 경험의 물질적 토대와 그 효과를 사소한 것으로 치부하고 있다고 비판한다. 그러나 버틀러는 이러한 비판이 완전히 잘못된 것이라고 강하게 논박한다.

윌리엄 터너가 기술한 '버틀러 비판가들의 불만에 대한 접근 가능한 목록 요약'에서(Turner, *Genealogy* 6), 마사 누스바움은 버틀러가 여성의 현실과 물질적 삶이나 실제 페미니즘의 정치운동에 대한 실질적으로 개입하지 않은 채 패러디적 놀이라는 접근하기 어려운 비정치적인 영역에 초점을 맞추고 있다고 비판한다. 누스바움의 비판은 특히 버틀러의 드랙 논의와 담론과 물질성의 관계에 대한 주장에 초점이 맞춰져 있다. 누스바움은 버틀러가 주변화된 주체들에 대해서 다음과 같은 주장을 펼칠 뿐이라고 비판한다.

> [버틀러에게 주변화된 주체들은] 태어나자마자 사로잡히게 된 권력 구조를 운명적으로 반복할 수밖에 없으며, 우리가 할 수 있는

일은 기껏해야 그것을 비웃고 조롱하는 것이다. 그 중 일부 조롱 방식이 원래 규범에 대한 전복적 공격이 된다. (Nussbaum, 'The Professor of Parody' 40)

누스바움에 의하면, 버틀러의 정치학은 대단히 비정치적이며, 젠더의 강제적 부과에 의해 여성에게 가해지는 물질적 폭력을 실제로 고려하지 않는 '침묵주의와 회피'(38)로 특징지어지며, '지속 가능한 물질적이고 제도적인 변화' 대신에 '성별의 패러디적인 전도 행위'에 초점을 맞춘다(43).

누스바움과 같은 비판에 대응하여, 버틀러는 『젠더 트러블』 10주년 기념판의 서문에서 다음과 같이 응답한다.

나는 이 책을 단지 '현실' 정치를 언어유희나 연극적 조롱으로 대체하려는 욕망에서 쓴 것이 아니라 … [살만한] 삶을 위해, 삶을 가능하게 만들고, 그 삶의 가능성을 다시 생각해보고자 하는 욕망에서 쓴 것이다. (*Gender Trouble* 1999 xx)

『의미를 체현하는 육체』에서 버틀러는 '담론이 더 "인간적"인 인간과 덜 "인간적"인 인간, 그리고 인간이라고 생각할 수 없는 "비인간"을 어떻게 생산하는가'라는 문제와 연결하여 '물질적인 것'의 뼈대를 구성한다(*Bodies That Matter* 8). 버틀러가 수행성과 우울증 사이의 연관성을 강조하고, 이를 더 정교하게 설명하는 것은 바로 이러한 이유에서다. 버틀러는 에이즈의 위기와 그 어려움의 사례를 통해 다음과 같이 말한다.

[에이즈로 인해서] 끊임없이 죽어가는 사람들을 애도하는 공적인 행사나 그들을 위한 조의문을 찾기 어렵다. 이 사례에서 보듯, 동성애자의 상실을 표현하고 공적으로 애도하는 것은 불가능

하다. 그들의 실제 몸은 바로 이 불가능성의 결과로 드러난다.
(*The Psychic Life of Power* 138)

버틀러가 그녀의 드랙 논의를 수용하는 방식에 대해 우려를 표명함에도 불구하고, 강제적으로 부과되는 성적 규범에 저항하는 드랙을 계속 활용하고자 하는 것은 물질적 삶을 무시하기 때문이 아니라 바로 이러한 물질적 삶과의 연결성 때문이다. 버틀러에 의하면, 드랙과 같은 젠더의 상연이 때때로 젠더 규범을 '이상화'하고 있음에도 불구하고, <파리는 불타고 있다>는 다음과 같은 사실을 논증해주는 좋은 사례가 된다.

> 드랙 아티스트들 사이에는 강력한 의례적ritual 유대가 있다 …
> 이 유대를 통해 우리는 유색인종 공동체 속의 젠더 소수자들
> 이 형성하거나 형성할 수 있는 사회적 유대를 어떻게 재의미
> 화할 수 있는지 깨달을 수 있다. 즉 우리는 삶의 물질적 조건
> 을 조직화할 뿐만 아니라, [소수자들의 정체성을] 인정하고 인정받
> 는 것이 가능한, 지속가능한 유대를 생산하는 공동체를 꿈꿀
> 수 있는 문화적 삶을 말할 수 있게 되는 것이다. (*Undoing
> Gender* 216)

버틀러는 『의미를 체현하는 육체』에서도 퀴어의 여러 역사를 통해 식별할 수 있는 과장적 연극성의 정치화를 주장하고, '다른 성의 옷을 입음으로써 자신의 성 정체성을 드러내는 복장 도착, 드랙 무도회, 스트리트 워킹, 부치-펨 가장행렬 … 그리고 액트업의 [마치 죽은 사람처럼 누워서 하는] 시체 시위, 퀴어네이션에서 주최한 동성 간의 키스 시위, 에이즈 환자들을 위한 드랙 자선 공연' 등을 그 예로 든다(*Bodies That Matter* 232~233). 따라서 버틀러는 성의 물질화 혹은 생물학적 성적 도식이 부인하는 것을 퀴어가 수행하고, 퀴어 속에서 주장해야한다고 본다. 여기에

는 "'살아도 사는 것이 아닌" 인구, "거주하고 있어도 거주하는 것이 아닌" 사회적 삶의 지대들', '[정당한] 주체 영역의 구성적 외부에 존재하는 인구들'(*Bodies That Matter* 8)과 자신의 비체성을 스펙터클로 상연하고자 하는 인구들이 포함된다. 퀴어성은 주체성의 이해가능한 문화 바깥으로 강등된 '비체된 존재'를 재연하여, 비체를 무대 중심으로 재위치시켜서, 그것을 정치의 장으로 다시 등장하게 한다.

버틀러가 실제로 보여주듯이, 수행성과 우울증 사이의 관계는 지속적인 위협을 포함한다. 퀴어의 수행에서 규범적 이성애가 얼마나 [퀴어를] 살만하지 않은 삶의 장소로 비하하는지 드러내기 때문이다. 『젠더 트러블』보다 『의미를 체현하는 육체』에서 버틀러는 드랙의 정신심리적 차원에 더 많은 관심을 기울인다. 그녀는 '우울증적 [게이 남성이 여성 분장을 하는] 드랙 퀸의 전형적인 모습'(*Bodies That Matter* 234)을 언급하면서 드랙과 우울증의 관계를 새로운 관점에서 재고찰한다. 즉 드랙은 우울증의 특징인 애도할 수 없는 상실을 '알레고리화'한 것이므로, 내가 사랑의 대상이 될 수 없다는 것을 상연하는 것이 아니라, 내가 소유할 수 없는 [사랑의] 대상을 상연함으로써, 결국 **'이성애의 우울증을** 알레고리화한다'고 볼 수 있다(*Bodies That Matter* 234, 원문강조).

그러나 여기서 드랙이 동성애적 동일시를 상연하는 것이라는 일반적 오해와 달리, 버틀러는 모든 젠더 퍼포먼스가 알레고리를 상연한다고 주장한다. 버틀러가 말한 바처럼, "'진정한" 레즈비언 우울증자는 엄밀히 말해 이성애 여성이고, "진정한" 게이 남성 우울증자는 엄밀히 말해 이성애 남성이다'(*Bodies That Matter* 235). 왜냐하면 그들은 그들이 가질 수 없는 [사랑의] 대상과의 동일시를 상연하기 때문이다. 설득력 있는 주장이다. 반대로 [우울증자가 아닌] 드랙 수행자는 드랙 공연의 즐거움이 [남성의 여성흉내, 혹은 여성의 남성 흉내가 상대편 성과의] 완전한 동일시에 항상 실패하기 때문임을 알고 있다.

비결정성과 상품문화

그러나 버틀러의 드랙 논의에 대해 헤네시와 같이 마르크스주의적 입장을 취하는 학자들은 젠더 트러블의 상황과 맥락에서 자본주의의 문제를 거의 고려하지 않았다고 비판한다. 그러므로 버틀러가 『젠더 트러블』 10주년 기념판에서 전복적 저항의 모델을 재고찰할 때, 자본주의가 의존하는 상품문화가 버틀러에게 어떤 의미를 갖는지 간단히 짚어보기로 하겠다.

> 은유가 시간이 지나면서 은유성을 잃고 개념으로 굳어지듯이, 전복적 수행도 항상 반복을 통해 상투어로 굳어질 위험을 안고 있다. 그리고 '전복'이 시장 가치를 가지게 되면, 그것은 상품문화 속에서 상투어로 반복된다는 점이 특히 중요하다.
> (*Gender Trouble 1999*, xxi)

미디어 문화상품의 맥락 속에서 레즈비언과 게이의 재현이 상대적으로 급증하고 있는 오늘날, 버틀러가 미디어 속에서 젠더의 '과장적 모방'이 어떤 파급력을 갖는지에 대해 충분히 분석하지 않았다는 것은 놀라운 일이다. 예를 들면, 끊임없이 스펙터클을 찾는 미디어 산업에서 드랙의 가치를 검토해볼 수도 있고, 젠더 소수자와 관련된 리얼리티 쇼의 증가에 대해서 생각해볼 수도 있다. 구체적 예로, <미리암에겐 뭔가 특별한 것이 있다>[12])에서 트랜스젠더라는 사실을 감추는 내러티브 비틀기, <퀴어 아이>에서처럼 게이 남성을 만나서 촌스러운 이성애 남성이 세련되게 변신하는 짜릿한 경험 등도 분석 대상이 될 수 있다. 두 작품에서 전복과 시장가치의 관계에서 파생된 영향력이 규범에 어긋나는 젠더의 상연이 어떻게 젠더 체계를 혼란스럽게 할 수 있는가 등도 퀴어 미디어 비평에서 다룰만한 주제들이다. 세지윅이 주장하는 것처럼, [시장 경제가] 이성애/동성애를 구분하지 않고 [퀴어를] '수익' 창출에 이용할 때, '모순'의 생산만으로는 대부분 이성애 헤게모니를 내파시키거나 전복시키지 않는다.

앞에서 언급한 <퀴어 아이>는 이러한 맥락을 살피기에 특히 유용하다. 이성애자를 세련된 게이의 안목으로 변신시킨다는 이 작품은 제목에서부터 명백히 규범을 해체하고, 이성애/동성애를 구분하여 전자에 특권을 주는 이분법의 붕괴시키고 있기 때문이다. 5명의 게이 남성은 매주 새로운 이성애 남성을 멋지게 변신시키는 리얼리티 쇼로서 <퀴어 아이>는 동성애/이성애라는 구분을 재미있는 놀이로 전환하고 남자들의 외모에 대한 기존 관념을 전복하며, 또한 패션 센스나 수염 및 헤어스타일 등 퀴어 남성의 전유물로 여겨졌던 문화적 취향을 꽃미남 담론을 통해서 이성애자 남성에까지 확장한다.

그러나 <퀴어 아이>는 캠프의 퍼포먼스, 스테레오타입과 유사하지만 게이 남성을 가까이하고 친하게 지낸다고 해서 이성애자의 남성성을 위협하지 않으며, 그 서사구조는 문자 그대로 이성애 로맨스를 유지하기

. . . .

12) [역주] <미리암에겐 뭔가 특별한 것이 있다>*There's Something About Miriam*은 2004년에 방영된 영국 리얼리티 쇼로서 21세의 트랜스젠더 모델에게 구애하는 6명의 남성이 출연한다. 그녀가 트랜스젠더라는 사실은 마지막 에피소드에서야 밝혀진다.

위해서 게이 남성을 투입하는 등, 동성애자와 이성애자의 거리를 안전하고도 확실하게 유지한다. 멜린다 캐너가 말했듯이, <퀴어 아이>는 '예전에는 도발적 용어였던 "퀴어"'(Kanner, 'Questions' 35)를 상품 경제 속에 위치시키고, 퀴어 운동의 정치화된 개념과 비판적 거리를 유지한다. 또한 역사나 법적 용어로 사용되었던 용어인 '도발'provocation은 이제 <퀴어 아이>의 매력의 일부로서 선전과 광고에 이용된다. 도널드 홀이 주장하듯이, '"퀴어"와 같이 매력적이며 눈길을 끄는 도발적인 용어는 특히 섹시한 일탈과 새로운 혁신의 가능성을 의미하게 되면서 시장경제에 적합한 용어가 되었다'(Hall, *Queer Theories* 78).

'진부한 클리셰와 전복이 수익을 내는 시장경제'와 연결될 때, <퀴어 아이>는 버틀러가 말하는 것처럼 젠더 규범의 어긋난 정체성의 반복이 갖는 전복적 효과를 약화시킬 수 있다는 것을 정확히 보여준다. <퀴어 아이>는 퀴어의 문제가 그 전복적 의도와 맥락에 따라서 의미가 달라질 수 있다는 것을 보여주지만, 버틀러는 헤네시가 비판했던 것처럼 이러한 상황을 고려하는 데 실패한다. 그러나 <퀴어 아이>가 [자본주의의 기호에 순응하기 때문에] 퀴어가 아니라는 결론은 퀴어가 무엇을 지칭할 수 있는지에 대한 보편화되고 확정적인 이해를 강요할 위험이 있으며, 비결정성과 불확정성을 특징으로 하는 퀴어와 분명히 어긋나는 정의가 된다. 전복의 상품화에 대한 논의에서, 버틀러는 진정으로 전복적인 것의 표준을 정하여 그것에 진정성을 부여하기를 거부한다. 버틀러는 이러한 기획 자체가 '언제나 실패하기 마련이며, 실패할 수밖에 없다'(*Gender Trouble* 1999 xxi~xxii)고 주장하면서, 수행성을 경유하여 '현실'과 '진정성'이 어떻게 그러한 지위를 갖게 되었는지를 분석한다.

『의미를 체현하는 육체』에서 버틀러는 퀴어성의 경계를 '미리 예측하여 설정하면 결코 안 된다'고 주장하며(*Bodies That Matter* 228), 퀴어 이론에서 퀴어의 정치적 재배치를 위하여 퀴어가 수행되어온 역사 속에 함축된 의미에 다음과 같이 주목할 것을 요청한다.

> [자기 자신에게 이름을 붙이는] 자기 명명은 그 의미를 자기가 결정할 수 있다고 기대하게 한다. 그러나 자기명명은 역설적이게도 그 이름에 부착된 역사성과 경쟁해야한다. 즉 아무도 통제할 수 없는 과거 역사의 용례와도 경쟁해야 하고, 자율성을 상징하는 현재의 용례를 제약하기 어렵고, 미래의 용례와도 경쟁해야 한다. 미래에 이 용어가 오늘날의 의미의 결을 거슬러서 사용되더라도, 혹은 현재의 의미를 고정하고자 하는 사람들의 통제를 넘어서 사용된다고 해서 그 용례를 미리 제약할 수 없기 때문이다. (*Bodies That Matter* 228)

'퀴어'라는 용어의 역사가 모욕과 수치를 주려는 맥락에서 사용되다가 수행적으로 재구성되었다는 것을 상기시키면서, 버틀러는 퀴어의 의미가 그 맥락을 결정하는 언어의 힘에 달려있다는 것을 인정하는 것이 중요하다고 강조한다. 퀴어를 재주장하면서 퀴어에 저항적 힘을 부여하고자 하는 시도는 권력이 구성되면서 문화 곳곳에 널리 침투한다는 것, 즉 권력이 만들어진 허구라는 것을 증명하기 위해서 권력의 구성적 힘을 수행하는 것이다. 따라서 특정 퀴어의 수행만이 진정성의 검증을 통과할 수 있다는 판단은 [자기] 명명의 정치학이 함축하는 '자율성의 기만(*Bodies That Matter* 228)에 빠져서 그것을 무비판적으로 반복할 위험이 있다. 그러므로 퀴어성의 이론화는 '퀴어'라는 용어 자체가 영원한 우발성의 장소라는 것을 인정하면서 시작되어야 한다.

퀴어의 비결정성을 고려할 때, 버틀러는 '퀴어'라는 용어가 예상치 못한 긴장과 비판에 직면하여 이에 굴복할 가능성도 염두에 두어야 한다고 말한다. 동시에 버틀러는 처음에는 퀴어의 급진성으로 생각되었던 것이 그 전체 맥락과 반대로 활용되면서 그 급진성이 (퀴어하게) 억제되는 사례도 확인한다. 버틀러는 퀴어의 급진성이 억제되거나 굴복하는 경우도 퀴어라는 단어가 안착하기 위해서는 필요한 과정이라고 주장한다. 그러나 '안착한다'는 의미가 퀴어의 프로젝트가 가진 전복적 의도를 '길들여야 한다'(*Bodies That Matter* 228)는 의미는 아니다.

퀴어의 비결정성을 표시하고 인정할 때 수반되는 미묘하면서도 결정적인 긴장이 있다. 무엇이 진정으로 퀴어적인가라는 평가는 퀴어 이론 내에서가 아니라 다른 곳에서 요구되는 것으로 보인다. 그러나 퀴어의 우발성을 인정하기 위해서는 이 단어가 퀴어 이론과 퀴어 운동에서 기원한 의미와 상반되는 의미로 사용되는 위험도 감수해야한다. 퀴어의 변이가능성과 퀴어의 무비판적 전유 사이에는 갈등이 생길 수 있다. 이 갈등은 특히 퀴어성의 상품화에 대한 우려로 드러나며, 상품문화에 대한 지속적 연구의 부재 역시 이론과의 간극을 벌리는 것으로 보인다. 그러나 동시에 이러한 이론적 간극이 놀랍지는 않다. 왜냐하면, 버틀러가 퀴어 이론의 전복적 전략이 '상품문화 속에서 반복됨으로써 … 화석화된 클리셰'(*Gender Trouble* 1999 xxi)로 변할 위험이 있다는 것을 인정하기 때문이다. 버틀러는 전복적 수행행위만을 진정한 것으로 인정하고 다른 수행행위는 거부하는 기준이나 표준을 만들고자 하지는 않는다. 할퍼린이 '퀴어를 정의하기 위해 꼭 필요한 특성은 특별히 없다'(Halperin, *Saint Foucault* 62)라고 말했듯이, 퀴어의 진정한 본질은 퀴어의 본질을 받아들이지 않는 데 있다.

퀴어 이론과 페미니즘 이론

『의미를 체현하는 육체』에서 버틀러는 퀴어의 의미와 용례에 대하여 '민주적으로 논쟁함으로써'(*Bodies That Matter* 228-29) 인종이나 젠더의 특수성이 얼마나 퀴어의 활용을 복잡하게 하는지 생각할 것을 촉구한다. 많은 이론가와 활동가가 지적하듯, 일상생활에서 퀴어를 일련의 성차를 모두 포괄하는 상위 개념으로 사용한다면 이론이 비판하는 정체성 정치의 보편화하는 경향과 동일한 효과를 지닐 수 있다.

예를 들어 이슬링 맥-나타프는 '퀴어라는 단어를 사용하면 백인 남성 게이를 연상하게 되기에, 나는 "흑인 레즈비언"이라는 단어를 더 선호한다'고 말한다(Sullivan, *A Critical Introduction* 48). 캐롤린 윌리엄스는 '포스트모던 담론이 차이에 부여하는 표면적 지위에도 불구하고,… 퀴어는 젠더에 무관심한 모더니즘의 모호성을 재생산하여, 백인 퀴어 남성이 현대 섹슈얼리티 정치학의 중심 무대를 쉽게 차지하고'(Williams, 'Feminism' 294) 퀴어를 대표하는 주제로 기능하게 된 것으로 보인다고 주장한다. 엘리자베스 그로스 역시 퀴어 이론에서 젠더 차이의 중요성을 간과해서는 안 된다고 주장한다. 즉 그로스는 퀴어 이론이 몸에 기입된 성적 차이에 따라 권력이 어떻게 차별적으로 작동하는가를 간과하고 있다고 말하면서, 젠더 차이로 인해 성 욕망의 표현에서 권력이 다르게 상연된다는 점에 주목한다. 그로스는 모든 형태의 성적 억압을 동일하게 다루는 것은 잘못된 것이며, 논란의 여지는 있지만 성적 억압의 어떤 형태는 타자를 억압하는 데 공모할 수도 있다고 경고한다.

[퀴어를 너무 넓은 의미로 사용하게 되면] '퀴어'가 가장 노골적이고 극단적인 형태의 이성애적이고 가부장적 권력 게임까지 … 포괄하게 될지도 모른다. 이성애 사디스트, 소아성애자, 물신론자, 포르노제작자, 매춘 알선업자, 관음증자들도 사회적 제재로 고통받으며, 그들 역시 어떤 의미에서는 억압받는 자들로 간주할 수 있을 것이다. 레즈비언과 게이, 여성과 유색인종의 억압이 발생하는 [추상적] 체제의 억압을 주장하게 되면, 가부장제와 이성애 중심의 권력관계 내부에 존재하는 여러 '성적 일탈들'도 모두 억압으로 간주되어 남근적 보상을 받을 수도 있고, 그러한 성적 일탈들이 가부장제와 이성애중심주의와 공모하고 있다는 사실도 간과할 수 있다. (Grosz, *Space, Time and Perversion* 250)

실라 제프리스는 퀴어가 특히 트랜스젠더, 부치-펨, 사도마조히즘, 소아성애와 같은 형태의 급진적 성적 차이를 수용하는 것은 반-동성애 혐오 정치운동의 특수성과 그 정당성을 흐리게 할 뿐만 아니라, 반-동성애 정치운동을 적극적으로 가로막는다고 주장한다.

제프리스는 고민없이 퀴어에 포함시켜버린 '많은 혁명적 "성 소수자들"'은 대부분 [저항적 활동가로] 찬양할 이유가 거의 없으며' 이렇게 되면 퀴어 이론과 퀴어 정치는 사실상 레즈비언 페미니즘과 '정반대'가 된다고 주장한다(Jeffreys, 'Queerly Unconstrained' 7). 제프리스는 『퀴어 정치학 해체』에서 퀴어 이론과 실천이 퀴어적으로 '남성성 숭배'를 신성화하는 게 이 남성의 성적 자유를 추앙하는 '편견'에 연루되어있다고 주장한다 (Jeffreys, *Unpacking Queer* 35). 이러한 퀴어 이론이 함축하는 '남성성 숭배'는 게이 남성에게만 해당되는 것이 아니라, 레즈비언도 포괄하기 때문에 더 문제적이다. 이러한 논리에 따르면, 레즈비언은, (제프리스가 분류한) 페미니즘의 전성기 시절의 '여성을 사랑하는 여성' 모델과 동일시되는 것이 아니라, 레즈비언을 남성성의 기표를 갈망하는 여성들의 자리에 놓는다 (Jeffreys, *Unpacking Queer* 1-2).

제프리스는 레즈비언 여성들의 남성과의 동일시는 패킹packing[13], [여성이 남장을 하는] 드랙 킹, 여성이 '[난소와 자궁의] 적출 수술을 받고, 호르몬을 제거하는' 남성으로 성전환하는 관례가 모두 이에 해당하는 것으로 본다(1). 이러한 관행들은 '젠더 위계질서를 없애기 위한 레즈비언 페미니즘의 기획'(1)에서 남성성 숭배가 승리했음을 표시한다고 제프리스는 비판한다. 제프리스에게 남성성은 남성 지배와 동의어이며, 그래서 그녀는 레즈비언-페미니즘 정치학의 목표가 남성성을 완전히 제거하는 것이라고 주장한다(6-7). (그녀가 여성성을 어떻게 다루었는지는 명확하지 않지만), 제프리스의 남성성에 대한 무조건적인 거부는 어떤 형태로든 패킹, 부치-펨, 사도마조히즘 혹은 성전환과 같은 관행이 여성들 간의 합법적인 성애적 관계로 기능할 가능성이나 그러한 한계설정이 문제가 될 수 있다는 가능성을 완전히 거부하게 한다.

한편, 제프리스의 레즈비언 전성기의 무비판적 찬양은 레즈비언 페미니즘 내에서 레즈비언 정체성의 규범화 작업과 레즈비언 욕망의 감시에 대한 반대 목소리를 감춰버린다. 이 장의 도입부에서 말했듯이, 페미니즘의 여러 논쟁은 퀴어의 출현에 매우 중요하다. 『페미니즘이 퀴어

* * * * * * *

13) [역주] 패킹은 일부 레즈비언들이 속옷 위에 남자 페니스 모양의 물건을 착용하는 것을 연상시키는 단어다. 이는 초기 페미니즘 단계에서 레즈비언들이 그들도 페니스를 가지고 있다는 것을 보여주고, 남/녀 위계질서를 무너뜨리고자 시도하면서 생겨난 것으로 페미니즘 운동이 발전된 90년대 이후에는 사라진 관례다. (Jeffreys, *Unpacking Queer* 1-2쪽 참고).

이론을 만나다』의 제3장 「주디스 버틀러와 인터뷰」에서 게일 루빈은 다음과 같이 말한다.

> 1970년대까지 페미니즘 문헌에서 페미니즘은 정당화되지만, 다른 형태의 거의 모든 성 변이는 부정적인 용어로 묘사되었다. 페미니즘의 수사학은 성전환, 남성 동성애, 난교, 공개 섹스, 복장도착, 페티시즘, 사도마조히즘 등을 모두 비난했고, 이 모두를 여성의 종속을 만들고 지속하는 주요 원인으로 간주했다.
> (Weed, *Feminism Meets Queer Theory* 83)

그래서 루빈은 「성을 생각하며」에서 '여성의 종속'을 지속시키는 시스템이 성적 관습을 둘러싼 규범을 지속하게 하여, 성 정체성의 규범적 한계를 강요하는 것임을 증명하고자 했다. 루빈에 따르면, 섹슈얼리티의 계층화가 모든 성적 박해의 근거가 되며, 그 결과 사도마도히즘이나 세대 간 성관계에 대한 페미니즘의 비난은 페미니즘이 상대적으로 보수적인 의제와도 연결되기 어렵게 만든다(Rubin, 'Thinking Sex' 298). 「성을 생각하며」는 페미니즘 내에서 성을 둘러싼 논쟁을 레즈비언 정체성의 합법성 문제나 레즈비언을 정체성의 일부로 받아들일 것인가와 같은 문제보다는 성 정체성 체계에서 어떤 성 관행을 배제할 것인가에 대한 이데올로기적 분석 작업으로 그 초점을 옮긴다. 그래서 루빈은 [좋은/정상적인 성과 나쁜/비정상적인 성을 구분하는] '섹슈얼리티 계층화'의 억압적 효과에 반대하는 '섹슈얼리티의 급진적 이론'(Rubin, 'Thinking Sex' 293)을 요청한다. 그 첫 번째 과제로 '섹슈얼리티 이론'은 특히 정체성의 확정적 표지로서 섹슈얼리티란 무엇인가라는 질문을 던지고, 섹슈얼리티라는 개념 그 자체에 대한 분석을 행한다.

사실 이러한 질문은 페미니즘보다는 퀴어 이론이 제기하는 질문이라는 것을 상기하면, 버틀러에 대한 루빈의 영향력과 더불어, 루빈에서 퀴어 이론으로 그 초점이 어떻게 이동했는지 쉽게 이해할 수 있을 것이다. 그러나 버틀러는 퀴어 이론이 루빈의 주장을 잘못 해석하여, 섹슈얼리티를 퀴어 이론의 고유한 연구 대상으로, 성차를 페미니즘의 고유한 연구 대상으로 방법론적으로 구분하고자 한다고 주장한다.

「고유한 대상에 반대하며」14)에서 버틀러는 『레즈비언·게이 연구 선집』의 서문이 레즈비언·게이 연구의 영역과 페미니즘의 영역을 어떻게 구분하는지 살핀다. 이 책의 편집자들은 젠더가 남성이나 여성을 지칭한다고 말하면서 젠더를 성 속에 넣어버리고, 이성애적 가부장주의 맥락에서 젠더와 성이 각각 문화적으로 어떻게 수용되는지 고찰하는 페미니즘 이론의 복잡성을 제거해버린다고 버틀러는 주장한다. 그들의 주장에 따르면, 페미니즘 이론은 여성/남성의 문제를 고찰하고, (『레즈비언·게이 연구 선집』에서 퀴어 이론이라고 말하는) 레즈비언·게이 연구는 페미니즘을 계승하기는 하지만, 성과 섹슈얼리티의 담론적 생산을 그 고유한 대상으로 삼는다(Butler, 'Against Proper Objects' 6-7). 버틀러에 의하면, 그 결과는 다음과 같다.

> [『레즈비언·게이 연구 선집』에서] 행위이기도 하면서 동시에 정체성이기도 한 성의 양가성이 쪼개져서 각각 다른 목소리의 차원

....

14) [역주] 버틀러의 「고유한 대상에 반대하며」 'Against Proper Objects'는 1994년에 출간된 논문으로 『차이: 페미니즘문화연구저널』(*Differences: A Journal of Feminist Cultural Studies*) 6권 2,3호 통합본에 처음 실렸고, 1997년 위드와 쇼어가 편집한 『페미니즘이 퀴어 이론을 만나다』(*Feminism Meets Queer Theory*)에 재수록 되었다.

에 속하게 된다. 즉 인간의 **존재**를 나타내는 것으로 분류된 성과 **행위**로 분류되는 성이 한쪽은 페미니즘의 분석에 속하고, 다른 한쪽은 레즈비언·게이 연구의 분석에 속하게 된 것이다. ('Against Proper Objects' 7, 원문강조)

이러한 『레즈비언·게이 연구 선집』의 입장은 버틀러가 말하는 성차의 물질화와 이성애 매트릭스라는 인식가능성 사이의 관계와 명백히 어긋난다. 성차의 물질화는 이성애 매트릭스 안에서 발생하며, 이성애 매트릭스는 성차의 물질성을 [이해불가능한 것을 배제함으로써] 이해가능하도록 만든 것이다. 그러나 『레즈비언·게이 연구 선집』의 편집자들의 주장은 [분리 불가능한 양가성을 둘로 나눔으로써] 암묵적으로 남성성을 규범으로 재기입하는 결과를 초래하게 한다.

[젠더가 페미니즘에 속하고, 섹슈얼리티는 레즈비언·게이 연구에 속하는 것으로 간주하는] 게이·레즈비언 연구가 섹슈얼리티를 젠더로부터 해방된 것으로 이해한다면, 페미니즘에서 '해방된' 섹슈얼리티는 젠더로부터 해방되었으므로 남성성과 여성성의 구분이 필요 없는 하나의 성이 될 것이다. 이는 성차를 구분하지 않고 남성성이 '성'을 대표해온 관습적 방식을 더 강화하기 때문에, 이러한 '해방'은 수많은 다양한 형태의 주류 보수주의와 남성 지배와 맞물리게 될 것이다. ('Against Proper Objects' 23)

그래서 버틀러는 『젠더 트러블』에서 젠더의 전복이 정치적으로 [성을 여성/남성으로 나누는] 섹슈얼리티의 규범을 반드시 무화시켜야 하는 것은 아니라는 사실을 인정한다. 그러나 동시에 페미니즘이든 레즈비언·게이 연구에서든 젠더와 섹슈얼리티의 '인과적, 구조적 관련성'을 거부하는 것은 '동성애혐오가 작동하는 차원'(*Gender Trouble 1999* xiii~xiv)을 심각하게 고려하지 못하고, 동성애혐오를 없애고자 하는 사람들에게 그 중요성을 비가시적으로 만들 우려가 있다고 주장한다.

　이러한 입장은, 루빈의 논문이 그 사례로 보여주듯이, 퀴어 이론이 등장하면서 제기했던, 페미니즘 내에서 성을 정치화하는 문제를 그 내부에서부터 지우고 삭제할 수 있다. 엘리자베스 위드는 『페미니즘이 퀴어 이론을 만나다』의 서문에서 퀴어이론에서 말하는 페미니즘이 '페미니즘 내부의 논쟁적 지점과 그 모순들, 그리고 페미니즘의 다양성을 제거한 이상한 페미니즘'이기 때문에, '페미니즘 이론가가 퀴어 이론의 페미니즘을 만나다'가 이 책의 제목에 더 '적합하다'고 생각한다(Weed, *Feminism Meets Queer Theory* ix). 버틀러 또한 『레즈비언·게이 연구 선집』에서 말하는 페미니즘은 섹슈얼리티가 제거된 페미니즘이자, 페미니즘의 다양한 장을 정형화시켜서, 젠더 억압이 발생하는 이성애규범성의 조건에 대한 아주 빈약한 비판만을 담고 있는 페미니즘에 불과하다고 말한다.

　버틀러가 반복하여 비판하는 사례는 특히 포르노그래피에 반대하는 맥키넌의 저작이다. [1980년대와 90년대 초반] 맥키넌과 같은 학자의 페미니즘 관점이 모범적 페미니즘으로 등장했기 때문이다('Against Proper Objects' 18-19). 버틀러에 따르면, 맥키넌은 젠더 위치가 [남성] 지배와 [여성의 강제적] 종속이라는 성별의 위치와 밀접한 관련성이 있는 것으로 설명한다. 즉 맥키넌의 '엄격한 결정론'은 '섹슈얼리티에 대한 모든 설명을 지배와 종속이라는 경직된 위치로 환원하고, 지배적 지위는 사회적 남성, 종속적 지위는 사회적 여성이라는 젠더 위치로 받아들인다'('Against Proper Objects' 9~10). 그리고 퀴어 이론과 페미니즘을 방법론적으로 구분하면서 섹슈얼리티에 대한 이러한 경직된 서사를 반대하는 페미니즘과 레즈비언 페미니즘의 목소리는 제거한다.

「고유한 대상에 반대하며」에서 버틀러는 바디 마틴의 「젠더 없는 섹슈얼리티와 퀴어 유토피아들」에서 젠더와 섹슈얼리티의 관계에 대한 문제의식을 빌어왔다('Against Proper Objects' 25). 이 논문에서 마틴은 정체성을 해체하고, 일부 페미니즘의 경직된 서사를 반대하는 퀴어 이론을 환영하지만, 일부 퀴어 이론가들이 퀴어 섹슈얼리티가 비유적이고 유희적이며 재미있게 상연되는 과정에서, 페미니즘이나 여성의 몸을 제약이나 종속과 같은 정형적 이미지로만 투사하는 경향이 있다고 비판한다 (Martin, 'Sexualities without Gender' 104). 특히 마틴은 세지윅이 젠더 연구를 섹슈얼리티 연구와 분리함으로써 생겨난 담론적 효과에 주목한다. 『벽장 속 인식론』의 서론에서 세지윅은 두 번째 공리를 다음과 같이 제시한다.

> 섹슈얼리티 연구는 젠더 연구와 동일선상에 놓여있지 않고, 반
> -동성애혐오 연구 역시 페미니즘과 동일선상에 놓이지 않는다.
> 그러나 우리는 어떻게 이 둘 사이에 차이가 벌어지는지 미리
> 알 수는 없다. (Sedgwick, *Epistemology of the Closet* 27)

마틴은 이어지는 논의에서 '페미니즘이 섹슈얼리티 이론의 특권적 장소이거나 그래야 한다는 페미니즘의 가정'(Rubin, 'Thinking Sex' 307-308)에 대한 루빈의 도전을 끌어들이면서 섹슈얼리티 연구는 페미니즘과 별개의 독립된 장이 필요하다고 주장한다.

마틴은 세지윅이 부지불식간에 버틀러가 말한 방식으로 루빈을 전유하고 있다고 분석한다. 마틴에 따르면, 페미니즘의 성/젠더 구분에 대한 세지윅의 분석은 성을 젠더에 넣어버리고, 궁극적으로 성을 여성의 재생산 능력에 중점을 둔 '생물학적' 차이로 의미화한다고 주장한다 (Martin, 'Sexualities without Gender' 107). 그래서 세지윅이 말하는 섹슈얼리티는

젠더(젠더가 페미니즘에 속하므로 젠더는 여성에 귀속된다)로 표시되지 않는 남성성을 암묵적으로 연상시킨다. 마틴은 이를 다음과 같이 기술한다.

> 세지윅은 섹슈얼리티를 젠더로 환원할 수 없다는 주장에 반발한다. 그녀는 섹슈얼리티와 젠더를 명확히 구분하며, 심지어 그 두 개념이 상반된다고 주장한다. 그러나 섹슈얼리티를 젠더로 환원하게 되면, 동성애나 이성애를 포함한 [모든] 섹슈얼리티를 남성 섹슈얼리티로만 정의하게 되는 결과를 낳을 것이고, 섹슈얼리티가 (여성으로 읽히는) 젠더의 제약과 얽힘에서 기이하게 면제되는 것같이 보이게 한다. 그래서 섹슈얼리티와 동일시되는 레즈비언이나 여성 일반은 (의도적이지는 않겠지만) 남성을 연상시키게 되고, 젠더와 나아가 페미니즘과 여성들에 반대하는 결과를 낳는다. (Martin, 'Sexualities without Gender' 107)

마틴이 특히 관심을 보이는 지점은 암묵적으로 레즈비언을 부정적으로 기술되는 젠더 용어, 특히 [여성 역할을 한다고 간주되는] 레즈비언 펨이다. 즉 젠더를 섹슈얼리티에서 분리하고, 정치공간으로서의 섹슈얼리티를 [남/녀를 연상시키는 부치/펨과 같은] 각각의 성 역할로 나누어서, '성 역할 전환'cross-gender을 정체성의 재개념화하기 위한 유일한 특권적 수단으로 삼는다고 세지윅을 비판한다. 앞에서 논의한 바와 같이, 퀴어 개념은 규범을 깨트리고, 규범을 혼란스럽게 하는 욕망 및 정체성 구성을 상연하는 데 주의를 기울이고, 그 속에서 정치적 가능성을 찾는 것이다. 그래서 세지윅은 퀴어를 '단일한 의미를 거부하는 것'으로 정의하면서 '남자[즉 부치]와 동침하는 레즈비언'(Sedgwick, Tendencies 8)을 성 역할 전환의 예시로 든다. 마틴은 이러한 세지윅의 분류법에 따르면, (남성성을 연상시키는) 섹슈얼리티가 성의 경계를 넘는 유일한 수단이자, 퀴어가 되고 퀴어로서 행동하는 유일한 수단이 된다고 말한다. 마틴은 세지윅에서 '퀴어와 관련하여, 여성[펨]과 동침하는 레즈비언을 어떻게 이해하고 분류할 것인가?'라는 질문을 제기한다.

마틴은 세지윅의 분류가 펨을 포함하지 않는다는 점에 주목한다. 퀴어의 성애에서, 부치 레즈비언은 남성 역할로 전환한 정체성을 퀴어적으로 상연한다고 상상된다. 그러나 펨은 [원하는 성정체성을 상연하는] '패싱'과 연결되고, 패싱은 [주로 여성의] 젠더 규범을 모방하기에, 펨은 고정된 젠더 역할을 답습하는 것으로 간주되어 이론적 고찰 대상이 되지 않는다. 마틴은 젠더가 페미니즘의 영역으로 개념화된다면, 사실상, 젠더의 정치학을 수행하는 자는 (퀴어와 달리, 부정적 용어로 그 지위가 기술되고 있음에도 불구하고) 레즈비언 페미니스트라고 주장한다. 그래서 [세지윅의] 성 역할 전환에 중점을 둔 정체성구성은 '[부치와 같이] 다른 성과 동일시하는 레즈비언은 섹슈얼리티와 연결되고, 레즈비언 페미니스트는 젠더와 동일시된다. 그러나 이 과정에서 레즈비언 펨은 완전히 보이지 않게 된다는 것이 마틴이 세지윅 비판의 요지다(Martin, 'Sexualities without Gender' 108).

젠더에서 섹슈얼리티를 완전히 분리하는 것은 불가능하다고 말하는 버틀러의 주장을 고려할 때, 마틴이 섹슈얼리티와 관련하여 성/젠더 구분을 재개념화하는 버틀러의 이론에서 생산적인 비판을 발견한 것은 놀라운 일은 아니다. 세지윅과 달리, 버틀러의 연구는 '보다 명시적으로 신체적 젠더와 그 담론적 의미화 가능성을 연결시킨다'(Martin, 'Sexualities without Gender' 110). 그 결과, 버틀러는 부치-펨 분석에서 어디에서 몸의 경계가 끝나고 구성이 시작되는지 질문하고, 그 경계의 비결정성이 부치-펨의 욕망을 구성하는 '에로틱한 상호작용'(Gender Trouble 123)의 일부일 수 있다고 말한다. 이 상호작용은 중요한 까닭은 성 역할 전환이 일어나서 몸이 [남성이나 여성 역할로] 의미화되는 방식 때문이 아니라, 우리가 이해하는 몸과 그 몸의 정체성 사이의 관계가 성적인 사랑에서 바뀔 수 있고, 이것이 퀴어 효과를 만들어내기 때문이다. 그러므로 패싱의 정치학은 [여자답게 혹은 남자답게 꾸미거나 행동하여] 이성애의 특권을 누리겠다는 데 있는 것이 아니라, [성의 비결정성을 상연하는] 퀴어와 훨씬 더 가까운 개념으로 재의미화할 될 수 있다.

트랜스젠더 정치학과 퀴어 이론의 관계에서도 유사한 문제가 제기된다. 제이 프로서가 주장하듯, 퀴어 이론은 지속적으로 '트랜스젠더는 퀴어하고, 퀴어는 전복적'이라고 가정함으로써(Prosser, 'Judith Butler' 262), '트랜스젠더'가 살아가는 다양한 방식들 사이의 차이를 삭제하는 결과를 낳는다. 버틀러는 '성별의 할당과 바람직한 정체성 범주'(Undoing Gender 7)를 중심으로 퀴어 이론과 '간성 및 트랜스섹스 운동' 사이의 긴장을 살핀다. 버틀러는 '퀴어 이론을 안정적 성별 할당을 포함하여 모든 안정된 정체성의 주장을 반대하는 이론으로 이해한다면, 두 입장의 차이는 대단히 크다'(Undoing Gender 7)고 말한다.

그러나 버틀러는 겉보기와는 달리 '퀴어 이론이 정체성을 규제하고자 하는 주장이나 [이성애와 같은] 특정한 정체성의 인식론적 우위를 인정해야한다는 주장에 반대하기 때문에'(Undoing Gender 7) 간성이나 트랜스섹스와 퀴어 이론의 입장 차이가 극복하기 불가능할 정도는 아니라고 주장한다.

맺음말

나는 [트렌스젠더, 퀴어를 포함하여] 이 모든 운동의 과제가 사람들이 숨 쉬고 욕망하고 사랑하고 삶을 영위하도록 해주는 규범 및 관습과, 삶의 조건을 그 자체로 제한하고 제거하는 규범 및 관습을 구분하는 것이라고 생각한다 … 젠더 규범의 비판은 사람들이 처해있는 삶의 상황과 맥락 속에서 이루어져야만 하며, 무엇이 살만한 삶의 가능성을 최대화하고, 무엇이 견딜 수 없는 삶, 사회적 죽음이나 말 그대로 죽음의 가능성을 최소화하는가라는 질문에 통해서 그 방향을 정해야한다. (*Undoing Gender* 8)

위 인용문에서 버틀러가 말한 바처럼, 최근 버틀러의 이론적 행보는 퀴어가 [혹은 퀴어의 젠더 규범 비판이] 무엇보다도 권력의 작동과 그 규제적 메커니즘에 의해 수행되는 폭력에 대한 반응이라는 것을 점점 더 강조하는 방향으로 나아간다.

이성애규범성의 체제 내에서는 인정받을 수 없는 몸을 위하여 가장 시급한 현안이 무엇인지 고찰하면서, 버틀러의 후기작의 특징은 상징적 폭력의 테크놀로지와 그 폭력이 행해지는 과정을 식별하여 분석하고, 그에 관한 사유를 열고자 한다는 데 있다. 특히 트랜스젠더에 대한 버틀러의 연구는 오늘날의 현안과 다음과 같이 연결된다.

트랜스로 '보이거나' 트랜스로 밝혀진 사람들에게 가해지는 괴롭힘을 결코 과소평가해서는 안된다. 이는 [단지 성희롱이나 추행에 머무는 것이 아니라 젠더 폭력으로 이어지기 때문이다. 그 대표적 예가 트랜스젠더라서 살해된 브랜든 티나, 매슈 셰퍼드, 그웬 아라우조이다. (*Undoing Gender* 6)

버틀러는 상징적 폭력을 권력에서 빠뜨릴 수 없는 것으로 이해한다. 상징적 폭력의 연구 분야의 주장, 이론, 사례와 증거 자료들, 그리고 상징적 폭력과 관련된 여러 쟁점들은 다음 장에서 다루기로 한다.

더 읽을 거리

Foucault, M. (2008) *The History of Sexuality*. trans. R. Hurley. London: Penguin. 푸코 『성의 역사 1: 지식의 의지』 이규현 옮김. 나남, 2020.

Turner, W. (2000) *A Genealogy of Queer Theory*. Philadelphia: Temple UP.

Weed, E. & Schor, N. eds. (1997) *Feminism Meets Queer Theory*. Bloomington: Indiana UP.

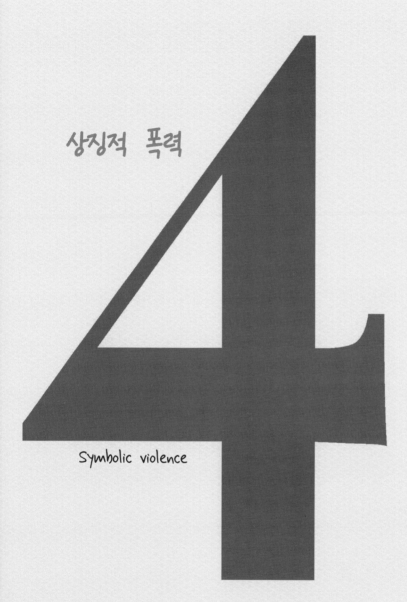

상징적 폭력

Symbolic violence

4. 상징적 폭력

머리말

버틀러는 『혐오발언』과 이후 작품들 『안티고네의 주장』, 『젠더 허물기』, 『윤리적 폭력 비판』, 『위태로운 삶』에서 확실히 상징적 폭력을 특징짓는 과정과 기술들을 분석하고 있다. 『혐오발언』에서는 상처주는 말이나 증오발언의 문제를 전반적으로 살펴보면서, 포르노그래피, 낙태, 로버트 메이플소프[1]의 사진들, 갱스터 랩 가사, 미군의 동성애 정책 재선언, 그리고 미국의 대법원 판례와 관련 논평들을 분석한다.

마지막에 언급한 대법원 판례는 다음 두 가지 점에서 특히 중요하다. 첫째, 이 판례는 주권sovereignty과 명명naming의 제도적, 담론적 실천의 결과라는 점에서 『혐오발언』 전체의 주제와 관련된다. 이와 관련하여 두 번째로는 폭력을 정의하고, 범주화하고, 확인하는 메타-담론적 기능을 가진 문화의 장(법)의 이러한 사례들이 '상처주는 이름이 갖는 권력'과 '그 권력을 행사하는 능력'(*Excitable Speech* 34)을 구분하고 그 차이를 강조한다는 것이다. 다시 말해서, 버틀러는 상처주는 말이나 증오발언을 비교적 직설적인 어법, 즉 '이것은 그런 거고 누가 한 일이야'라는 식으

....

1) [역주] 로버트 메이플소프(1946~1989): 미국 사진작가. 누드, 동성애, 에이즈 등과 같은 주제를 흑백사진으로 담았다.

로 다루지 않는다. 버틀러는 이런 발언을 푸코 식으로 보다 넓은 권력 개념에서 다루면서, '쉽게 명명되지 않는 복잡한 이름'(35)으로 논의한다.

혐오발언: 상처주는 말

버틀러는 권력을 이름으로 대체하거나 축소해버릴 수 없다는 푸코의 유명론적 입장에 공조하면서, 혐오발언 논의를 '담론적 권력의 영역'(34)으로 이동시킨다. 그러나 이런 경우 권력과 더 나아가 상처주는 말까지 모두 사라질 위험이 있다. 권력에 이름이 없고, 이름을 붙이더라도 그것이 단지 이름 붙일 수 없는 권력을 설명하기 위한 임시방편에 지나지 않는다면, 권력을 분석한다는 것이 가능한 것인가? 이런 질문에 대해 버틀러는 권력의 주체나 이름 자체보다는 권력의 '복잡한 전략적 상황'이 이름과 범주를 만들고 이를 승인하는 순간(언제)과 위치(어디서), 상황(왜), 기술(어떻게)이 중첩되고 있음에 주목하라고 답한다.

> 만약 권력이 우리에게 부여된 힘이 아니라면 권력은 언어에게 부여된 힘일까? 만일 양쪽 모두 아니라고 한다면, 즉 권력이 주체 속에 내재하는 '부여받은 힘'으로 볼 수 없다면, 권력이 주체가 부여받은 힘이나 혹은 이름에 부여된 힘처럼 보이는 경우를 어떻게 설명할 수 있을까? (*Excitable Speech* 35)

이와 같이 권력이 주체에게 주어진 힘으로 보이는 예시로, 버틀러는 두 번에 걸친 법정 소송 사건을 든다. 첫 번째는 1990년에 10대 백인 소년이 미국 흑인 가족의 집 앞에서 십자가를 불태운 혐의로 세인트폴 시의회에 기소된 사건이다. 이 소년은 십자가를 불태우는 행위에 담긴 언어적, 상징적 메시지가 '타인에게 인종, 피부색, 종교, 젠더에 기반하여 누구나 알 수 있을 정도로 분노, 공포, 원한을 표출한다는 합리적 근거가 있다면'(Excitable Speech 52) 경범죄 처벌을 받는다는 미네소타주 세인트폴시의 '편견을 동기로 하는 금지 조례'에 의거하여 유죄판결을 받았다. 그러나 1992년 보수파가 지배하는 연방대법원은 두 가지 근거에서 이전의 유죄 판결을 번복하고 무죄를 선고했다. 첫 번째로는 십자가를 불태우는 행위는 수정헌법 제 1조에 의해 보호된다는 것이다. 즉, 이 행위가 '생각의 자유로운 유통'(53)에 해당하는 일종의 '관점'에 불과하다는 판결이다. 그러나 더 중요한 것은, '그 말의 "내용"이나 "전달된 주제"만을 보고 표현의 자유를 금지하는 것은 위헌'(53)이라고 하는 다수의견이다.

버틀러는 연방대법원의 두 번째 판결에 집중하는데, 이 판결이 '상처를 주는 발언'으로 간주되는 표현과 발화 그 자체를 구성하는 것을 실질적으로 규제하고 있음을 밝힌다. 버틀러는 대법원 판결문에서 다수의견을 분석하면서, 십자가 불태우기가 폭력행위이며 유죄라는 1심 판결을 대법원에서 어떻게 뒤집는지, 그리고 이 과정에서 세인트폴 시의회 조례를 반대하면서 그것을 어떻게 이용하고 전유하는지를 살핀다. 대법원은 시의회의 조례가 수정헌법 제1조에 위배되며, 헌법을 파괴하는 불태우기라고 표현했다. 즉 대법원은 이 조례를 '표현의 자유를 소각하는 행위'(Excitable Speech 55)로 규정한 것이다. 그러므로 헌법이 십자가 불태우기에 비유된다는 면에서 헌법은 미국 흑인 가족과 같은 입장에 놓인다. 흑인가족이 백인의 위협을 받은 것과는 달리 헌법은 헌법을 파괴하는 조례에 위협받는 것으로 간주된다. 그러나 흑인 가족의 앞마당에서 십자가를 불태우는 것이 위협적이지 않다는 대법원의 판례는 미국의 역사적 맥락을 완전히 무시하는 것이다. 즉 이 판례는 미국의 사회문화적 역사에서 십자가 불태우기가 인종차별적 메시지를 전달하는 행위이며, 그 흑인가족과 흑인공동체에 상처를 주는 행동이라는 인종차별적 차원을 고려하지 않는다. 십자가를 불태우는 행위에 담긴 인종차별적 내용과 맥락은 사라지고, 그 의도나 결과 또한 전혀 고려하지 않은 채, 십자가 불태우기 자체를 순수한 표현으로 간주하는 것이다.

버틀러는 대법원의 판례를 논의하면서 십자가 불태우기 행동이 의미하는 바를 회복시키고 더 구체적으로 대법원 판결의 맥락과 전략을 읽어내고자 한다. 십자가 불태우기를 표현의 자유로, 세인트폴의 조례를 위헌으로 간주하여 판결문의 다수의견을 작성한 사람은 스칼리아 판사이다. 버틀러는 스칼리아 판사의 판결문의 근거와 그 논리를 분석한 후에 이 사건의 판결에서 소수의견을 낸 스티븐스 판사의 판결문을 분석한다. 스티븐스 판사는 다수 의견에 동의하기는 했지만, 십자가 불태우기가 불순한 의도가 없는 순수한 표현이라고 해도 그것이 싸움을 거는 '호전적 발언'fighting words이 될 수 있으므로 금지해야 한다고 주장했다.

그러나 스티븐스 판사의 소수의견도 십자가 불태우기를 인종차별적 동기를 가진 표현으로 해석하지 않는다. 즉 십자가 불태우기가 '상처 주는 행동을 시작하는 순간이나 상처를 줄 의도를 가진 발언으로 해석될 수 있다'는 점을 고려하지 않는다(Excitable Speech 57). 그 대신, 스티븐스 판사는 다음과 같은 비유를 통해 사건의 성격을 변형한다. 즉 십자가 불태우기 행위가 공터에서 행해진다면 심각한 결과를 초래하지 않겠지만, 화약고나 가스관 근처에서 소각한다면 대단히 위험하다. 후자의 경우는 그 위험성이 '사회를 실질적으로 파괴'(58)할 수 있을 정도로 크다. 로드니 킹 사건이 LA 폭동으로 이어졌듯이 이 사건 역시 인종폭동으로 이어져서 가게와 공무원을 공격하고 심지어 사법부 판사들이나 관련 부처를 공격할 가능성도 있다는 것이다. 버틀러는 이러한 반전의 역설을 놓치지 않는다.

> [십자가 불태우기가 흑인에 대한 인종차별적 위협이 아니라, 법조인들을 공격하는 인종폭동으로 전환될 수 있다는] 법관들의 뜻밖의 결론으로 인해 십자가 불태우기 사건의 원래 이야기는 편집증적으로 전도된다. 스티븐스 판사는 흑인의 집 앞마당에서 십자가를 불태웠다는 원 사건의 내용을 어디에서도 언급하지 않는다. 그러나 예시를 통해서 사건의 각 구성요소들이 새로운 맥락으로 재배치된다. 불태우기는 흑인가족에 대한 '위협'이었지만, 처음에는 가스 산업을 위협하는 '화재'로 새배치되고, 그 다음에는 공터에서의 불태우기로, 그 후에는 폭동으로 슬그머니 다시 나타난다. 이 폭동은 흑인의 트라우마에서 비롯되어 결국 공무원을 위협하게 된다. 원래 흑인 가족에 대한 위협이었던 불이 이제는 흑인들이 트라우마를 이기지 못해 고위 공직자들에게 휘두르는 위협으로 은유적으로 변형되는 것이다. 비록 스티븐스 판사가 십자가 불태우기뿐만 아니라 '호전적이고 도발적인 발언'이 법적인 보호를 받을 수 없는 표현이라고 기록했지만, 이러한 견해를 표현하는 그의 언어는 잠재적으로 인종적 폭동에서 국가를 보호하기 위한 것이며 행동을 규제하는 것이 결국 국가의 권리라는 의미로 왜곡된다. (*Excitable Speech* 59)

버틀러는 '법정이 예시한 당대의 보수적 감수성'(63)이 다양한 입장과 원인으로 실현된다고 주장하는데, 외설물을 정의하는 범주를 확장하고, 음란해 보이는 예술을 검열하고, '커밍아웃'을 '도발적인 언사'(65)로 보는 것 등이 이에 해당한다. 여기서 통제, 무책임한 방종, 선동, 거짓이나 천한 범주화, 도발과 인격모독의 행위 등의 실례와 문제들이 실제로 폭력을 구성하는지 여부는 상관없다. 이런 것은 중요한 문제도 아니고 고려의 대상도 되지 못한다. 버틀러의 관점에 따르면, 이는 전치된 문제, 즉 다른 형태나 방법의 논의를 통해 유의미하게 접근할 수 있는 문제이다. 십자가 불태우기의 예에서 버틀러는 푸코에서 더 나아간다. 말하자면, 무엇이 폭력이고 누가 폭력적인지에 관한 권위 있는 진술이나 입장, 억견doxa의 출현에 관해서는 '복잡한 전략적 상황'의 분석을 통해 설명가능하다. 다시 말해서 부르디외가『국가 귀족』에서 말한 권력의 장 내부와 전반에 존재하는 이름과 명칭과 범주(도발적 언사, 상처주는 말, 폭력)의 담론적 역사와 궤적을 추적함으로써 설명할 수 있다는 것이다.

상징적 지배와 폭력

『권력의 정신적 삶』에서 상징적 지배와 폭력으로서의 명명naming과 범주화의 근본적이고 주요한 기능은 '종속'에 의한 주체성의 생산과 유지이다. 종속에는 기술적인 규율의 과정이 있는데, 호명, 폐제, 규범화, 정상화가 이에 속한다. 이런 과정들에는 이름과 범주, 그리고 담론을 다양한 문화의 장과 제도, 현장과 텍스트(법정, 학교, 관청, 광고, 영화 등) 전반에 유포하고 배분하고 재생산하는 것이 포함된다. 이런 모든 과정에서 폭력이라는 개념과 동등한 구체적인 효과와 결과가 나온다. 여기에서 인간/비인간의 구분이 발생하고 근본적으로 인정될 수 없고 이해불가능하다고 지정된 집단들이 출현한다.

버틀러는 푸코에 동의하면서 '우리는 언어 속에서 형성되었으며, 언어의 형성적 권력은 우리의 결정에 선행하고, 우리의 결단에 영향을 미치며, 그 선행하는 권력에 의하여 언어는 처음부터 우리를 모욕하고 굴복시킨다'고 주장한다(*Excitable Speech* 2). 즉 우리가 호명되고 범주화될 때 우리는 '존재하게 되며' 우리가 '어떤 이름으로 불린다'(2)는 것은, 우리를 위치시키는 문화의 평가 체제와 조건 속에서 비로소 우리가 가시화되고 설명 가능한 존재로 여겨지게 된다는 의미이다. 그러나 버틀러가 분명히 하듯이, '명명되지 않는 것이 모두 상처를 주는 것은 아니다'(2). '자기 자신의 바깥에 있는 권력에 지배당하는 것은 권력이 취하는 가장 익숙하고 고통스러운 형태이며'(*The Psychic Life of Power* 2) 이 사실과 함께 우리가 우리를 지배하는 것에 의존한다는 불편한 현실에 대한 자각에 이르게 된다. 주체는 '역설적으로 우리의 행위성을 시작하게 하고 유지하게 하는'(2) 일련의 담론과 과정을 통해서 형성된다.

부르디외가 『실천이론개요』에서 말한 아비투스는 우리가 권력의 지배에 종속됨으로써 획득한 것이다. 아비투스는 역사를 통해 자연화된 일련의 지속적인 성향을 말한다. 아비투스는 주체를 세상에 통합시키고 소속감과 편안함을 제공한다.

> [아비투스는] 결과에 객관적으로 적응할 수 있는 실천과 표상을 생산하고 조직한다. 그러나 이는 의식적인 것이 아니다. 즉 아비투스는 의식적으로 어떤 결과를 목표로 하여, 그 결과를 획득하기 위해 필요한 작업들을 신속하게 완수하고자 하는 의식을 전제하지 않는다. 아비투스는 규율에 대한 복종의 산물이 아니라, 객관적으로 '조절하는' '일상적'인 것으로 집합적으로 이루어진다. 이는 마치 지휘자의 지휘 없이 연주되는 오케스트라와 같다. (*Outline of a Theory of Practice* 53)

[지휘자가 없는 오케스트라에 항상 약간의 '음이탈'이 있듯이] 여기서 실천이란 아비투스의 형성적 성향과 그 객관적 조건이 언제나 살짝 '어긋난 채'

결합한 결과다. 동시에 이러한 소속감의 대가로 종속의 폭력은, 다소 역설적이지만, 우리의 통제, 행위성, 책임, 선택의 독립성과 자유, 정체성에 대한 오인을 내재화한 채 끝없이 반복된다. 이는 부르디외가 말했듯이 '일종의 체계적 자기비하, 심지어 자기폄하'를 가져올 수도 있다(Masculine Domination 35). 부르디외는 알제리의 인류학 연구에서 가져온 예제를 사용하는데, 특히 '커바일' 지역의 여성이 자신의 성기를 결함을 가진 추하고 역겹기까지 하다고 보는 재현'(35)에 대한 것이다.

위의 예에서 커바일 부족 여성들의 몸은 '자신을 알고' 이 지식을 따라 수행하며, 결국 '자신의 추함'을 역겨워한다. 커바일 부족의 여성들이 구체화하고 당연시하는 자기혐오를 이해하거나 수용하기 어려울 수도 있고, 이들의 태도를 비서구적 문화의 특징으로 보려는 유혹을 느낄수 있다. 그러나 현대 서구에서 젊은 여성들(그리고 남성들)이 과체중이나 신체에 결함이 있다고 어색해하거나 부끄럽게 여기는 경향을 생각해보자. 이런 경향 때문에 거식증, 지나친 식이요법 같은 섭식장애, 혹은 자기 몸을 상품이나 수술로 변형하거나 강화하기도 한다.

버틀러는 부르디외가 말하는 몸의 역할과 몸의 지식을 강조하고, 몸이 실천의 의미를 재구성하는 데 도움을 준다는 부르디외의 주장을 받아들여서 '몸의 역할과 지식이 없다면 사회 세계가 그러한 방식으로 구성되지 않는다'고 말한다(Excitable Speech 152). 그러나 버틀러는 아비투스라는 상대적으로 정적인 개념을 옹호하면서 다음과 같은 견해를 밝힌다.

> 부르디외는 수행성의 힘이 관습적 공식을 비관습적 방식으로 … 되풀이하는 데서 기인한다는 것을 인식하지 못한다. 관습적 의례의 재의미화는 그 공식이 자신의 원래의 맥락과 단절할수 있는 선행하는 가능성에 기반한다. 자신이 전혀 의도하지

않았던 의미와 기능을 떠맡음으로써 말이다. 사회제도를 고정된 것으로 파악함으로써, 부르디외는 사회변혁의 가능성을 지배하는 되풀이가능성iterability의 논리를 파악하지 못한다. (*Excitable Speech* 147)

젠더 정체성의 생산과 규제의 문제에 관련해서 버틀러는 아비투스의 힘을 모두 인식하면서도, 주체화 과정에서 어느 정도 불가피하게 차이의 순간이 생겨난다는 입장을 취한다.

재되풀이reiteration 되는 실천이나 의례적인 실천이 축적되면 성 개념 자체는 결국 추상적인 효과를 지니게 된다. 그러나 이런 재되풀이 덕분에 규범을 피하거나 능가하는, 전체적으로 그 규범을 반복해도 완전히 고정할 수 없는, 그런 구조 내의 구성적 불안전성 같은 간극과 틈이 열린다. 이런 불안전성은 반복의 과정에서의 해체 가능성이며, '성'이 고착화되는 바로 그 효과를 와해하는 권력이고, '성' 규범의 통합을 잠재적으로 어렵게 만드는 가능성이다. (*Bodies That Matter* 9-10)

버틀러는 아비투스가 객관적 구조와 담론들과 언제나 어긋난다는 부르디외의 통찰력에 동의하면서, 필연적으로 주체성의 형태를 거부하는 되풀이의 개념을 덧붙인다. 버틀러는 주체성이 협상되고 재협상되어야 한다고 말한다. 이는 아비투스의 우연성을 인식해야 아비투스가 빈틈없이 작동하고 있음을 알 수 있다는 의미이다. 동시에 어린아이, 장님 혹은 시각 장애, 여성, 집시, 백인이나 무슬림으로 호명되는 것은 일종의 담론적 궤도에 얽매인다는 것이다. 이러한 담론적 궤적은 우리가 통제할 수 없는 범주를 정의하지만, 이는 우리가 반드시 수용해야 하는 것은 아니며, 다른 환경과 문화적 상황에서 시간이 지나면서 수정되거나 변형될 것이다. 결국 이것이 타인이 우리를 어떻게 보고 대하는지, 우리에게 어떤 길이 열리거나 닫히는지를 결정할 것이다.

예를 들어 이민자나 난민 가정에서 자란 아이들은 문화적, 민족적, 인종적 표지(피부색, 종교, 의복, 언어, 억양, 음식, 행동양식, 스포츠 충성도, 가족관계와 위계질서)에 관한 평가체제 내에서 그들의 가족과 주류문화 사이의 차이를 민감하게 인식할 것이다. 더구나 그들은 주류문화에서 외부인이 될 때 일어나는 폭력(학교에서, 스포츠에서, 연애를 할 때나 성적 관계를 맺을 때 생겨나는 어려움이나 거절)과 가족이나 문화적 고립에 따르는 폭력(부모의 반대, 공동체의 지지 상실 등) 사이에서 선택을 강요받게 된다.

위태로운 삶

상징적 폭력 행위로 인한 고통과 불안에 단련되기 위해서는 일종의 정서적 거리가 필요하다. 『위태로운 삶』에서 버틀러는 에마누엘 레비나스의 이론을 사용하여, 당시 '인간화와 탈인간화가 끝없이 일어나는 재현의 영역'(Precarious Life 140)을 이해하고자 한다. 문화적 재현에서 쟁점이 되는 것은 인간과 더 나아가 비인간의 범주와 위치이다. 그리고 상처 주는 말과 십자가 소각 사건의 예에서 그랬듯이 버틀러는 이런 특징을 만드는 기술에 대해 이론적으로 자세히 설명하고 분석한다.

버틀러는 레비나스의 타자의 '얼굴'이라는 개념을 사용하여 논의를 진행한다. 타자의 얼굴은 스스로 말할 수 없으나 '너는 살인하지 말지니라'는 성서의 계명을 전달한다. '물론 실제 발화를 통해서는 아니다'(132). 레비나스의 얼굴은 인간의 얼굴을 재현하는 것만은 아니다. '우선 반드시 인간일 필요는 없다.' 얼굴은 '사람의 등, 길게 뺀 목, 움츠러든 어깨죽지'를 대신하는 개념이다. 이와 같은 '몸의 일부가 … 얼굴처럼 울거나 흐느끼고 절규한다'(*Precarious Life* 133). 우리는 이 얼굴의 고통 혹은 얼굴과 연관된 고통스러운 소리가 '다른 생명의 위태로움, 혹은 삶 그 자체의 위태로움'임을 깨닫고 이에 반응하게 된다(134).

타자가 삶을 위태롭게 할 때 우리는 타자의 취약성을 이용하여 그를 제거하고자 한다. 그러나 레비나스의 설명에서 타자를 제거하려는 유혹은 살인하지 말라는 계명과 함께 오기 때문에 상황은 다소 복잡해진다. 버틀러는 레비나스를 다음과 같이 설명한다. 타자는 내 존재를 위협하는 불안의 원인이며, 타자의 '얼굴은 위협을 표상하기 때문에 나는 목숨을 보존하기 위해 나 자신을 방어해야 한다'(136). 짝을 이루는 '살해하지 말라'와 '파괴하라'는 이율배반적인 명령이 '윤리적 불안'(136)의 원인이다. 여기서 윤리적 불안은 모든 관계의 토대이며, 담론 그 자체의 상황으로 이해된다.

> 한편에서 자신의 생존에 대한 두려움이 있고 다른 한편에는 타자를 해쳐야 할지도 모른다는 불안이 있다. 이 두 충동은 형제간의 싸움과 같이 서로 부딪힌다. 그러나 이 두 충동이 맞부딪히는 것은 전쟁을 벌이지 않기 위해서이다 … 레비나스에 따르면 비폭력은 평화로운 장소에서 유래하는 것이 아니라 오히려 자신이 폭력을 당할 수 있다는 두려움과 폭력을 가할 수 있다는 두려움 사이의 항구적 긴장에서 유래한다. 타자를 제거하면 내가 죽임을 당할 것이라는 두려움을 끝낼 수 있을 것이다. 그러나 타자에게 가족과 친구들이 있다면 나는 끝없이 타자를 제거해야 할 것이다 … 그래서 레비나스는 살인이 자기보존이라는 명분으로 정당화될 수 없으며 자기보존은 결코 폭력을 윤리적으로 정당화할 수 있는 충분조건이 될 수 없다고 설

명한다. (*Precarious Life* 136)

버틀러는 레비나스의 주장이 어떤 면에서 실용적이거나 현실적인 방책이 아니라고 주장한다. 버틀러가 지적한 바와 같이 레비나스가 인용한 성서의 예에서 야곱Jacob이 에서Esau와 사백 명의 가솔을 살해하려는 유혹에 이끌렸다면 폭력의 고리가 필연적으로 시작되고 반복되었을 것이다. '그들 모두에게 나라 한두 개까지는 아니라도 가족과 친구가 있으니'(137) 말이다. 타자의 제거는 담론의 상황과 담론의 가능성을 위기에 처하게 한다. 즉 타자를 제거하면 언어도 제거되고 '말걸기의 조건'(139)도 사라진다. 즉 우리에게 이름을 부여하여 우리를 존재하게 했던 근본적 폭력이 사라지는 것이다.

버틀러는 레비나스의 상당히 이론적이고 추상적으로 보이는 문제를 실제 정치의 문제로 전환하여 이라크와 아프가니스탄 침략에 대한 언론보도를 분석한다. 버틀러는 [피카소의 그림이] '배경 뒤로 말소된 채'(141) 전경화 되었듯이2) 어떻게 현실정치에서 타자의 얼굴이 삭제 하에 드러나는지 살핀다.

> 부르카를 벗거나 부르카가 흘러내린 아프가니스탄 소녀의 얼굴이 있다 … 나는 이 얼굴들을 … 민주주의가 승리했다는 상징으로 자랑스럽게 사용하는 정치 이론가를 만난 적이 있다. 그리고 며칠 후에 나는 학회에 참석했고 거기서 부르카의 중요한 문화적 의미에 대한 발표를 들었다. 부르카는 공동체와 종

········

2) [역주]2003년 유엔 회의실에서 이라크 침공을 시작한다는 미국 국무장관의 기자회견이 열렸다. 이 회의실에는 피카소가 전쟁을 소재로 그린 그림인 <게르니카>가 걸려있었지만 기자회견을 하면서 이 그림은 유엔 로고가 찍힌 파란 커튼으로 가려졌다. 그러나 이 사실이 언론에 보도되면서 <게르니카>는 세계적 이슈가 되었다.

교에의 소속감, 가족, 확장된 친족관계 역사, 겸손과 자긍심, 수치에 대한 보호를 의미하며, 여성 행위성을 발현하는 가림막이 되기도 한다는 것이다. 발표자는 부르카가 억압과 퇴행의 증거이고 … 또 그 자체로 문화적 근대성에 대한 저항이지만, 그렇다고 부르카를 없앤다면 이슬람문화를 심각하게 훼손하고 섹슈얼리티와 행위성의 조직과 재현방식에 대한 미국의 문화적 전제들의 확장으로 귀결된다고 우려하고 있었다. 미국적 사상이 확장될 것이라는 우려를 표했다. (*Precarious Life* 142)

아프가니스탄 여성들의 부르카를 '갑작스럽게 벗은 얼굴들'(143)과 아프가니스탄의 침공에 대한 이미지는 '인간이 되는 것'에 대한 또 다른 서사라는 점에서 공통점이 있다. 이러한 서사는 전쟁을 페미니즘의 이름으로 일부 정당화되고 확장된 서사이며, [전쟁으로 인한] 다른 '고통과 슬픔의 장면들'을 '덮어서 비현실화하는' 역할을 한다(143). 버틀러가 인용한 장면들에서 확실히 미국이 자행한 두 차례의 침공과 그 이후에 사망한 수십만의 이라크인, 아프카니스탄인의 고통, 그리고 침략한 측의 군인들이 겪은 고통도 분명히 나타난다. 전쟁지역에 살고 있다는 공포, 수없는 무작위 총성과 폭탄, '불운하거나' '유감스럽고' '확인되지 않은' 사건들로 인해 사라져버린 생명들과 직업, 관계, 희망을 잃어버린 사람들도 이에 포함된다.

또한 난민은 (그들은 이제 '해방된' 국가의 국민이라는 등) 법률의 절차상의 문제라는 명분으로 난민의 범주와 지위를 거부당하고 마지막까지 폭력에 시달리는 전 세계의 수용소와 구금시설까지 확장될 수 있다. 어떤 의미에서 이런 말소 장면들은 모두 벗겨진 부르카(진보의 표시), 바그다드에서 미국 군인들이 나누어주는 음식을 받는 아이들(안전과 행복), [9-11 당시] 트윈타워의 폐허 가운데 소방관들(영웅주의), 그리고 카불에서 미용실에

가는 여성들(자유)의 이미지와 관련이 있고 그 선행요건이 된다. 버틀러의 말로 종합하자면, '의기양양한 이미지를 통해 우리가 동일시해야 할 인간 이상을 제시하는 것이다'(145). 동시에 언론에서는 이런 이미지들을 오사마 빈 라덴, 야세르 아라파트, 사담 후세인으로 재현된 얼굴들과 병치하는데, 이 얼굴들은 말소된 것이 아니라 '탈동일시'(143)된 인물들로, 그들의 얼굴은 테러의 얼굴(빈 라덴)이자 속임수를 쓰는 얼굴(아라파트), 그리고 현대 폭군의 이미지(후세인)로 제시되었다(141).

버틀러는 얼굴을 인간을 인식하는 장소이자 수단으로 보는 레비나스의 개념으로 돌아가서, 위에서 묘사한 이미지들/얼굴들 모두가 각각의 경우에 정말 인간화된 모습으로 등장하는지 질문한다(143). 버틀러는 얼굴의 문제가 단순히 인간이 무엇인지를 재현하고 정립하는 문제가 아니라고 강조한다. 오히려 인간의 전형적 모습을 확립하려는 시도와 그 실패 사이의 운동 속에서 인간으로 인식되는 것이라고 되풀이하여 말한다. 인간은 '성공적으로 실천된 재현'(144)의 한계 지점에서 생겨나며 재현 속에서 인간을 포착하려는 시도는 필연적으로 실패한다는 것이다.

버틀러에 의하면, 9-11 이후, 트윈타워Twin Tower의 영웅적 소방관들과 아이들에게 음식을 나누어주는 미국 군인들은 '모범적 인간(Precarious Life 143)을 상징하고 나타내준다. 아프가니스탄 여성들이 부르카를 벗거나 미용실에 가는 것, 그리고 군중이 사담 후세인의 동상을 부수는 모습 또한 인간이 되어가는 과정을 보여준다는 점에서 모범적 인간을 정의한다. 반면, 실제 인간은 동일시를 열망하고 동일시를 강제하는 장소로서의 모범적 이미지 뒤에 숨겨져 있다. 다른 한편, 빈 라덴, 아라파트, 사담 후세인의 이미지 속에는 다른 열망이 놓여있다. 그들은 극단적 악과 동일시되며 반드시 제거되어야 하는 인물들이다. 이러한 의미에서 그들은 비동일시 해야만 하는 인물들이다. 또 미국이 시작한 해방전쟁으로 생겨난 부상자들이나 난민들의 고통과 상처를 담은 사진은 없으며, 이러한 사실은 정부의 공식발표나 심지어 주류 언론에서도 재현되지 않는다. 이는 레비나스의 얼굴 개념과 대조적이다.

> 이 이미지들은 모두 삶의 위태로움을 유보하는 것 같다. 이런 이미지는 미국의 승리를 재현하거나 미래의 미국군의 승리를 선동한다. 이는 모두 전쟁의 전리품이 아니면 전쟁의 목표물이다 … 얼굴은 이 모든 경우에 손상된다. 이는 전쟁의 재현물인 동시에 전쟁 그 자체의 철학적 결과 중 하나라고 할 것이다.
> (*Precarious Life* 143)

『위태로운 삶』에서 버틀러는 당대와 최근 상황과 맥락들을 인용한다. 예를 들어, 9-11이후 미국, 테러와의 전쟁, 이라크와 아프가니스탄 침공, 미국 학계에서 이스라엘과 반유대주의 비판을 동일시하려는 시도 등이 그것이다. 여기서 생명의 위태로움을 전시하는 것과 이를 이해하는 것이 전혀 관계없는 것은 아니다. 두려움, 위협, 파괴, 죽음과 폭력이 한꺼번에 뒤섞이면 대중과 언론은 공격적으로 독선과 확실성을 발화하고, 절대적·보편적 가치를 인증하고, 반대 의견이나 비판적 사고에 대해 편협한 태도를 보인다. 버틀러는 9-11 사건이 일어났을 때, 미국은 슬픔에 빠진 채 그동안 누려왔던 1세계의 특권을 재고하여 정치적으로 반성하지 않았음을 지적한다. 즉 미국은 왜 그들은 미국을 증오하는가, 그들이 어떤 폭력과 상처를 입었기에 이렇게 테러로서 응답하는가와 같은 질문을 통해 미국 스스로를 되돌아보지 않았다. 그 대신, 미국 내에서 서양은 문명이고 동양은 야만이라는 '시대착오적이고 부당한' 차별적 이분법이 되살아났다. 테러와의 전쟁이 가장 명확한 실천적 예이다. 어떤 면에서 이런 현상은 '우리 편이 아니면 테러리스트'(*Precarious Life* 2)라는 조지 부시의 이분법적 명제에서 시작되었다. 부시는 테러리즘과 테러리스트와 같은 용어를 사용하면서 편 가르기, 우리/그들 집단 나누기, 미국을 무조건 지지하지 않으면 반동이라는 식의 프레임을 씌우고 범주를 나누고 모든 건설적 토론을 폐제하고자 시도했다. 부시가 일으킨 전쟁에 대해 진지한 토론을 유도하거나 이에 가담하면 대중을 선동한다고 정치적 탄핵과 조롱을 받아야했다. 설사 언론 검열에 걸리지 않고 상당히 규범화된 공적 공간으로 들어오더라도 말이다.

버틀러는 미국이 자주 9-11사건으로 인한 상실의 슬픔을 전유하고 조작하여 더 나아가 이 슬픔을 9-11과 큰 관련이 없는 사건에서조차도 폭력과 타자의 제거를 확장하는 촉매로 사용했다고 설명한다. 예를 들어, 관타나모 만에 있는 수감자들의 무한정 구금 및 고문에 반대하는 시민해방운동을 중지시키고자 했고, 뉴욕시장 줄리아니는 사우디 왕자의 후원금을 거절하면서3) 9-11사태의 미국인 희생자보다 '이스라엘의 손에 학살된'(12) 팔레스타인인들의 숫자가 훨씬 더 많다고 하더라도 미국인 희생자와 팔레스타인 희생자를 도덕적으로 비교하는 것 자체를 용인하지 못했다. 미국과 서구 언론은 이런 입장들을 수용하고 강화했다.

분명 서구 언론은 '전쟁에서 언론이 담당해야 할 몫을 톡톡히 해내고 있었다.' 예를 들어 언론은 미사일이나 전자유도폭탄이 이라크와

· · · · · · ·

3) [역주] 9-11 당시 사우디의 알왈리드 빈 탈랄 왕자가 9-11 테러리즘을 규탄하고 희생자들에 대한 애도를 표하면서 후원금으로 1000만 불을 기증했다. 하지만 당시 뉴욕 시장이었던 줄리아니는 '팔레스타인들이 세계가 외면하는 동안 이스라엘인들의 손에 계속 학살당하고 있으니 중동정책에 대한 보다 균형잡힌 정책을 취해달라'는 구절을 문제 삼아 사우디왕자의 후원금을 거부했다.

아프가니스탄의 표적물(마을, 다리, 군부대)을 얼마나 정확히 파괴하는지, 시각 자료, 군사작전의 정당성, 효율성과 효력에 대한 증언, 그리고 전쟁미션의 성공과 그 부수적 피해와 관련된 정부와 국방부의 발표를 그대로 반복하는 나팔수 역할을 충실히 수행했다. 어떤 의미에서 언론은 정치적이고 군사적 전쟁이 현실감 없는 이벤트처럼 그리고 전쟁을 소재로 하는 컴퓨터게임의 장르와 완전히 구분되지 않는 시각적 판타지 공간에서 일어나는 것처럼 보도했다. 미국의 군사작전으로 인해 팔과 다리가 잘린 민간인 부상자나 부상을 입고 입원한 환자의 모습은 방영되지 않았고, 민간인 피해는 군사작전에 수반될 수밖에 없는 '부수적 피해'와 같은 구절로 시각화되어 테크놀로지에 초점을 맞춘 영화의 한 장면처럼 탈인간화되어 보도되었다. 특히 CNN과 폭스를 비롯한 미국 주류 언론들은 이라크와 아프가니스탄의 전쟁을 보도하면서 미국과 연합군의 폭력 행위는 보도하지 않았다.

> [미국이 자행한 폭력은] 그래픽 이미지로 생생하게 보도하지 않았다 … 미국은 자기방어라는 명목으로, 그리고 고귀한 동기, 즉 테러리즘의 근절이라는 고귀한 명목으로 자신들의 행위를 정당화하였다. 아프가니스탄 전쟁을 하는 동안 북부동맹[4]이 한 마을 전체를 학살했을 가능성이 있다는 뉴스가 전해졌을 때 이 사건을 전쟁범죄로 조사했던가? 사실로 확인되었다 해도 이 사건이 기소될 수 있었을까? 아프가니스탄에 피 흘리는 아이들과 땅 위에 누워있는 시신이 언론에 보도되었을 때도 전쟁 공포의 일부가 아닌 오인사격의 문제만을 비판했다.

....

4) [역주]탈레반 세력에 대항하기 위한 목적으로 결성된 아프가니스탄 정치 군사조직. 미국이 아프가니스탄 전쟁을 통해 탈레반정권을 전복시킨 후 북부동맹 출신이 정부의 주요요직을 차지했다.

버틀러는 이런 정책과 구성적 태도에 대해 세 가지의 밀접하게 관련된 논제를 제시한다. 첫 번째는 상실, 애도, 우울증의 관계를 분석한다. 두 번째는 '왜, 어떻게, 어떤 형태의 슬픔이 국가적으로 인식되고 증폭되는지, 반면에 왜 어떤 상실은 생각할 수도 애도할 수도 없는지'(xiv)를 논의한다. 세 번째는 앞선 두 문제의 직접적 결과로서, 당대의 사건과 사례에서 노출된 폭력과 상실에서 [새로운, 대안적] 공동체의 기반을 어떻게 마련할 수 있을까 하는 문제를 다룬다.

애도와 우울증

첫째로 버틀러는 프로이트의 「애도와 우울증」에 초점을 맞추어 그의 이론에서 애도와 우울증이 서로 연관되면서 동시에 어떻게 구분되는지 살핀다. 애도가 (사랑하는 이의 죽음에서 국가 자유의 소멸까지 모두 아우르는) 상실에 대한 비교적 기능적이고 정상적 반응인 반면, 우울증의 전형적 특징은 비기능적이고 병적일 가능성을 포함한다. 즉 우울증은 스스로를 세계로부터 단절시키고, 자아와 타자에 대한 관심과 책임감을 상실하게 되는 특징을 가진다.

애도는 시간이 지나면 대상과 분리된다. 프로이트에 따르면 애도 과정이 완성되면 놀랍게도 '우리 모두가 이와 같은 고통의 불쾌감을 당연하게 받아들인다'(253). 왜냐하면 '자아가 자유로워져 억제가 사라지기 때문에'(253) 리비도 경제라는 의미에서 애도의 과정이 당연시되는 것으로 보인다. 반면, 이러한 리비도 경제가 우울증에서는 전혀 작동하지 않는다. 우울증의 경우에 슬픔은 시간이 지나도 지속되고 사회적 의무에 무심할 뿐만 아니라, 정확히 상실한 것이 무엇인지조차 분명하지 않다. 정신과정으로서의 우울증에는 어떤 논리도, 유용성의 형태도 없을 뿐 아니라, 슬픔의 발발 원인과 상황도 확실하지 않으며, 무엇이 문제인지조차 알 수 없다.

> 애도의 경우 … 관심이 억제되거나 사라지는 것은 애도작용 때 문으로 설명된다. … 우울증의 경우에도 미지의 상실로 인해 비슷한 내적 작용이 일어나고 우울증적 억제의 원인이 되는 것은 애도와 유사하다. 차이가 있다면, … 애도와 달리, 우울증 적 억제에는 자존감의 급격한 저하, 자아의 빈곤이 크게 나타 난다. 애도의 경우 세상이 빈곤해지고 공허해지지만, 우울증의 경우 빈곤해지는 것은 자아다. 우울증 환자가 드러내는 자아는 쓸모없고, 아무것도 이룰 수 없는, 도덕적으로 비천한 자아이 다. 때문에 스스로를 비난하고, 책망하고, 스스로 사회에서 추 방되어 처벌받기를 원한다. (Freud, 'Mourning and Melancholia' 245)

프로이트는 예상과 달리 우울증이 조증과 함께 나타나는 경우도 있으며, 이 때 감정이 극과 극 사이를 빠르게 오가면서 방출된다는 점에 주목한다. 즉 조증과 울증의 중첩이 우울증을 좀 더 잘 설명할 수 있게 해주며 우울증을 애도의 리비도 경제와 좀 더 가까워지도록 한다. 조증 주체manic subject는 '몹시 배고픈 사람처럼 리비도를 집중할 새로운 대상-카텍시스'을 찾아 나섬으로써, 고통의 원인이 되었던 대상에게서 해방되 었음을 보여준다('Mourning and Melancholia' 255). 이것은 상실한 대상을 다른 대상으로 교환하는 과정과 관련된 주체의 변화 혹은 굴절능력으로, 애도 와 우울증이 서로 연결되어있다는 것을 보여준다.

그러나 「애도와 우울증」의 마지막 페이지에서 프로이트는 이 문제에 대한 생각을 바꾼다. 우울증을 사회적으로 정상적 행동 양식인 애도 논리로 전환하는 대신, 프로이트는 애도를 끝내야 하는 필연적 과정으로 개념화하는 것에 문제가 있다고 생각한다. 즉 우울증에서와 같이, '조증과 같은 마음 상태가 승리할 수 있는 리비도 경제의 조건'(255)을 위한 흔적이 없기 때문이다. 그래서 버틀러는 대상을 다른 대상으로 직접 교체할 수 있다는 프로이트의 애도에 대한 정의에 반대한다. 프로이트의 정의는 '리비도의 목표가 난잡하게'(Precarious Life 21) 이 대상에서 저 대상으로 옮겨 다닐 수 있어서, 마치 대상의 대체가능성이 주체가 추구해야 할 목표처럼 보이기 때문이다.

프로이트가 애도는 상실을 인정하지만 우울증은 상실된 대상이 무엇인지를 알지 못한다고 주장했지만, 버틀러는 그가 이를 리비도경제 속에서 제대로 설명하지는 못했다고 말한다(21). 그래서 버틀러는 프로이트의 설명에서 더 나아가 '깊이를 헤아릴 수 없는 상실의 수수께기적 차원'(22)을 고찰해야 한다고 주장한다. 버틀러에 따르면 모든 형태의 종속은 박탈과 폭력의 경험을 포함하며, 그 박탈과 폭력 이후에는 이전의 상태로 되돌아갈 수 없다. 그리고 이 폭력은 의식으로 떠오르기 어렵다. 여기에는 세 가지 이유가 있다.

첫째, 우리가 주체로 구성되고 범주화될 때 우리는 상당히 많은 것을 상실한다. 주체 구성 이전의 우리 자신의 존재와 사회문화적 궤적과 지식을 상실하고 주체 구성을 당연하고 자연스럽고 우리의 의지에 의한 것처럼 받아들인다. 만일 우리가 주체 구성 이전을 반성적으로 알 수 있다면 우리의 삶을 다르게 인식할 수 있겠지만 그것은 불가능하다. 둘째, 주체가 된다는 것은 타자나 세계와 관계를 맺는 동시에 다른 어떤 관계는 부분적으로 상실된다는 것을 의미한다. 누군가 사랑하는 사람을 잃었을 때 혹은 어떤 대상을 빼앗길 때, 그리고 우리를 구성하는 유대를 잃을 때 상실은 두 배가 되고 다시 또 배가된다. 세 번째이자 마지막으로, 호명 과정은 비체화를 당연하고 자연스러운 것으로 받아들이는 과정과 연관된다. 이 과정을 당연하게 받아들이지 못한 사람은 비체가 되어 인간으로서의 지위를 상실하고, 다른 사람과 같은 권리를 부정당하고 인정받지 못하며 죽어도 애도의 대상이 되지 못한다. 이 세 가지 모두는 애도, 우울증, 상실의 관계에 대한 문제이며, '왜 어떤 형태의 슬픔은 전 국민이 애도의 물결에 휩쓸릴 정도로 증폭되고, 다른 형태의 죽음은 사유불가능하고 애도불가능하게 되는가'라는 문제로 이어진다(*Precarious Life* xiv).

정상화와 폐제

종속을 지배와 폭력의 형태로 보는 개념에 있어 중요한 두 개의 용어는 '정상화'와 '폐제'이다. 버틀러는 주체성을 사회·문화적 규범을 생산하는 규제적 권력과 장치의 결과로 이해한다는 점에서 푸코와 의견을 같이한다. 정상화의 명백한 예가 젠더이다. 물론 젠더 외에도 나이, 민족, 계급, 직업 등에 의해 인간을 구분하는 모든 사회·문화적 범주는 인가된 규제적 규범의 배치와 배포에 의해 구성된다. 규범은 보통 명확하게 기술되기보다 암시된다. 규범은 규칙이나 법이 아니며, '그 효과를 보면 가장 명확하고 극적으로'(*Undoing Gender* 41) 알 수 있다. 푸코가 밝힌 것처럼, 규율적 규범을 단순히 금지나 규제의 형태로 이해해서는 안 된다. 규율적 규범은 사회·문화적 실천을 배치하고 허용하고 활용하며 이러한 실천을 인정가능하거나 인정할 수 없는 것으로 만든다는 의미에서 생산적이다. 명백한 예가 젠더 범주다. 젠더는 인간을 남자/여자로만 범주화하여 '사회적인 것을 해석할 수 있는 잣대'(42)를 강요한다.

> 규범의 바깥에 있는 것이 무엇이냐고 질문하는 것은 말이 안되는 생각이다. 왜냐하면 규범이 사회의 장을 이해가능하게 만들고 정상적인 것을 규정해준다면 규범의 바깥은 어떤 의미에서 규범과의 관계 속에서만 정의될 수 있기 때문이다. 즉 규범의 바깥은 규범을 통해서만 생각할 수 있다. 어떤 사람을 남자 같지 않다든가 여자 같지 않다는 말도 여전히 '아주 남성적'이거나 '아주 여성적인' 잣대가 있어야 이해가능하다. (*Undoing Gender* 42)

이때 젠더는 특정한 생물학적 집합과 동일한 실체나 속성(여성은 세심하고 배려가 있고 남성은 논리적이고 실용적이라는 전형)이 아니다. 오히려 젠더는 한편에서 담론장치와 범주들 사이의 관계이며, 다른 한편에서 분류된 범주에 의해 이해되고 인식되는 사회·문화적 실천, 수행, 역사, 습관, 기질, 명령, 몸의 헥시스이다. 표준 척도 바깥에 있는 모든 것은 폐제되기 때문에 젠더는 상징 폭력의 한 형태이다. 또 젠더 규범에 적합하지 않은 생물학적·문화적 결합은 이해불가하고 따라서 인간적이지 않은 속성이 된다.

라캉에 따르면, 주체성은 폐제에 기반을 두는데, 이 폐제는 이론적으로 까다로운 용어이다. 라캉은 이 단어가 프로이트의 개념에서 왔다고 주장한다. 폐제 개념은 프로이트가 이곳저곳에서 사용한 기각, 거부, 억압, 배척, 제거, 부인 개념에 어느 정도는 상응한다(Laplanche & Pontalis, *The*

Language of Psychoanalysis 166-7). 프로이트와 라캉 모두에게 폐제는 특히 정신병psychosis의 개념과 연관된다. 즉, 어떤 의미에서 폐제는 현실의 부인이다. '늑대 인간'의 사례 연구에서, 프로이트는 한 남성 환자가 어릴 때 부모의 성교장면을 목격하고 엄마에게 페니스가 없다는 사실을 인식하게 된 상황을 묘사한다. 이 사례에서 그는 아버지에 의해 거세를 당할 것이라는 '견딜 수 없는 공포'를 느끼지만 저항할 능력은 없다.

> 여성에게 페니스가 없다는 가정된 '현실'에 대하여 어린아이, 물신숭배자, 정신병자의 공통적 대응인 부인은, '지각' 자체를 인정하는 것에 대한 거부와 이로부터 … '거세'라는 불가피한 결론이 나온다는 것에 대한 거부로 이해해야한다 … 프로이트는 방어를 두 양상으로 가정한다. 방어의 한 양상은 '욕동의 요구를 내부세계로부터 배척하는 것'이고 다른 양상은 '현실적인 외부세계의 일부를 부정하는 것'이다. 전자는 [페니스가 없다는] 지각에 대해 리비도투여cathexis를 철수하는 것이고, 후자는 그 지각에 대한 의미를 철수하는 것, 즉 의미부여하기를 거부하는 것이다. 리비도투여의 철수는 의미의 철수이기도 하므로 프로이트에게 이 두 설명은 상호배타적인 것이 아니다. (*The Language of Psychoanalysis* 167-68)

라캉은 위 인용문에서 프로이트가 언급한 두 개의 '상호보완적 작용'을 하나는 '주체의 내부로 도입하는 것'으로 다른 하나는 '주체 바깥으로 추방하는 것'으로 구체화하여 설명한다(168). 즉 주체 내부로 도입하는 것은 아버지의 법, 즉 상징계와 그 결과를 수용하고 고수한다는 것이고, 주체 밖으로 추방하는 것은 상징화 바깥의 실재계로 추방하는 것이다. 즉 주체는 최초의 원초적 과정을 억압함으로써 상징계로 진입할 수 있지만, 이 필수적인 억압을 추방하여 '상징화 바깥에서 존속하는 영역인 실재계'(168)로 들어가는 것이다. 전자는 상징 질서로 진입하여 정상적 주체의 위상을 설명하는 것이고, 후자는 폐제다. 폐제는 '상징화되어야 할 것을 상징화하지 못하는' 것이고 '상징적 폐기'(168)이다. 아이가 '엄마와 동일시하여 엄마와의 관계'를 계속 유지하면, 주체는 아버지의 법을 표상하거나 수용할 수 없고, 그래서 '상징계 내부에 안정적이고 지속적인 주체의 위치에 자리 잡지' 못한다(Grosz, *Jacques Lacan* 164). 이렇게 되면, 주체는 사회-심리적 안전성을 박탈당하고 실재계에서 나온 환영, 방출되었던 욕망에 시달리게 되고, 젠더규범 바깥에 있는 사랑의 형태와 애착에 의해서 주체가 허물어지고 불가능하게 된다.

> 이러한 주체는 기본적으로 이런 … 사랑의 재출현의 망령에 위협받고, 무의식적으로 그 사랑, 그 불가능성을 재연할 상황에 처하게 되면서 그런 위협을 나라는 의미에 맞추어 조율한다. 내가 과거에 사랑했던 방식으로 사랑한다면, 나는 현재의 내가 될 수 없다. 내가 나 자신으로 지속하기 위해서는 (이런 과거의 방식을) 계속 부인하면서 그 결과로 가장 끔찍한 고통을 현재의 삶에서 무의식적으로 재연해야 한다. 현재 삶에서 폐제되었던 것을 외상적으로 되풀이함으로서 나를 위협하는 것이다. (*The Psychic Life of Power* 8-9)

버틀러는 『안티고네의 주장』에서 폐제와 상징적 통제와 폭력의 관계를 가장 포괄적이고 철저하게 설명한다. 안티고네는 BC 5세기경 가장 유명했던 소포클레스의 드라마에서 가져온 허구의 인물이다. 이 작품에서 여주인공이자 오이디푸스의 딸인 안티고네는 삼촌이자 테베의 왕인 크레온과 충돌한다. 크레온은 조카인 폴리네이케스에게 적법한 장례를 베풀고 매장하는 사람에게 죽음을 내린다는 칙령을 발표했으나 안티고네는 위험을 무릅쓰고 오빠의 장례를 고집했다.

안티고네의 '선택'이 문화평론가들에게는 일반적으로 시민 불복종과 통치 권력에 대한 저항의 예로, 페미니스트들에게는 가부장제에 대한 거부 선언으로 읽힌다. 또한 헤겔은 국가의 출현으로 시대에 뒤처진 친족 및 혈연관계와 정치의 재현으로, 라캉은 상징계 질서와 법, 규범으로 변하는 과정에서 이에 대한 선언을 가능하게 하는 필수적 부정성으로 설명한다. 그러나 버틀러에게 안티고네와 그 죽음은 폭력으로서의 폐제, 즉 '어떤 형태의 친족을 인정하고 어떤 생명을 살 만할 것으로 승인하는'(Antigone's Claim 29) 결정의 예제가 된다.

크레온의 테베가 통제 규범 사회의 초기 형태라면 안티고네는 시대와 공간에 어울리지 않는다. 무엇보다 안티고네의 모든 행동에는 추문이 따라다닌다. 오이디푸스의 딸로서 안티고네는 이미 불운한 운명을 겪었다. 안티고네는 통치 권력에 맞서 저항하면서 사회에서 남성처럼 행동하고 수행하면서 남성들의 위치와 역할을 감당했다. 또 안티고네는 당시 국가의 정치체제보다 원시적 혈연관계를 우선시했다. 마지막으로 안티고네의 동기와 욕망이 형제애를 넘었다는 것은 더욱 중요하다. 인류학자인 클라우드 레비-스트로스는 이를 자연과 문화에서 추정하여 설명한 보편적 근친애 금기에 대한 위반으로 설명한다.

버틀러는 유명한 평론가들과 이론가들이 이 작품에 나타난 근친애 측면을 설명하거나 인식조차 하지 않았다는 점을 흥미롭게 지적한다. 예를 들어 라캉은 예상대로 모든 맥락의 관계를 비운다. 안티고네의 욕망을 통제 규범에 대한 공식적인 저항으로 보았다. 반면 헤겔은 모든 욕망의 완벽한 부재로 설명한다. 버틀러는 레비-스트로스의 연구에서 시작하여, 근친애 금기의 보편성과 효과, 사회문화적 기능에 대한 주장에 의문을 제기한다. 버틀러는 특히 라캉의 영향을 받은 정신분석적 입장을 살핀다. 이들은 이런 금기가 상징 질서 내에서 표시할 것과 하지 않을 것을 정하여 특정한 사회적 맥락에서 분리하는 제도로 생각한다. 라캉 이론에서 남근이 성기가 아닌 것처럼 친족의 위치 또한 젠더 관계, 성적 실천이나 몸의 형태와 동일시되거나 축소되지 않는다. 이런 관점에서 근친애 금기는 사회를 가능하게 만드는 원시적인 것으로 사회적 욕망의 장을 어떻게든 조직하고 적용하고 평가한다. 그러나 금지가 만들어낸 사회실천과 욕망은 실제로 사회적, 문화적, 정치적인 용어보다는 구조적인 용어로 설명될 수 있다. 다시 말해서, 구조의 밖에는 아무것도 없다는 견해이다.

근친애를 금지하는 규칙이나 법은 포괄적이고 지속적인 사회실천과 관계에 대해 구조주의적으로 설명한다. 이를 근거로 라캉의 정신분석에서는 아무것도 일어나지 않았기 때문에 근친애는 사실상 불가능하다고 주장한다. 근친애 욕망은 상징 질서의 구조적 관계를 통해 존재하는 욕망이며 우리의 위치를 효과적으로 사회 내에 배치한다. 다른 말로 근친애과 관련된 욕망은 메커니즘의 산물이다. 푸코는 훈육적이고 규범적인 체제와 관련하여 더 일반적으로 설명하는데, 범주화하는 규칙 때문에 규범과 규범의 타자가 생긴다는 것이다. 버틀러는 근친애 금기에 관한 규칙에 대해 다음과 같이 질문한다.

> [근친애 금기가] 아무리 효과적으로 작동한다 하더라도 금기의 위반이라는 유령을 생산하고 유지하지 않고서, 실제로 작동할 수 있는가? 이런 규칙은 순응만 생산하는가? 혹은 이러한 규칙을 초과하고 저항하는 일련의 사회적 양태도 생산하는가? 나는 이 문제를 푸코가 강조했던 바처럼 구조주의 규칙의 생산적인 동시에 잉여적 차원으로 다루고자 한다. 어떤 이론적 설명에서 규칙의 최종적 효력을 그대로 수용하는 것은 그 체제

에 따라 살면서 그 법령의 힘을 그대로 받아들인다는 의미이다. (*Antigone's Claim* 17)

버틀러에게 있어서, 규범적 규칙에 대항하거나 그 규범 밖에서 생각하지 못하거나 거부한다면 이는 사실상 그 규칙을 재기입하는 것과 마찬가지이다. 『안티고네의 주장』에서 버틀러는 오이디푸스 콤플렉스의 정신분석적 보편화와 근친애 금기, 그리고 『안티고네』에 대한 라캉의 징후 독법 때문에, 얼마나 규범적 폭력이 증폭되었는지, 어떻게 안티고네가 [삶과 죽음 사이에서] '추방되기 이전부터 이미 무덤 속의 삶을 살고 있었는지'(77) 설명하려고 한다. 안티고네는 규범적 여성을 수행하기를 거부하고 아내와 어머니가 되지 않기로 하고, 자신의 '흔들리는 젠더'(76)의 많은 징후를 전시하면서 결국 자살에 이르게 된다. 안티고네는 이 모든 것들 때문에 표면적으로는 사회의 일원이지만 사회에서 인정받지 못하게 된다. 애도와 우울증의 개념으로 돌아가 보자. 안티고네는 '애도를 금지하는 칙령을 받은 상황에서 … 애도하고자 하고, 공개적으로 애도하고자 한다'(79). 안티고네는 '인식가능한 것을 사회적으로 폐제하는 제도'에 맞선다. 이러한 제도 내에서 '인식불가능한 생명은 살아있는 몸을 생매장하는 것처럼 언어로 나타난다'(80-81).

법, 공동체의 개념, 그리고 인간의 개념에 대한 담론적이고 규범적 상태와 기능에는 언제나 폭력과 배제가 따르기 마련이다. 이에 대해 문제를 제기할 수 있으나 그런 언어적 실천에는 언제나 언어오용5)과 교

. . . .

5) [역주] 언어오용catachresis은 말을 원래 뜻과 맞지 않게 사용한다는 의미이다. 데리다에 의하면 이는 '새로운 생각에서 생겨난 기호로서, 언어체계 내에서 고유한 기호를 갖지 못하는 말'이며(*Margins of Philosophy* 255), 버틀러의 맥락에서 **이는 기존의 단어를 원래의 뜻과 다르게 사용하여 새로운 의미를 산출하는 말이다.**

차배열법6)이라는 특징이 있다. 이런 특징들 때문에 자연스럽고 보편적이라고 생각했던 개념들이 불안하거나 지속불가능하거나 변화하는 상태임을 알 수 있다. 이 개념들이 확산되어 사회·정치적 억견으로 작동할 때조차 말이다. 버틀러는 다음과 같이 말한다.

> 아감벤이 말했듯이, 오늘날 우리는 완전한 시민권이 없는 인구가 점점 더 많이 생겨나는 시대를 산다. 그들의 법적 주체로서 존재론적 상태는 유예된다. 이들은 종족 학살에 의해서 파괴된 삶은 아니지만, 인간됨을 획득하기 위해 어떤 인식의 기준이 필요한 합법적 공동체의 삶에는 들어오지 못한다. 공식적인 인간됨의 구성에서 배제된 채, 공적 영역에 유령처럼 출몰하는 이런 '그림자 영역'을 어떻게 이해해야 할까? … 이것이야말로 공적 영역의 우울증이 아닐까? (*Antigone's Claim* 81)

여기서 이스라엘 국가가 통제하는 영역에 사는 팔레스타인 사람들의 상황을 참고할 수 있다. 버틀러는 『위태로운 삶』의 한 장을 할애하여 팔레스타인 사람들의 '존재론적 지위'를 부정하고 이들을 인정하기를 거부하는 입장과 담론들이 어떻게 이스라엘 국가폭력을 대변하고 설명하는지 논의한다. 버틀러는 하버드 총장인 로렌스 서머스의 2002년 연설을 중심으로 하는 담론적 언쟁에서 논의를 시작한다. 서머스는 이 연설에서 '진보적 지식 공동체'에서 주장하는 '심각한 반이스라엘 관점'이 확산하고 있다고 비난하면서 이런 행동은 '의도적이지 않았다고 해도 반

· · · · · · ·

6) [역주] 교차배열법chiasmus은 요소들을 교차하거나 뒤집는 것이라는 뜻이다. 버틀러는 이를 메를로 퐁티적 의미에서, 보이는 것과 보이지 않는 것의 얽힘, 자아와 타자, 일치와 불일치의 얽힘이자, 드 만이나 데리다적 의미에서 **재현 속의 부재, 동일성 속의 차이를 드러내기 위한 전략**으로 사용한다('Living on' 참고).

유대적 결과를 낳는다(*Precarious Life* 1)고 주장했다. 서머스는 미국 및 여러 곳에서 중요하지만 의견이 분분한 정치 사안에 대한 공적 토론을 검열하거나 금지하려는 것이 아니라고 말한다. 그러나 버틀러가 암시한 대로, 서머스의 논의는 '그럼에도 불구하고 정치 담론에 찬물을 끼얹는 효과를 가져왔고, 지금 이스라엘을 비판하면 반유대주의라는 비난을 면치 못할 것이라는 두려움을 불러일으켰다'(102).

폭력의 범주화

『위태로운 삶』의 4장은 정치적 검열을 포괄적으로 다루는 동시에, 보다 구체적으로는 MIT대학과 하버드대학의 학자들이 이스라엘의 팔레스타인 처우에 반대하여 발의한 탄원서와 관련이 있다. 그리고 무엇이 명백한 폭력으로 범주화되는지 그 기술적이고 구조적인 과정에 대해서도 논의한다. 즉 여러 종류의 폭탄 투하, 대규모 가족학살, 정치 권리의 부정이나 유예 등과 같은 명백한 폭력의 형태가 어떤 경우에는 폭력으로 분류되어 비난의 대상이 되고, 또 다른 경우에는 이해가능하거나 단순 일탈이나 정상적 폭력 범주에 속하지 않는 것으로 분류되어 사람들의 주목과 논평의 대상이 되지도 못하고 그 행위에 대한 설명이나 정당성을 주장하기 어렵다는 점에 대해서도 고찰한다.

『위태로운 삶』과 『전쟁의 프레임들』에서 버틀러는 주로 특정한 현실 효과를 야기하는 구조적 과정과 구조화 과정을 식별하고 분석하는 데 많은 지면을 할애한다. 보다 구체적으로, 이러한 구조화 과정은 어떤 것을 폭력으로 규정하거나, 혹은 반대로 그것이 폭력으로 인정되지 않고 사라지게 만들기도 한다. 버틀러는 다음과 같이 말한다.

> 나는 프레임만들기가 제기하는 인식론적 문제에 주목하고자 한다. 프레임은 타자의 죽음이나 상처받은 타자의 삶을 파악하게 해주기도 하고, 반대로 이를 전혀 포착하지 못하게 하기도 한다 ⋯ 정치는 이러한 프레임들로 가득 차 있다. 프레임은 그 자체로 권력의 작동이다. 프레임이 [어떤 이슈의] 가시화 조건을 일방적으로 결정하지는 않지만 프레임을 만드는 목적은 가시화 영역 그 자체를 제한하려는 것이다. (*Frames of War* 1)

폭력을 범주화하고 지정하는 것은 구조적 차원에서 이해되어야 하고 부분적으로는 프레임만들기의 기능이라면, 오늘날 유사한 것을 다르게 분류하는 핵심은 클로드 르포르가 말하는 자본화된 관념(*The Political Forms of Modern Society*), 이 경우에는 '반유대주의'와 '희생자' 개념에 의한 담론적 굴절과 배치에 있을 것이다. 이와 관련하여 기술적 측면에서 두 가지를 주목해 볼 만하다. 첫 번째로, 자본화된 관념은 다른 담론과 용어, 혹은 범주들을 체계화한다. 즉 자본화된 관념이나 용어는 다른 용어를 압도하거나 보다 우월한 위치를 점하는 담론적 가치를 획득해 왔다. 이러한 관념은 유사점과 차이점의 패턴과 관계를 인정하고 유사성과 통약가능성commensurability을 쟁점으로 위계질서를 세울 수 있다. 예를 들어, 아픔이나 고통과 연관되거나 원인이 된 실천을 해석하거나 평가하는 논의는 필연적으로 '인간'의 자본화된 개념과 이와 연관된 논리학, 명령, 서사와 의미에서 시작하고 총괄한다. (이는 법, 철학, 정치, 종교, 경제만큼 다양한 문화 분야 전반에서도 해당되는 사실이다.) 예를 들어 '생명체'가 아닌 '인간'이라는 개념이나 원칙을 조직화하면서, 강제수용소에서 인간을 학살하는 것과 도살장의 양의 도축을 비교하지는 않을 것이다. 두 번째로 자본화된 관념은 공허하다. 자연스럽지 않은 내용을 자연스럽게 만들고, 그러한 내용을 지속적인 치열한 분쟁이나 논쟁, 토론 주제로 삼고, 권력의 장에 따라 변형되고 수정하기 때문이다.

　버틀러는 '희생자'와 '반유대주의'라는 용어를 서머스와 관련 논쟁의 참석자들(정치인들, 평화 그룹, 가장 중요하게는 언론)이 얼마나 효율적으로 사용하는지 자세히 분석한다. 버틀러는 여기서 그 용어들이 담론적으로 밀접하게 얽혀있으며, 그리고 이로 인해 서머스가 이스라엘 정책에 '활발히 문제제기를 할 수 있다'(*Precarious Life* 102)고 주장하면서도 동시에 도전적인 행동의 가능성을 용인하지 않는 입장에 대해 설명한다. 그의 논리는 아주 간단하다. 즉, 이스라엘은 영원한 희생자이며, 이스라엘에 대한 어떤 논의도 이스라엘 정부의 통념과 어긋나서는 안 된다는 것이다. 이스라엘에 대한 모든 담론은 희생자를 지지하거나 아니면 희생자에게 인종차별적(반유대주의적) 공격을 가담하는 것 중 하나에만 속하는 것으로 양분된다.

　'유대인만을 희생자'라고 제한하는 것은 미국(혹은 서구 전체)의 공공영역에서 어떤 공인된 기관도 이스라엘에게 폭력을 당한 팔레스타인 사람들을 희생자라고 인정해서는 안 된다는 의미다. 이스라엘의 폭탄이나 총격의 표적이 되는 아이들, 테러리스트와 과격분자 소탕 작전에서 무차별적으로 학살당하는 민간인들, 국제법상 명백히 불법인 새 정착지에서 쫓겨나서 머물 수 있는 집이 없는 사람들 등 가장 명백하고 끔찍한 사례의 경우에도 이들에게는 희생자가 아닌 다른 명칭을 붙이거나 아예 아무 명칭도 주지 않는다. 예를 들어 이스라엘 군대에 사살된 민간인 경우에도 언론은 그들의 정체를 의심하고, 신분을 '확인할 수 없다'고 보도하여 그들이 피해자로 분류되지 못하거나, 그들의 신분을 조사하겠다고 약속한 이스라엘 군이 그들의 민간인 신분을 부인함으로써 그들을 희생자의 범주에서 지워버리는 경우도 많다. 또는 언론은 사살된 자들이 [민간인이 아니라] 과격분자들이나 테러리스트들이라는 이스라엘 측의 발표를 그대로 인용하여 보도하기도 한다. 결국 이스라엘의 폭력행위는 종종 팔레스타인 공격에 대한 대응이거나 정당방위라는 맥락에서 설명된다. 여기서 팔레스타인 사상자들은 이스라엘 국가와 국민에 대한 공격에 공모한 것으로 추정되어 희생자의 지위에서 처음부터 배제된다.

서구 세계가 이스라엘의 이런 희생자 서사를 고수하고 이에 대해 거의 의심하지 않는 것은 그 자체로 일종의 상징적 폭력을 구성한다. 버틀러는 다음과 같이 주장한다.

> [어떠한 정치적 윤리도] 유대인만이 희생자의 지위를 독점한다는 가정에서 출발해서는 안 된다. '희생자'는 빠르게 바뀔 수 있고, 매분마다 변경될 수 있다. 희생자는 버스에 올라탄 자살폭탄 테러범에 무참히 살해된 유대인일 수도 있고, 이스라엘 군인의 총에 맞아 죽은 팔레스타인 아이일 수도 있다 … 역사적으로 우리가 지금 처한 위치에서 우리는 유대인을 언제나 유일한 희생자로 볼 수는 없다. (*Precarious Life* 103)

그러나 이런 사실은 언론 보도와 표현의 차원에는 해당되지 않는다. 대체로 '반유대주의'라는 비난이 서구의 공적 영역과 이 특정 사건에서 담론적, 구조적 법정의 역할을 했고 '지식이 그 자체로 적절한 사상을 만들어내는'(Foucault, *The Politics of Truth* 67) 모든 경우에 적용되었기 때문이다. 버틀러는 이 서사가 이스라엘에 비판적이면서도 반유대주의라는 비난을 피하고 싶은 유대인들에게 어떻게 작동하는지 설명한다.

이스라엘의 폭력을 비판하거나 이스라엘 국가에 경제적 압력을 가하여 정책을 바꾸게 할 수 있는 구체적인 전략을 요구하는 것이 '효과적인 반유대주의'라고 생각하는 한, 우리는 반유대주의 기업이라는 낙인이 두려워 반대의견을 내지 못할 것이다. 유대인에게는 이보다 더 끔찍한 이름은 없다. 유대인들은 윤리적, 정치적으로 반유대주의라는 비난만은 견딜 수 없기에 마음에 두려움이 생기는 것이다. 이는 유대인이 나치에 부역자 노릇하는 것과 마찬가지이기 때문이다. (*Precarious Life* 103)

버틀러는 여기서 폐제의 구조와 문화를 모두 언급한다. 이러한 의미 구조는 서구와 특히 미국의 언론이 지배하는 공적 영역에서 이스라엘을 비판하는 담론을 유포하는 경우, 이스라엘을 희생자의 위상에만 한정시키고자 하는 언어와 이데올로기에 의해 차단된다. 이스라엘을 희생자로 보는 입장을 고수하는 한 이스라엘은 구조적으로 폭력의 가해자가 될 수 없다는 의미이다. 이스라엘이 언제나 희생자라면 결국 모든 분쟁에서 자동적으로 반대편이 (실제) 가해자가 된다. 이런 분쟁에는 팔레스타인 민간인에 대한 이스라엘 군대의 폭력, 백만 팔레스타인의 3/4에 달하는 사람들의 박탈과 이주에 항의하는 미국 학계, 시온주의에 의문을 제기하는 유대인들을 포함된다. 반유대주의 감정과 폭력이라는 서구 역사에서 이스라엘은 대체로 희생자의 역할을 해왔기에, 이스라엘이 가해 행위를 했다고 비난해도 이 또한 반유대주의 형태라고 결정되고 규정되는 것이다. 이런 구조적 관계와 관련 서사들이 마비와 테러의 문화를 만들어내고, 결국 담론적, 실천적 차원에서 이스라엘 비판에 대한 원론적 대응방식으로 재생산되는 것이다.

맺음말

버틀러와 다른 학자들이 이스라엘 정책에 대한 논쟁을 확장하려고 할 때 부딪히는 문제는 '시간분배와 효과'(Bourdieu, *On Television and Journalism*)에 거의 전적으로 종속되는 언론이 지배하는 공적 영역의 문제다. '시간분배와 효과'는 결국 미묘한 차이와 복잡성보다는 감각적이고 과장적이고 단순한 것을 우선시하며 모든 쟁점을 쉽게 인식가능하고 문제될 것 없는 입장과 서사로 바꾸어 반복한다. 예를 들어 핵무기에 관해서는 북한과 이란만을 문제삼고 테러리즘은 이슬람 근본주의자들과 '테러지원국'들만 하는 행동이라는 서사를 반복한다. 이는 언론의 '비가시적 검열'과 같은 것이다. 테러와의 전쟁, 전 지구적 경제위기, 혹은 팔레스타인에 대한 이스라엘 정책에 관한 프로그램에는 대본에 충실한 사람들만 출연할 수 있다. 예를 들어 TV에 전문가로 나온다는 것은 'TV에 나오기 위해 가능한 많은 일을 규칙에 맞게 하는 것'(*On Television and Journalism* 14)을 의미한다. 이를 통해 결국 '특히 치명적인 형태의 상징적 폭력'(17)을 야기하는 허위정보를 지속적으로 유포되는데, 결국 '공적영역에서 말할 수 있는 것과 아닌 것'을 통제하기 때문이다(*Precarious Life* 127). 팔레스타인 사람들에 대한 이스라엘의 정책뿐 아니라 같은 시기의 다른 중요한 쟁점에 대한 비판적 담론을 배제함으로서 '대중의 경계선 자체'를 구축하는데, '여기서 대중이란 명백하고 비합법적 폭력을 대해서도 아무런 말을 하지 않은 사람을 의미한다'(127).

버틀러는 『윤리적 폭력 비판』과 『위태로운 삶』, 그리고 『전쟁의 프레임들』에서 어떻게 우리가 '상처와 폭력을 인식하고 항거할 수 있는지'(*Frames of War* 3)에 대한 문제를 제기한다. 마지막 장에서는 버틀러가 당시 언론이 지배하는 공적 영역에 여러 형태로 존재하는 폭력을 확인하고 비판하는 이러한 '윤리적 문제'(3)를 어떻게 논의하는지 살펴보고자 한다.

더 읽을거리

Bourdieu, P. (2001) *Masculine Domination*. Cambridge: Polity. 부르디외. 『남성지배』. 김용숙 옮김. 동문선. 2000.

Freud, S. (1984) *On Metapsychology*. Harmondsworth: Penguin. 프로이트. 「꿈이론과 초심리학」. 『정신분석학의 근본개념』. 프로이트 전집 11권. 열린책들, 2020.

Laplanche, J. & Pontalis, J. (1988) *The Language of Psychoanalysis*. London: Karnac. 라플랑슈·퐁탈리스. 『정신분석사전』. 임진수 옮김. 인간사랑, 2005.

5

윤리

Ethics

5. 윤리

머리말

버틀러는 『윤리적 폭력비판』에서 특히 아도르노, 푸코, 라플랑슈, 레비나스의 저서들을 살피면서 '도덕철학에 의문을 제기하는 것이 과연 가능한가'(*Giving an Account of Oneself* 1)라고 질문한다. 당연시되어왔던 도덕철학에 의문을 제기할 때 그 의미가 무엇이며 어떠한 위험이 발생할 수 있는지에 대하여, 관련된 여러 사상, 주장, 입장과 이론들을 여러 사례와 더불어 고찰하고자 한다. 그리고 다른 한편에서 버틀러는 이 질문을 『위태로운 삶』과 『전쟁의 프레임들』에서 계속하여 중점적으로 다루면서 9-11사태 이후 변화한 사회, 문화, 정치적 분위기와 이스라엘-팔레스타인 갈등, 언론과 학계의 검열, 걸프전 등과 같은 정치 쟁점과 연관하여 설명한다. 이러한 맥락에서 기존의 도덕관념에 포섭될 수 없는 사람은 자기 자신에 대한 설명을 직접 제공해야 하고, 이는 자신의 발언이 어떠한 맥락에서 사용되는지와 같은 화용론과 그 발언이 갖는 윤리에 대한 설명을 포함해야 한다는 것이다.

앞 장에서 버틀러와 몇몇 학자들이 이스라엘의 팔레스타인 관련 정책과 정책실행과 관련하여 공론장의 논의에 개입하고자 했던 상황을 생각해보자. 이와 관련하여 버틀러는 '캠퍼스 감시단1)과 얽힌 일화를

· · · · · · · ·

1) [역주] 캠퍼스 감시단Campus Watch은 2002년에 파이프스Daniel Pipes에 의해 설립된

『위태로운 삶』 4장에서 소개한다. 캠퍼스 감시단이 '반유대주의를 조장하거나 반유대주의로 간주되는' 학자들을 찾아내서 블랙리스트를 만들어서 웹사이트에 올리자, 버틀러는 자신이 그 블랙리스트 명단에서 누락되었다고 항의했다. 이 소식을 접한 타마르 르윈은 <뉴욕타임스>에 '캠퍼스에서 부상하는 반-유대주의'라는 주제로 기사를 실었다(Precarious Life 121).2)

버틀러는 캠퍼스 감시단의 블랙리스트가 갖는 문제점과 버틀러를 포함한 학자들이 항의하는 의미를 함께 논의하고 공론화하고자 시도했다. 이러한 시도의 일환으로 르윈에게 버틀러는 자신도 진보적 유대인이지만 팔레스타인의 자결권3)의 지지가 바로 반유대주의를 의미하거나 그렇게 해석되기를 거부한다고 말하면서 입장을 같이하는 다수의 유대인 단체를 알려주었다. 또한 버틀러는 르윈에게 사람들이 이런 식으로 반유대주의자라고 낙인을 찍기 때문에 건설적 논의와 비평이 실종되고 있다고 지적하면서 블랙리스트의 작성에 반대하는 사람들도 반유대주의를 부정적으로 생각한다는 점을 분명히 했다. 그러나 르윈은 이러한 버틀러의 주장을 모두 배제한 채 기사를 작성했다. 이 일화는 팔레스타인과 분쟁중인 이스라엘 같은 문화권에서 지배적 의견에 반하는 목소리를 낸다

....

'중동연구포럼'으로 이 조직의 비판자들은 북미에서 이스라엘에 비판적인 학자를 가려내서 블랙리스트를 만들어 위협하는 친이스라엘 로비스트와 연계되어있다고 주장했다.

2) [역주] 르윈의 기사는 2002년 9월 27일 <뉴욕타임스>에 「웹사이트가 캠퍼스의 반유대주의 공방에 불을 붙이다」("Web Site Fuels Debate on Campus Anti-Semitism")라는 제목으로 실렸다.

3) [역주] 팔레스타인이 독립국 지위를 확보하고, 영토주권을 행사하기 위해서는 '자결권'self-determination을 인정받아야 한다. 그러나 현재 팔레스타인인들은 '자결'이 아닌 제한적 '자치권'self-rule만을 인정받은 상태다.

는 것은, 어떤 경우라도 협상하고 반박하고 논쟁할 수 있는 권리와 그리고 자신의 발언이 부당하게 해석되거나 전유되는 방식에 항의할 권리를 잠재적으로 박탈당한다는 것을 시사한다.

버틀러는 윤리와 자기 자신을 설명하는 것 사이의 관계를 연구하면서, 푸코의 후기 저작들 특히 1980년대 이후의 강의들과 인터뷰에 많은 영향을 받았다. 푸코는 후기 저작에서 습관적 행동 윤리가 주체의 가치, 설명, 관행들이 서로 필수적이고 일관적인 관계로 이루어져 있다고 생각하고 무엇이 이러한 습관적 행동의 윤리를 구성하고 실행하도록 하는지 질문하고 이에 의문을 표한다. 이러한 분석을 통해 푸코는 자기배려라는 개념을 도입했다. 이와 더불어 자기 자신에 대한 설명과 지식을 구분, 공적 발언의 조건과 결과와 책임, 그리고 담론과 주체성과의 관계, 비판의 기능과 정의, 그리고 가장 중요한 파레시아라는 그리스 개념이 포함된다. 푸코는 파레시아를 '자유로운 발언'free speech이라고 번역한다. 버틀러의 '자기 자신에 대한 설명을 직접 제공하기'라는 개념은, 넓게는 푸코의 후기 저작과 연결된 것으로, '소위 말하는 서구의 "비판적" 전통'과 관련된다(Foucault, *Fearless Speech* 170).

윤리와 보편성

버틀러는 막스 셸러가 현재 서구사회에서 '공통적이고 집단적인 윤리적 에토스가 파괴되고 있다'고 애도하자 시어도어 아도르노가 이를 비판했다는 내용으로 『윤리적 폭력 비판』을 시작한다(*Giving an Account of Oneself* 1). 아도르노는 집단적 에토스라는 개념이 보편성, 즉 헤겔의 용어로 세계정신으로 이해되고 있지만, 이 집단적 에토스는 이제 확실히 사회적 효용성과 사회적 윤리적 기능을 상실해버렸다고 주장한다. 아도르노에 의하면, '인간의 의식 상태와 사회적 생산력의 상태가 집단적 에토스를 폐기해버렸다면' 우리는 '이 집단적 관념 속에 세계정신이 머물기를 멈추었다'고 말할 수 있다(Giving an Account of Oneself 4, 재인용). 그러나 세계정신이 사라졌음에도 불구하고 시대착오적으로 집단적 에토스는 그 관념을 계속해서 재생산하고 공동체에 강요한다. 집단적 에토스는 어떤 의미에서도 보편적이지 않지만, 그것은 '폭력이라는 도구를 이용해서라도 그 집단성의 외양을 유지하려고 한다'(4).

이미 구시대적이 된 잘못된 보편성을 계속 유지하기 위해서는 이 보편성이 도덕성과 규범이라는 억압적 형태를 가진 담론으로 등장해야 한다. 한 가지 예로 서구에서 전통적 가족에 대한 자본주의화된 관념을 들 수 있다(Lefort, The Political Forms of Modern Society). 전통적 가족은 결혼한 이성애 부부와 그 자식들만을 포함한다. 오늘날 결혼한 이성애 부부로 이루어진 가구 수는 현저히 줄었지만, 전통적 가족의 개념은 여전히 보유되고, 가족이 진정으로 무엇이며 어떠해야 하는지, 그 가족이라는 명칭에 맞는 사람이 누구인지 등의 관념을 고수한다. 또 다른 예는, 특수한 관심사를 보편성의 지위로 고양시킨 경우를 들 수 있다. 즉, [백인과 같은] 특수한 인종집단이 실질적으로 전체 민족을 '상징하는' 경우도 그렇고, 조지 부시와 버락 오바마 같은 미국 대통령들이 이라크, 아프가니스탄을 포함한 아프리카 국가들을 방문하여 그들이 자유로워져야 하며 그러기 위해서는 자본주의적이고 민주적인 미국처럼 되려는 열망을 가져야 한다고 주장하는 경우도 마찬가지다. 아도르노의 말을 빌리면 이런 환경에서 보편은 '폭력적으로 외부에서 부과된 어떤 것으로' 나타나기 때문에 이러한 보편에는 '인간을 위한 실체적 현실이 없다'(*Giving an Account of Oneself* 5).

보편성의 주장과 특수한 관심사에 프레임을 씌워 보편성으로 주장하는 것 사이의 간극은 아도르노가 말한 도덕성에 대한 의문을 제기하는 질문이 발생하는 조건이 된다(6). 이 질문은 규범 세계와 담론 체제 속에 존재하고 생산되는 주체가 제기하는 것이다. 버틀러의 말을 빌자면, 주체가 도덕성에 의문을 표시하고 도덕성과의 관계를 문제시하는 발언을 하게 될 때, 그는 [어떠한 연유에서 이러한 발언을 하는지] '자기 자신에 대한 설명을 제공해야 하고 … 그 설명은 자기 자신에서 시작하여 … 주체로서 자신의 출현의 조건을 포함해야한다는 것을 알게 된다'(7-8).

반성성, 양심, 도덕성

버틀러는 주체가 반성적reflective이 될 수 있는 과정을 설명하는 두 가지 주요 논의를 살펴본다. 첫 번째는 니체에서 가져온 것이고 두 번째는 푸코의 견해이다. 『도덕의 계보학』에서 니체는 다른 사람들에게 주체가 폭력, 상처, 고통의 원인으로 호명될 때 자기 자신을 돌아보는 반성적 양심이 생긴다고 설명한다. 우리는 우리를 향하는 비난을 설명해야 하고, 이 설명은 어느 정도 위협을 감수하면서 우리의 도덕적 가치를 보여주고 증명하는 이야기의 형태로 전달된다. 물론, 이러한 이야기는 기존의 문화에 대한 순응을 상연하는 동시에 전수받은 문화적 리터러시를 상연하는 것이다. 순응의 상연은 호명에 단순히 응답하는 것만으로도 효율적으로 호명과정과 그 주체로부터 설명을 요구하는 법적, 사회적, 종교적, 통치체제의 권력을 승인하고 합법화한다. 그리고 문화적 리터러시의 상연 역시 설명이나 서사가 존재하기 위해서는 자신의 입장을 어느 정도 순종적이고 겸손하고 미천하고 의무적이고 죄의식 있는 것으로 인식하고, 책임과 애착과 충성을 설명하는 적당한 담론을 활용하고, 변화되어 참되게 살면서 판결에 따르고 인정을 획득하기 위해 적당한 정동적 반응과 말하기를 표현해야 한다.

이와 같은 발화와 상연은 주체에게 양심의 형태로 이해되는 기억을 새기는데, 이는 니체의 양심의 가책bad conscience에 상응한다. 니체가 말한 가장 고양된 삶의 형태에서 발견되는 특성들, 본능, 용감함, 힘, 활기와 같은 특성들은 단순히 삭제되거나 종속되는 것이 아니다. 이런 특성들은 실은 주체의 죄의식의 근간이 된다는 점에서 바로 양심의 가책으로 이어진다. 더욱이 앞에서 말한 활력과 같은 특성들과 반대되는 나약함은 이제 다음과 같이 변화한다.

> 보복하지 못하는 무력함이 친절함으로 바뀌고 겁에 가득 찬 비굴함은 겸손으로 바뀐다. 자신이 증오하는 자에 대한 굴종이 순종으로 바뀐다. 이 굴종을 명령하는 자를 신이라고 부르면서 말이다. 약한 자의 비공격성과 비겁함, 그리고 문 앞에 서서 기다리는 것에 인내라는 경칭을 붙이고, 스스로 복수할 수 없으니 복수를 원치 않는 것이라고 하고 심지어 그것을 용서라고까지 부른다 … 또한 원수를 사랑하라고 말하면서 땀을 뻘뻘 흘리기도 한다. (Nietzsche, *The Genealogy of Morals* 180-81)

의지로서의 삶Life-as-will의 특징이 되는 폭력, 야만, 잔인함은 완전하게 사라지지 않는다. 오히려 그것들은 도덕성, 정중함, 양심, 의무로 변형되어서, 자신의 의무를 다하고 양심에 따라 바르게 행동하고 정중함을 지키고 더 나아가 도덕성을 지키라고 요구하면서 시간과 장소에 따라 그 폭력성을 시의적절하게 풀어놓는다. 이런 것들이 즐거움의 형태로 경험된다.

> 고통을 지켜보는 것도 즐겁지만 다른 이에게 고통을 가하는 것은 심지어 더욱 즐겁다. 이는 정말로 냉혹한 명제이다. 그러나 이 진술은 오래된 것이고 강력한 것이며, 인간적인 너무도 인간적인 감각이다. … 잔인함이 없이는 축제도 없다. 인간의 전 역사가 이를 증명한다. 처벌에도 축제같은 특성이 있다.
> (*The Genealogy of Morals* 198)

버틀러가 주목하는 바와 같이, 니체는 도덕성의 출현이 형벌을 바탕으로 하는 동시에 전도된 폭력에서 나온다고 설명한다. '공격성이 삶과 공존하기'(*Giving an Account of Oneself* 13) 때문에, 제도적으로 발현된 도덕성은 삶을 규제하는 동시에 비야만적이나 문명화된 다양한 형식으로 삶을 소진하게 한다. 고백을 강요하고 죄의식을 당연하게 여기고 복종의 문화를 제도화한다. 도덕성에서 성찰reflection이 나오지만 이는 성찰이라기보다는 '자기-비난을 모범으로 삼는'(14) 반성성reflexivity의 형태이다.

니체적 의미에서 타자와의 만남은 복수의 서사로 발화된다. 타인에게서 받는 처벌의 위협을 통해서 인간의 개념이 탄생하고, 자연스러운 삶의 활기로서의 공격성은 양심의 가책의 형태로 전환된다. 다른 말로 하면, 나 자신을 죄의식과 공격의 대상으로 삼아서 자신에게 복수하고 나의 삶 그 자체에 복수하는 것이다. 다른 말로 하면 나는 도덕성으로 인해 활력에 거부하고 이를 규제한다. 도덕성이란 종교적 독실함, 자기-삭제, 용서, 약한 자의 특권, 혹은 법이나 처벌을 고통스럽게 즐거워하는 것으로 표시한다. 니체에게 있어서, 공격은 삶에 원초적 요소지만 인간은 반성을 통해 그 공격성을 제도화하여 활기 없는 형태로 그 방향을 바꾸어버린다. 그러나 니체의 이러한 주장에 대하여 버틀러는 그가 '자기 자신을 설명하라고 요청하는 대화의 조건을 이해하지 못했다'고 본다 (*Giving an Account of Oneself* 14). 즉 자기 자신을 설명하라는 요청이 발생하는 상황이나 조건이 자동적으로 두려움이나 죄의식에 찬 반응을 반드시 끌어내지 않기 때문이다.

인정과 타자성

아드리아나 카바레로는 인정 개념을 레비나스에 의거하여 설명한다. 이는 '처벌의 장면에서 주체가 시작된다'(*Giving an Account of Oneself* 15)는 니체의 주장을 반박하는 것이기도 하지만, [주인과 노예, 자아와 타자와 같은] 헤겔의 이자적 대면, 반성적 과정을 통한 자아의 형성을 강조하는 푸코를 반박하기 위해서이기도 하다. 헤겔과 푸코는 모두 타자성이 자아에 우선하며, 자아가 타자에 종속된다고 주장한다. 반면, 카바레로와 레비나스에게 중요한 질문은 '내가 어떻게 타자의 인정을 획득할 수 있을까?'(헤겔)도 아니고, '내가 무엇이 될 수 있을까'(푸코)도 아니다. 카바레로의 질문은 다음과 같다.

> '당신은 누구인가?' 이 질문은 우리가 알지도 완전히 이해하지도 못하는 타자가 우리 앞에 있음을 가정한다. 즉 타자의 독특성과 비실체성은 헤겔의 도식이 제공하는 상호인정모델에 한계를 부여하며, 더 일반적으로는, 타자를 알 수 있을 가능성에 한계가 있다고 가정한다. (*Giving an Account of Oneself* 31)

여기서 타자가 반드시 서로의 정체성을 확인하고 공감하는 타자일 필요는 없다. 그럼에도 불구하고 타자와의 대면은 자아와 연결성을 가지며 주체성과 모든 사회적 활동 및 관계에 기초가 된다. 니체에게 타자와 대면은 자아가 자율성을 상실하고, 노예와 유사하게 [명령에 복종만 하는] 본능적인 존재로 타락하는 것과 다를 바가 없다. 하지만 카바레로에게 타자와의 대면은 자아를 노예화하는 것이 아니라 타자를 바라봄으로써 자아의 한계를 인식하는 형태다. 즉 타자인 네가 나를 존재가능하게 하고, 너로 인해서 나는 비로소 내가 된다.

여기서 '너'는 중요한 용어이다. '너'는 '[우리와 같이] 대명사가 지닌 내재적 도덕성에 근거한' 언어적 약호와 반대되고, [우리와 같은] 어법에 의해 '너'는 항상 관련 없는 존재로 삭제되거나 주변화된다(Cavarero, *Relating Narratives* 91). 그러나 '너'는 오늘날 개인주의에서 중시되는 '나'가 아니며, 많은 혁명적인 운동에서 말하는 '우리'나 심지어 상상된 공동체들에서 말하는 '우리'도 아니다. 오히려 '너'는 차이를 위협하거나 소멸시키지 않고서 의존의 관계 속에서 주체성이 형성되는 과정을 표시한다. 각각의 '너'는 일련의 내적인 사회적 관계들 속에 함축적으로 포함되어 있으며, 동시에 일련의 특이성singularities들의 연쇄 속에 있다. 이러한 관점에서 사회적인 것은 다음과 같이 서술될 수 있다.

> [타자 관계의 윤리는] 공감이나 동일시 혹은 혼란에 의존하지 않고서도 서술할 수 있다. 이 윤리는 그 독특함uniqueness과 특별함 속에서 진정한 타자인 '너'를 욕망한다. 이 윤리는 이렇게 말한다. 네가 아무리 나와 유사하고 나와 일치하는 것처럼 보인다 해도 너의 이야기는 결코 나의 이야기가 아니다. 우리의 인생 이야기에 대체가능한 유사한 특징이 있다고 해도, 나는 여전히 너 속에서 나를 인식할 수 없고, 우리 집단 속에서는 더욱 그

럴 가능성이 적다. (*Relating Narratives* 92)

그러나 버틀러에 따르면, 카바레로는 '우리'의 가능성을 거부하지만 사회적 특이성에서 무엇이 고유한지를 보여주지는 못한다. 다시 말하면, '끝없이 반복되는' 과정에 참여하는 것을 제외하고 각각의 특이성에 '본질적 의미를 규정하는 내용이 없다면' '그 특이성이 우리 모두에게 똑같은 특징을 부여하는 집단적 조건을 구성하는 것이다'(*Giving an Account of Oneself* 35). 더 나아가, 카바레로는 니체의 논쟁적 서사(agonistics, 오인, 종속, 양심의 가책과는 철저하게 거리를 두면서도, 장면의 구성적 역할, 권력의 힘과 실행, 사회문화적 규범이 인정의 과정을 설립하고 처리하고 제한하는 방법에 대해서는 설명하지 못한다. '우리의 취약성과 특이성에 서로를 노출'(31)하고 있는 조건에서 우리의 주체성이 생길 수 있는 반면, 이런 노출은 반드시 훨씬 더 넓고 다르고 교훈적인 형태로 나타난다고 할 수 있다. 푸코의 말을 빌리면 규범이 '인정가능성을 좌우하는' 것만은 아니다. 규범은 사용되는 특별한 문맥, 예를 들어 다른 문화의 장 때문에 언제나 '다양하게 작동할 수' 있는 것이다(33). 이때 우리는 타자에 대한 어떤 인정을 찾아서 가치와 특권을 부여하기 마련이다. 정무, 법 등과 같은 다른 분야의 궤적들, 그리고 텍스트, 담론과 더 일반적으로는 권력의 실천이라는 면에서 주체의 노출이 일어난다. 이 모든 것은 시공간적으로 주체의 몸에서 움직이며 그 과정에서 다른 형태의 인정과 실행을 처리하고 평가한다.

자기 자신을 설명하기: 시간과 공간

가령 남자, 여자, 아이와 같은 보편적 범주의 변화는 일반적으로 느리고 거의 눈에 띄지 않는다. 그러나 1980년대 이후 주체와 시·공간의 관계 역학에 중요한 변화가 일어났고 이러한 변화는 분명 일상과 공공 영역 활동에 영향을 미치는 글로벌미디어 때문이다(Appadurai, *Modernity at Large*). 우리는 매일 일반적으로 컴퓨터와 디지털 기술뿐 아니라 TV와 영화를 통해 많은 양의 이미지와 정보의 홍수를 경험한다. 30년 전보다 훨씬 거대하고 다른 질서의 변화이다. 아르준 아파두라이는 '아비투스의 냉정한 흐름 속에서 즉흥성을 끌어냈을 때 빠르게 변하는 생명세계life-world에 직면하여 아비투스를 강화시켜야 한다'(56)고 지적했다. 이런 방향감각의 상실은 버틀러가 말한 '시간성의 벡터'(*Giving an Account of Oneself* 35)가 움직임에 따라 언제나 뚜렷해지기 때문에 자신에 대해 스스로 설명하는 데도 어느 정도 영향을 미친다.

버틀러에게 담론의 시간이 '나의 시간과 같지 않기' 때문에 이런 자기자신에 대한 설명은 언제나 소외된다(*Giving an Account of Oneself* 36). 해체주의의 용어로 설명하자면, 나 자신에 대해 설명하는 텍스트는 통제되거나 일정한 방향을 가지는 것이 아니라 산포되는 것이다. 의미는 미리 계획하거나 의도하거나 예상가능한 방법으로 나의 의지에 따라 움직이는 것이 아니라, 언제나 밖으로 다양한 궤도를 따라 움직인다. 언어는 의미를 안정화하려는 시도에 저항하며 다양한 역사와 맥락에 따라 표시된다. 데리다가 지적한 대로, 언어와 의미는 정확히는 그 유동성 때문에 기능할 수 있다(On Grammatology). 즉 언어와 의미를 어떤 특정한 문맥으로 축소하거나 제한하거나 소멸시킬 수 없다는 뜻이다. '내가 나 자신을 어떤 이에게 설명하고, 말의 구조가 내 설명의 서사구조를 대체한다는 사실 때문에' '언어의 박탈' 과정이 더욱 강화된다(Giving an Account of Oneself 39). 더 나아가 '나 자신에 대해 말하는 것'(39)은 푸코의 의미에서 규범성의 명령에 포함되고, 이에 추동되고, 이를 통해 이야기되는 실천이다.

모든 문화의 장은 그 자체의 담론뿐 아니라 연설의 특정 장르와 형태에 따라 특징이 달라진다. 예를 들어 군사 분야에서 가능한 서사와 경직된 의사소통 실천을 클럽과 카페에서 일어나는 외견상으로는 비공식적이고 비지시적인 농담이나 수다와 대조할 수 있다. 그러나 실제로 모든 사회 활동의 특징은 관습화되고 의식화되고 구현된 암호에 따라 달라진다. 이러한 암호들은 톤과 담론과 속도에 따라 자신에 대한 설명을 발화하는 시기와 방법을 결정하고, 젠더, 사회지위, 나이 등 나와 다른 범주에 속한 주체들에게 어떻게 다른 종류의 서사를 전달할지 결정한다. 더욱이 말걸기address의 이런 조건들 자체는 시간에 예속된 것이기에 안정적이지 않다. 장소나 문맥에 따라 설명이 가능해지거나 변형되거나 연출된다면, 이런 설명 대신 전부 혹은 부분적으로 다른 형태의 주체의 입장이나 문화의 장에서 생긴 것으로 대체될 것이다. 이런 관련된 이유들 때문에 자기서사라는 것은 언제나 사람이나 장소에 따라 달라지고, 제한되고, 거기서 파생될 것이다. 버틀러가 서술한 대로

> 나에 대한 설명은 부분적이며 나 자신에 대해 확정적인 이야기를 할 수 없다는 생각에 시달린다. 왜 내가 이렇게 출현했는지 정확히 설명할 수 없고, 서사를 재구성하려 해도 매번 수정을 거듭한다. 내 안에, 나에 대해 설명할 수 없는 것이 있다. 하지만 이것이 … 내가 누구이며 내가 무엇을 하는지 설명할

수 없다는 의미인가? [나를 설명할 때] 어떤 불투명성이 지속한다고 해서, 나 자신을 너에게 완전히 설명할 수 없다고 해서, 이것이 윤리적 실패일까? 아니면, 이 실패가 … 오히려 나를 또 다른 윤리적 위치에 배치하는 것은 아닌가? … 나를 언어와 너에게 더 단단하게 묶어줄 관계성을 인정하도록 하는 것이 아닌가? … 그리고 자아를 조건 짓고 자아를 불투명하게 만드는 바로 이 관계성이야말로 윤리에 꼭 필요한 자원이 아닌가? (*Giving an Account of Oneself* 40)

윤리적 성향

버틀러가 여기서 말하는 윤리적 성향은 주체가 어떻게 자기 자신, 자신의 발화, 그런 발화를 가능하게 하는 조건들에 대해 반성적이 되거나 반성적 관계를 획득할 수 있는지에 관한 질문과 연관된다. 알다시피, 니체는 타자가 위협으로 인식될 때 반성성이 생긴다고 설명했는데, 버틀러는 타자와의 관계가 반드시 경합의 형태로만 생긴다고 보는 니체의 설명에 반대한다. 버틀러는 인정, 타자성, 반성성의 관계에 대하여, 헤겔에서 시작되어 프랑스 마르크스주의, 현상학, 정신분석이론, 구조주의와 페미니즘, 그리고 철학에 이르기까지 나왔던 많은 대안적 논의를 설명한다.

[헤겔에게] 자기의식, 자기정체성을 가진 존재, 근본적으로 자신의 또 다른 자기의식에 맞서는 존재를 가정하는 것은 역사발전이나 변증법적 변화에 대한 전제 조건이다 … 이런 자기의식의 대상이 또 다른 자기의식임을 드러낼 때만 역사가 … 시작

된다고 말할 수 있다. 오로지 모순과 변증법적 적대가 있는 '순간'부터 역사와 역사의 발전과 변화가 가능해진다. (Grosz, *Sexual Subversions* 3)

헤겔은 자기의식의 다른 형태 간의 생산적 대면이라는 개념을 주인과 노예의 우화로 도식화한다. 두 주체는 타자의 인정을 통해서 주체를 확인할 수 있고, 따라서 둘 사이에는 누가 타자를 인정할 것인가에 관한 투쟁이 일어난다. 이것은 인정의 가능성을 없애버릴지도 모르는 죽음에 대한 투쟁이 아니라, 오히려 한 쪽이 자율성과 자유를 버리고 타자에게 복종할 만큼 충분히 생명에 가치를 부여하는 지점에 대한 투쟁이다. 그들은 주인과 노예의 상태와 역할을 맡게 되지만, 이것이 헤겔적 우화임을 생각할 때, 이런 합의에서 가장 이익을 얻는 쪽은 노예이고 결국 노예가 역사의 작인이자 행위자가 된다.

> 주인은 … 인간적 현실과 위엄을 인정받는다. 그러나 이것은 … 편파적인 것이다 … 왜냐하면 주인은 자신이 인정하지 않는 사람에게 인정받는다. 그의 상황에서는 비극이며 불충분하다. 주인은 … 자신을 인정해줄 가치가 있다고 인정하는 사람에게 인정받아야 만족할 수 있다 … 그러나 노예는 주인에게 짐승이나 물건이다 … 노예는 주인이 되고 싶은 존재가 아니며, … 즉 타인에게 인정받는 사람이 아니다 … 필연적으로 **노예제**를 겪고, 노예상태를 '변증법적으로 극복'했던 **노예**만이 만족하는 사람이 될 것이다 … 결국, 자율적 **의식**의 진실은 노예**의식**이다. (Kojeve, *Introduction to the Reading of Hegel* 19-20)

헤겔의 설명에서, 외부나 타자와의 관계는 생산적이다. 이것이 변화, 진보, 자기인식, 자기변형을 가능하게 한다. 그러나 이것은 또한 주체를 혼란스럽게 하는 과정이다. 타자에게 노출될 때 '내가 경험했던 만남 때문에 나는 반드시 변화된다. 인정은 과거와는 다른 나가 되고 그래서 과거의 나로 돌아갈 수 없게 만드는 과정이 된다'(*Giving an Account of Oneself* 27). 이런 변화 때문에 또한 자기충족적이고 내향적인 주체의 개념으로 회귀하지 못하게 된다. '사람은 자신의 외부에 복종하고 순응한다 … 자신의 외부에 있는, 자신이 만들지 않은 전통과 규범이라는 매개를 통해서만 자기 자신을 알 수 있다'(28).

헤겔의 인식과 성찰에 대해 본질적으로 이원적인 설명이 어떻게 사회 문화적 실천의 차원에서 증명되는지는 명확하지 않다. 다시 말해서, 두 주체 사이의 교환이 어떻게 '이런 주체들의 관점을 초월하는 것일까?'(28) 인식의 행위에는 타자를 가시적으로 만들고, 그리고 세계를 보고 읽고 평가하는 실천praxis을 이용하고 확산하기 위한 일련의 전통, 약호, 범주가 존재하고 필요하다. 여기서 푸코의 '헤겔에 대한 주석'을 인정할 수 있다. 즉, 사물의 질서, 진실 체제가 '자기 자신의 진실이 될지 여부를 통제한다. … 이런 진실을 통해 자신을 알리고 인간으로 인정받으며, 이것이 바로 자기자신을 설명하는 것이다'(30).

푸코의 이론들은 의미와 가치의 문화적 정책과 규범화 명령의 내재화, 경합적이고 전략적인 효과, 네트워크, 관계를 통해 생산되는 권력을 강조한다는 점에서 일반적으로 니체와 유사하다. 니체와 푸코 모두 권력의 작동과 효과가 생산적이며 제한적이라고 주장한다. 즐거움, 잔인함, 공격, 새디스트적 즐거움과 폭력이 여러가지 형태와 방식을 취한다는 점에서 처벌의 위협에서 오는 공포terror는 '이상할 정도로 풍부하다'(16). 다른 면에서 보면, 푸코는 '처벌의 장면을 반성적 주체 생성에 대한 설명으로 일반화하지 않는다'(15). 대신 푸코는 어느 정도 탈종속화를 만들고 주체가 이를 성취할 수 있게 만드는 세 가지 조건이나 맥락을 상정한다.

첫 번째로, 훈육 기관과 담론의 특성과 정의와 차이에 따라 규범화 절차와 체제에 상반되는 범주와 주체의 자리(반-주체, 비-주체, 비행적 주체)가 생산된다. 다시 말하면, 정상적인 것과 인간적인 것은 그것이 과잉이든 잉여든 간에 언제나 주체의 경계 밖에 있는 어떤 것 때문에 자리가 생기고 구성된다. 두 번째로, 규범이 시공간에 따라 변화하고 궤도에서 종종 이탈하는 것이 보편적이라는 주장에는 독특성과 임의성이 있음을 암시한다. 동일성, 영원성, 비역사성의 역사적 형태와 현현이라는 이질성은 언제나 존재한다. 세 번째인 동시에 아마 가장 중요한 조건은, 주체가 단순히 혹은 필연적으로 담론의 효과는 아니라는 것이다. 주체는 '일련의 암호와 관련해서 스스로 형성한다. … 그리고 자기구성을 일종의 생성poiesis으로 드러내고 … 자아만들기self-making를 비판이라는 더 큰 프로젝트의 일부로 설정한다'(17).

처음 두 조건은 합리적으로 명확하고 직설적이지만 세 번째 조건은 푸코의 주체형성과정에 대한 재고와 개선에 중심이 되기 때문에 설명이 더 필요하다(Foucault, *Fearless Speech*; *The Hermeneutics of the Subject*; *The Politics of Truth*). 푸코는 '비판적 태도'라는 것이 생성되는 과정과 논리를 설명한다. '비판적 태도'는 명료성이라는 특이한 격자를 구성하는데 영향을 미치는 역사적으로 특정한 사상과 명령, 기질을 만들고 파급하고 배치할 때 생성된다. 푸코는 『진리의 정치학』에서, 15세기와 그 이후에 '통치기술'에 관한 담론과 사상 논의가 출현되고 확산(푸코가 '폭증'이라고 한 것)된 것을 예로 들고 있다.

[통치하는 기술의] 폭발적 증가는 두 방식으로 이루어진다. 첫

째는 종교적 중심과의 관계에서 통치기술이 말하자면 세속화로의 변화가 일어나고, 인간을 통치하는 기술과 그 통치기술을 시행하는 방법들이 시민사회로 확산되었다. 둘째로 다양한 영역으로 통치기술이 확산되었다. 즉 어린이를 통치하는 방법, 가난한 사람과 거지들을 통치하는 방법, 가족과 집 … 도시, 국가를 통치하는 방법, 그리고 사람의 몸과 마음을 통치하는 방법이 그것이다. 어떻게 통치할 것인가라는 … 근본적인 질문에 응답하여, 모든 통치 기술들, 즉 교육 기술, 정치 기술, 경제 기술 등이 급증했고, 또 오늘날 통치라는 말이 갖는 넓은 의미에서의 모든 통치 제도들이 확산되었다. (*The Politics of Truth* 43-4)

그러나 푸코는 통치라는 명령과 통치와 연관되고 이에 따라 발전된 기술과 기법이 사회문화의 장을 통치에 종속시켰지만, 동시에 이와 거의 정반대되는 반응, 즉 '어떻게 통치받지 않을 것인가'(44)라는 질문이 제기되고 확장되었다고 주장한다. 푸코에 따르면 이런 반응은 불신과 저항의 태도를 특징으로 하는데, 통치를 피하거나 제한하는 방법과 기술을 찾으려는 결단으로 본다. 그래서 통치기술의 편견 때문에 동료와 적대자가 모두 생겨났다. 그리고 적대의 공간을 따라 특히 발전된 것 중 하나는 푸코가 비판의 정의로 설명한 것으로 '너무 많이 통치받지 않는 기술'(45)이다.

비판

푸코는 비판의 개념을 역사적 환경과 사상이 구체적으로 어떻게 만나서 수렴되는지 추적하는 것으로 이해한다. 르네상스, 종교개혁, 휴

머니즘의 도래, 국가이성에 상응하는 관련 쟁점과 명령의 전개, 과학 분야의 성장과 그 문화와 분석적 인식론적 배치와 기술을 모두 포괄한다.

푸코는 훈육적 기술이 결국 승리한다고 주장한다. 그의 연구는 관찰 규칙, 통제라는 일련의 기술의 효능을 증명하는데, 이런 기술들은 결국 주권성 개념에 구애받지 않고 작동하는 우리 시대의 권력체제가 될 것이다. 계몽사상의 이면에서는 '혁명적 기관을 내부에서부터 뒤집고, 모든 곳에 형벌 정치 대신에 "감호소"를 짓는다'(46). 『말과 사물』, 『감시와 처벌』, 『지식의 고고학』 같은 저서들에서 푸코는 이런 절차들이 다양한 공식적, 권위적, 과학적 담론(특히 인문과학)에 어떻게 반응하고 접합하고 정당화되는지 보여준다.

푸코는 저서에서 '과학적, 기술적 합리성 때문에 생산력의 발달과 정치적 결정의 운용이 중요해지고 있음'(Canguilhem, *The Normal and the Pathelogical* 12)을 증명한다. 그러나 반성성과 비판은 동일한 과학적 기술적 합리성에서 파생되어 함께 발달하고 어울리는 태도와 실행, 절차, 방법을 포함하고 또 필요로 한다. 다음은 『쾌락의 활용』에서 가져온 긴 인용이다.

> '도덕적'인 행동에 대해, 그것을 규칙과 법과 가치를 따르는 행위와 행위들로 축소해서는 안 된다. 물론 모든 도덕적 행위는 그 행위가 일어나는 현실과의 관계, 그리고 자기와의 관계가 관련되어 있다. 자기와의 관계는 단순히 '자기-인식'이 아니라 '윤리적 주체'로서의 자기-형성이다. 이 과정에서 개인은 자기 자신의 어디까지가 도덕적 행동의 대상이 될 수 있는지 그 범위를 정하고, 따르고자 하는 교훈에 관한 자신의 입장을 정하고, 어떤 태도를 가진 사람을 도덕적 목표로 삼을지 결정한다. 이를 통해 자기 자신에 영향을 주고 스스로를 감시하고 시험

하고 개선하고 변형해야 한다. 통일된 도덕적 품행이 없으면 구체적 도덕적 행위는 없다. 자기 자신을 윤리적 주체로 형성하지 않고는 도덕적 품행도 있을 수 없다. 그리고 '종속의 형태'와 이를 옹호하는 '금욕주의'나 '자기의 실행' 없이는 윤리적 주체를 형성할 수도 없다. 도덕적 행위는 자아활동self-activity의 형태와 분리할 수 없다. (*The Use of Pleasure* 28)

　여기서 요구하는 것은 무엇인가? 첫 번째로, 도덕의 개념을 규칙으로 축소할 수 없다. 교훈('너에게 하듯이 타인에게 하라')이든 금지명령(간음하지 말라)이든 법(총은 등록해야 한다)이든 간에, 원래 정해진 것에 대해 순응적으로 응답해야 하는 것은 아니다. 두 번째로, 도덕 개념에는 자기 자신을 자기형성과 지속적인 변형의 대상으로 받아들이고 통제하는 과정이 포함된다. 세 번째로, 도덕 개념을 심사숙고해야 하며, 사회문화적 세계와 그 규칙, 그리고 가치와 서사와 명령의 형태라는 더 넓은 맥락과 관련하여 자신을 살피고 감시하고 시험해야 한다. 네 번째로, 외관상으로는 자기도식화된 행동수칙(담론)과 일련의 행동(프락시스)의 비교를 통해 자신을 시험하게 된다. 버틀러가 지적하듯, 많은 비평가들이 푸코에 대해 인간 행위성과 윤리적 생각의 개념을 해친다고 비판한다. 그러나 여기서 중요한 것은 푸코가 '이른바 윤리적 글쓰기에서 새로운 방식으로 행위성과 숙고로 돌아가 이 두 가지를 모두 재형성한다'는 것이다(*The Hermeneutics of the Subject* 19).

　이 주장과 관련하여 두 가지 중요한 쟁점이 있다. 첫 번째, 푸코가 언급하고 설명한 과정은 상당히 기술적이며 방법론적으로 복잡하다. 달리 말해서, 어느 정도 행위성의 문제는 리터러시 문제에 영향을 받는다. 이와 관련하여 두 번째로, 반성적, 비판적 기질과 실천을 인정하고 가르치고 이용하고 강화하고 자연스럽게 만드는 상황을 이야기하지 않고는,

이런 종류의 집중적이고 수준높은 교육을 받은 체제/정권에 대해 납득하기 어렵다. 만약 이것이 행위성의 형식이라면, 그것은 총체적이고 상당히 특정한 아비투스를 통해 일부분 이용가능해진다. 그리고 어떻게 '모든 도덕적 행위에 그 행위를 실행하는 현실과의 관계를 끌어들이는 지'(Foucault, *The Use of Pleasure* 28)에 대해서는 더 상세한 설명이 필요하다.

이런 점에서 부르디외의 연구가 특히 유용하다. 부르디외에게 반성성은 세상을 요약하는 학문적, 철학적 질문이 아니다. 오히려 반성성은 실제적 쟁점으로 일련의 실행과 기질이다. 우리는 사회문화적 기원과 범주(세대, 계급, 종교, 젠더)와 우리가 속한 각 분야들(인류학자, 언론인, 정치가)의 입장과 연관하여 경계를 설정하는 과정에 관심을 둔다. 부르디외는 반성성을 추구하는 경향을 지식인들(*The Field of Cultural Production* 44), 문학과 과학(Bourdieu & Wacquant, *An Invitation to Reflexive Sociology* 175), 역사(Bourdieu & Wacquant, *An Invitation to Reflexive Sociology* 90), 미술(Bourdieu & Haacke, *Free Exchange* 1)을 포함하여 (그러나 배제되지 않은) 다양한 분야와 그룹과 연관시킨다. 부르디외에게 있어 반성성은 하나의 특권화된 분야에 관련된 것이 아니다. 오히려 반성성이 주체가 '생각할 수 있는 것을 통제하고 생각을 선결하는 예기지 않은 범주를 체계적으로 탐구' 가능하게 하는 분야라면 모든 곳에서 [반성성을] 잠재적으로 사용할 수 있다(*An Invitation to Reflexive Sociology* 40). 더 나아가 부르디외와 바캉이 설명한 것처럼 반성적 태도를 취한다는 것을 극적인 바울의 회심이나 현현epiphany의 효과로 이해하면 안 된다. 엄격히 말해서 행위자로서의 주체subject-as-agent가 얻어낸 것도 아니다. 오히려 그 분야가 주체가 '된다'면, 그 분야의 통념에 대한 반성적 관련성이 그 분야를 구성하는 일부가 되어야 한다.

반성성을 일으키거나 적어도 어떤 분야의 참여자들이 반성성을 가지게 하는 조건들은 생각을 제한하는 것과 똑같은 과정에서 나온다. 한 분야의 주체들이 자기 분야의 절차, 의식, 메커니즘, 자본, 명확하고 절대적인 규칙과 가치에 몰입해서 이를 병합함으로써 그 주체를 형성하고, 통제하고, 이에 따라 생각하고 행동하려는 경향이 생긴다. 어떤 분야에서 규칙, 절차, 자본의 형태는 (적어도 이론적으로는) 반성성으로 기울어진다. 혹은 그가 제안한 대로 이런 분야에서 주체들은 반성적 태도를 가지고 생각하고 행동해야 한다.

푸코는 자기 구성을 '자기인식을 가능하게 하는 용어를 제시하는 진리 체제'(*Giving an Account of Oneself* 22)로 설명했는데, 부르디외는 반성성에 대한 연구에서 이러한 푸코의 논의에 대해 비교적 타당한 설명, 특히 그 방법과 이유를 덧붙인다. 부르디외와 푸코에게 있어 인식의 문제는 정해진 것이 아니다. 그러나 인식이 강요된다는 것은 '어떤 것이 인식가능한 형태의 존재가 될지의 여부를 결정하는 진실체제 때문'이지만, '이 형태를 완전히 통제하는 것은 아니다'(22). 특히 담론적 체제의 특징이 되는 규범은 의심하는 주체를 만든다. 그리고 규범을 의심하는 것은 진리와 자신의 지속가능성을 위험하게 한다. 주체는 사회의 규칙, 논리, 명령, 가치, 담론이나 규범을 잘 수행할 때 인정되고 받아들여진다. 동시에 주체성의 조건에 대해 반성적 태도를 취하는 경향이 있는 문화의 장이 있다. 뿐만 아니라 여기서 이러한 반성적 태도가 주체가 자본을 취득하는 수단을 구성하고/혹은 그 분야의 에토스를 따라 살아내는 조건으로 인정될 수 있다.

반성적 태도로 사고하는 것은, 무엇보다 우리가 세상과 자신을 바라보고, 범주화하고, 이해하고, 이야기하는 방식을 구성하는 경계에서 경계를 통해 생각하도록 학습하는 것과 관련된다. 이런 관점에서 반성성이 비판과 같지는 않지만 밀접한 연관이 있다. 반성성은 푸코의 용어로 '잘못을 지워버린다'(*The Politics of Truth* 42-3)고 공격받는 종류의 비판으로 보일 수 있다. 다시 말해서, 반성성에 유용성이나 도구성이 있다는 것이다.

『윤리적 폭력 비판』에서 버틀러는 어떻게 반성성이나 비판적 사고가 단순한 유용성이나 일종의 특권적 방종, 혹은 기본적 사리사욕 self-interest과 다른 어떤 것으로 생성되고 기능하는가를 주요 쟁점 중 하나로 삼고 있다. 이는 니체의 '양심의 가책', 부르디외의 '오인', 아드로노의 '도덕적 나르시즘'(*Giving an Account of Oneself* 12)이라는 용어들과 어느 정도 상응한다고 볼 수 있다. 예를 들어 푸코는 비판의 도구적 차원, 즉 '[비판이] 가졌다는 엄격한 정도의 유용성'이 '더 일반적인 어떤 명령'을 추가하거나 증가시키며, ' … 비판에는 미덕과 유사한 어떤 것이 있다'고 주장한다(*The Politics of Truth* 42-43). 버틀러는 비판의 미덕이라는 개념을 탐색하는데, 폭력과 배제가 실행되는 범위를 정하고 구성하고 가능하게 하는 경계의 수준에 대한 발언에 관한 쟁점을 경유한다. 여기서 버틀러는 두 가지 논의를 참고하는데, 아드로노의 '인간이 되는 것'에 대한 논의, 그리고 푸코의 비판과 파레시아 혹은 진실말하기라는 개념과의 관련성에 대한 이론이다.

인간되기

아도르노에게 비판적 태도의 미덕이나 윤리적 차원의 문제는 (무엇이 정당한지, 무엇이 인간적인지, 무엇이 폭력에 대한 적절한 응답인지를 확인하는) 내용뿐 아니라, 소위 발언의 정치와 윤리의 문제이다. 예를 들어 인간과 비인간 간의 중대한 차이와 그런 형태의 범주화로 인한 폭력에 대해서, 아도르노는 '도덕적 규범 ⋯ 옳고 그름의 문제를 굳게 견지해야 할 필요'를 주장하는 동시에, 그런 주장을 하는 입장이 가지는 '권위의 불완전성'(Giving an Account of Oneself 104)에 대해 경고한다. 상처 주며 간섭하는 다른 사람에게서 자신을 보호하고 자유권을 주장할 때, 이러한 '생존 의지'로 인해 어떤 가능성이 생긴다는 점을 고려해야 한다. 즉 그가 '상처에서 자신을 분리함으로써'(Giving an Account of Oneself 103) '순수한 자기윤리'(113)를 이용할 수 있다는 것이다. 인간 사회와의 연관성이나 책임을 거절한다는 것은, 어떤 면에서 우선 인간/비인간의 구분을 만든 것과 똑같은 입장을 취한다는 의미이다. 아도르노에게 인간이 되는 것은 언제나 바로 그런 것이다. 인간으로 규정되거나 규범화된 것과 완전하게 상응하거나 부정하는 차원이 아니라 유예되고 과정 중에 있는 상태, 즉 비체, 인식불가능성 등이다.

인간되기는 단순한 과제가 아니다. 과연 인간되기에 도달할 수 있을지, 언제 어떻게 인간에 도달할지는 언제나 명확하지 않다. 인간되기는 스스로 해결할 수 없는 궁지 속의 존재가 된다는 의미다. 아도르노는 우리에게 인간적인 것을 정의할 수 없다는 것을 명확히 한다. 인간이란 이중의 움직임, 즉 도덕적 규범을 확정하는 동시에 그러한 확정을 가능하게 하는 권위를 의심하는 움직임이기도 하다. (*Giving an Account of Oneself* 103)

비인간의 개념은 윤리적 실행이라는 비판의 시작점이 된다. 더 구체적으로, 비인간이란 개념은 다른 사람을 희생하면서 권력과 의지를 얻고 그 특성 자체를 보편화하는 근거가 된다.

이처럼, 비판은 우리의 비인간적 행동의 원인에 반박하여 발언하는 것이다. 이런 발언은 스스로를 곤혹스럽게 하는 것이며 규범적이고 인정 가능한 영역의 밖에서 움직이거나 범주화될 위험을 감수하는 것을 의미한다. 즉 비인간이 되는 위험이다.

파레시아

버틀러는 발언에서 중요한 쟁점과 그 경계와 조건이 푸코의 후기 작품, 특히 『성의 역사 2: 쾌락의 활용』, 『성의 역사 3: 자기배려』, 『파레시아』, 『주체의 해석학』, 『진리의 정치』 등에 수록된 에세이, 강의, 대화, 인터뷰의 핵심이라고 보았다. 버틀러는 푸코의 설명에 대해 다음과 같이 기술한다.

> [어떤 사람이 자기 자신에 대한 설명을 제공하기 위해 발언하고 있다면] 그는 바로 그 발화에서 자신의 삶에서 발생하는 로고스를 전시하고 있는 것이다. 요지는 발언을 행동과 일치시킬 뿐만 아니라, … 이미 행동의 형태로서의 어떤 처신doing이며, 도덕적 실천과 삶의 방식이 하나라는 것을 인정하는 것이다. (*Giving an Account of*

푸코는 『파레시아』에 수록된 강의에서 파레시아 혹은 '자유 발언' 이라는 그리스 개념을 분석하고 고찰한다. 이 용어는 BC 5세기 이후 계속해서 사용되는 것으로, 800년 후 그리스와 로마 문화 전반에서 의미가 진화되어왔다(Foucault, *Fearless Speech* 11).

파레시아는 내용의 종류와 관계의 형태를 모두 의미한다. 여기서 내용의 종류란 파레시아스테스[1]가 특정한 문제에 대한 주체의 생각이나 의견을 완전하고 솔직하게 설명하는 것이다. 그런가 하면 관계의 형태란 설득을 목적으로 수사적 수단을 사용하는 것이 아니라 한 사람의 말과 그의 믿음과 행동 사이에 당연한 결과가 있음을 대화상대에게 설명하는 것이다. 푸코는 파레시아의 두 가지 주요 형태를 구분한다. 한 형태는 경멸적인 것으로 반민주적, 기독교적 맥락에서 종종 발견되며, 어떤 이가 생각이나 지각없이 말하는 상황을 지칭한다. 다른 형태는 종종 고전 텍스트에서 발견되는데 진실성과 연관된다.

> 내 생각에, 파레시아스테스는 진정 진실로 알기 때문에 진실인 것을 말한다. 파레시아스테스는 진실하여 자신의 의견을 말할 뿐 아니라, 그의 의견 또한 진실이다. 그는 자신이 진실이라고 아는 것을 말한다. 따라서 파레시아의 두 번째 특징은 믿음과 진실 간의 정확한 일치가 있다는 것이다. (14)

한 사람의 의견이나 믿음, 말하는 것, 진실이 '정확하게 일치함'을 어떻게 확신할 수 있는가? 이 질문이 단순한 추론은 아니다. 이 질문은

. . . .

1) [역주] 파레시아스테스(parrhesiastes)는 파레시아를 행하는 자를 말한다.

특정한 문화의 장과 더 넓은 사회 전반에서 더 공공연하고 끈질기게 나온다. 바로 주체, 제도, 공동체가 '스스로 말하거나 보여주기 위해'(Kuhn, *The Structure of Scientific Revolutions*) 사용하는 설명과 담론들이 분석의 대상이 될 때, 그리고 쿤의 말을 빌리면 특정한 패러다임이 그 자체를 분석적으로 응시하게 될 때이다. 버틀러가 지적한 대로, 푸코는 이런 질문을 던지면서 진실 말하기의 쟁점과 관련된 어떤 특정한 역사적 맥락과 그 유사한 것들에 초점을 맞춘다. 비판적 사고라는 개념의 출현과 그 결과 주체성과 권력의 작동 사이에 당대의 관계 모두를 이해하고자 한 것이다. 푸코는 '진실-말하기를 권력의 문제와 재연결하면서' 다음과 같이 말한다.

> BC 5세기에 철학적 문제가 권력의 배분 문제와 관련하여 출현했다고 주장한다. 어떤 것에 관해 어떤 결과로 그리고 권력과 어떻게 관련하여 누가 진실을 말할 수 있는가? 진실-말하기가 타당성validity 규칙에 따르도록 강제되더라도, 푸코는 진실말하기를 가능하게 하고 추궁해야 할 조건들이 있음을 밝힌다. 나는 이 조건을 수사법rhetoric이라고 부를 것이다. 이런 면에서 진실을 문제화할 때 '진실을 말하는 것, 누가 진실을 말할 수 있는지 아는 것, 왜 진실을 말해야 하는지 아는 것의 중요성'을 고려해야 한다. (*Giving an Account of Oneself* 131)

파레시아스테스는 공동체적 모임이건, 친구건, 도시 통치자건 간에 언제나 청중에게 진실을 말하여 변화가 생기는 데에 영향을 주게 된다. 청중은 진실을 이해하고 감동받아야 한다. 그런 장면은 버틀러의 말로 잠정적으로 '자기변형을 위한 사회적 사건'(130)이다. 파레시아는 비판적 태도를 취하여 주체의 의무를 훼방하는 행동 양태, 무책임, 태도나 일종의 신념을 겨냥한다. 그런 비평을 할 때 파레시아스테스는 스스로의 경험과 실수가능성을 지적한다. 파레시아는 타인이나 자기 자신을 향할 수도 있다. 파레시아스테스가 가장 먼저 수행해야 하는 의무는 파레시아 자체와 결부된다. 그것이 진실을 이용하고 유포하고 설명하는 것이다.

파레시아를 보증하는 것은 무엇인가? 파레시아에 권위를 주고 증명하고 설명하는 것은 무엇인가? 이런 질문에 답하기 위해, 우리는 파레시아스테스가 진실을 말할 때 쟁점으로 삼는 것으로 돌아가 이를 재고해야 한다. 우리는 그 현안이 본분을 다했다고 해도 이에 대한 답이 수사적이고 순환적으로 보일 수 있음을 암시했다. 주제에서 벗어나서, '세컨드 라이프'Second Life 같은 인터넷 채팅룸, 게임과 공동체를 통해 생기는 가상 주체성에서의 문제 여부에 대한 지젝의 분석을 살펴보자.

> 가상 공동체에서 의사소통의 문제는 단지 거짓말할 수 있다는 것이 아니다. 예를 들어 나이든 남자가 자신을 … 젊은 여성이라고 속일 수 있지만 그것이 핵심이 아니라는 것이다. 더 근본적으로, 나는 어느 순간에나 나 자신을 지우고 벗어버릴 수 있으므로 결코 진실로 참여하지 않는다는 것이다. 가상 공동체 섹스게임에서 무자비한 모습과 추악한 꿈을 다 보여줄 수 있는데, 정확히는 내 말이 더 이상 나에게 의무를 지우거나 '주체화되지' 않기 때문이다. (*The Indivisible Remainder* 196)

지젝이 주체화되기 위해서는 관계가 선제되어야 한다고 했을 때, 이는 푸코가 파레시아의 구성요소로 생각했던 것과 유사하다. 또는 결국 (그 문제에 대해, 더 흔히는 주체 범주라는 이름으로 확인되는) 주체의 입장과 동일시하거나 주체의 입장에서 발언하게 된다. 푸코에게 있어서, 발언자의 '도덕적 자질'(*Fearless Speech* 15) 자체가 누가 파레시아스테스인지, 누구의 파레시아가 진실하며 신뢰할만한지에 대한 증거에 대한 의문을 해결하고 보증한다. 푸코가 저술한 대로, '파레시아 게임'을 위해서는 '진실을 알아서 타자에게 진실을 전달하고자 하는'(15) 자질이 전제되어야 한다.

파레시아를 게임으로 지칭하는 것은 독특하고 조심스럽다. 그것은 파레시아스테스가 포함된 관계, 대화 상대들 사이에서 협의한 규칙이나 협약을 사용하여 일어나는 교환, 그리고 어떤 것을 걸고 내기하거나 문제가 되는 것을 의미한다(133). 푸코에 의하면 파레시아스테스는 솔직하며, '진실을 말하는데 위협이나 위험'(16)이 따른다는 것이 중요한 규칙이다. 파레시아스테스가 '대화상대에 대해 열등한 입장'(18)에서 비판하기 때문이다. 물론 권력에의 접근성에서 볼 때 열등한 입장이라는 의미이다. 그래서 파레시아스테스가 집단이나 다수의 의견을 거부하면, 역풍을 맞을 수 있고 무시당하고 때로는 육체적으로 상처를 입거나 소크라테스처럼 죽음에 처할 위험도 있다. 권력을 가진 사람이 말할 때는 감수해야 할 위험이 없으므로 파레시아의 예가 될 수 없다. 이런 점에서 도덕적 자질이라는 파레시아스테스의 특징으로 돌아가게 된다. 이들은 상처를 입거나 죽거나 소외를 당할 수 있었다. 고대 아테네에서 인기 없는 연설가들은 제거될 수 있었고 그렇게 되었다. 그럼에도 진실을 말하고 의무를 다하려는 일관성 때문에 위험에 처하게 될 때 그가 진실이라고 말한 진실이 보증되고 드러난다.

> 생명을 건 파레시아 게임을 받아들일 때, 자신과 특정한 관계를 가지게 된다. 진실을 말하지 않는 곳에서 생명의 안전을 포기하고 죽음을 각오한 채 진실을 말한다. 물론, 죽음의 위협이 대타자에게서 오고, 따라서 대타자와 관계가 필요하다. 그러나 파레시아스테스는 자기 자신과의 특정한 관계를 선택한다. 자신에게 거짓된 사람으로 살기보다 진실을 말하는 자로서의 자신을 원한다. (17)

푸코는 파레시아를 설명하고 분석하면서 제시하고 제안한 문제들을 통해 "'비판적 전통'이라는 것의 근간을 세우고'(Giving an Account of Oneself 132), 보통은 이런 문제들을 비판적 전통의 일부로 보지 않지만 사실 그래야 한다고 주장한다. 푸코는 기술적 측면이라는 점에서 어떻게 파레시아가 다양한 문제들의 현장이나 장소가 되는지를 이야기한다. 이런 문제들에는 파레시아스테스나 진실을 말하는 자를 구별하는 것은 무엇인가, 무엇이 진실한 파레시아인지 어떻게 '알 수 있는지'에 관한 질문을 포함한다. 또한 푸코는 '진실의 문제'(Foucault, Fearless Speech 73)와 같이 확장된 방법론적 이론적 쟁점들을 숙고한다. 문제로서의 파레시아는 인식론적 위험, 변형, 변화라는 더 일반적 개념을 예시하고 명시하게 된다. 푸코가 명시한 대로, 지역적이고 구체적인 시공간에서 파레시아는 비교적 일관적이지만 점차 문제를 일으키는 의미를 취하거나 연관되고 파레시아스테스는 모든 것을 말하고 두려움 없이 말하며 권력에 대항한다. 예를 들면, 5세기 말 아테네의 민주주의는 부패하고 민중선동으로 불안정해졌고, 결국 펠로폰네소스 전쟁에서 군사 철수와 참사로 고통받게 되었다. 이때, '모든 사람에게 말할 자격이 주어지는 제도의 범위 내에서 진실을 말할 수 있는 사람을 인정하는'(73) 문제에 초점이 모여졌다.

맺음말

버틀러는 최근 저서에서 더 명확히는 예를 들어 이라크와 아프가니스탄에서의 서구의 '군사 철수와 참사'와, 이와 관련된 더 넓은 공적 영역의 쟁점들에 관심을 돌렸다. 이스라엘의 팔레스타인 점령, 이슬람을 겨냥한 담론적 폭력, 미국과 다른 서방 군사 감옥에서 고문의 사용, 9-11 이후 미국의 인종주의와 외국인 혐오와 관련된 쟁점들이다. 이전 장에서 살펴보았듯, 이러한 쟁점들에 대해 목소리를 높이는 데에는 상당한 위험이 뒤따른다. 기껏해야 자유언론과 다른 민주 기관에 의해 순진하고 이상적이고 비세속적인 학자로 무시당하거나 묵살당하는 정도이다. 여기서 마지막 형용사는 아마도 흔한 것이다. 적어도 현대 미디어 담론과 논리에서는 말이다. 물론 더 심각한 결과를 낳을 수도 있다. 시민 자유 박탈과 미국 정부의 일각에서 일어나는 고문의 사용을 문제 삼거나 비판하면, 반애국주의이며 테러리스트의 친구나 동조자라는 꼬리표를 달 수 있다. 페미니스트, 미국의 우파 보수주의, 프랑스 정부의 이상한 연합에서 부르카를 야만의 명확한 증표로 취급하여 비웃고 금지할 때, 부르카가 관계된 사람들에게 어떤 의미인지 철저하게 따져봐야 한다고 말하기는 어렵다. 팔레스타인에 관한 이스라엘 정책과 실행에 대해 말하고 비평을 요구하게 되면, 지난 장에서 살핀 바와 같이, '의도적 아니라고 해도 결국 반유대적'(Precarious Life 101)이라는 비난을 감수해야 한다.

버틀러가 이런 상황이나 다른 상황에 개입하는 이유는 단지 폭력의 희생자에 대한 공감이나 연민을 고취하려는 것이 아니다. 오히려 독자들이 그런 폭력행위를 조장하는 환경과 이를 가능케 하는 무심한 가정들을 생각하고 이해할 수 있게 하려는 것이다. 버틀러는 이라크와 다른 지역의 미군기지 안의 수용소에서 자유의 이름으로 자행된 고문과 성적 비하에 대해 다음과 같이 서술하였다.

> 진보라는 문화적 가정이 난폭한 파괴에 참여하는 자격을 부여하는 것을 알 수 있다 … 어떤 종류의 자유인가 하면 법도 없고 강압적인 것이다. 그것은 법을 초월하는 것과 같은 국가 권

력을 설립하는 논리이자 폭력의 메커니즘의 확장이다. (*Frames of War* 129)

'자유'라는 용어는 많은 자본화된 사상에서 가장 중요한 것 중 하나이며, 현 서구사회에서 감각과 의미를 조직하기 위해 사용된다. 때문에 공공영역의 토론과 분석에서 어떤 다른 용어보다 '자유'라는 말에 대해 도전하거나 참여하거나 비판하기는 어렵다. 이 말은 조용하고 빠르게 효력을 발하는데, 이 용어가 정확히 어떤 의미이고, 어떻게 사용되고, 어떤 목적을 위한 것이지 심사숙고할 필요가 폐제되기 때문이다. 이런 식으로 자유는 대부분 비판적 논의를 거부한다.

버틀러의 저서는 비판적 논의의 형태를 취한다. 버틀러의 논의는 푸코가 권력의 장의 억견에 반대하며 정의한 '막연한 자유의 작업'(*Ethics* 316)을 수행한다. 비판적 논의는 '우리자신의 한계'(316)로부터 자유를 만들어낸다는 목표를 가지고 사실상 사상을 구성하는 근간이 되는 사상의 한계 자체를 겨냥한다. 이는 마르크시즘과 유사한 보편적이고 보편화된 프로젝트나 다른 포스트-헤겔 형태의 계몽주의 프로젝트가 아니다. 비판적 논의로 인해 열린 공간은 '당대의 현실 … 을 시험대 위에 올려서, 어느 지점에서 변화할 수 있고 바람직한지 포착하고 그 변화가 정확히 어떤 형태를 취해야 할지를 결정해야' 한다(316).

푸코에게 비판적 논의는 이런 특정한 감성과 에토스에 영향을 받는다. 버틀러의 연구는 이런 에토스에 근거하여 구성되며, 사실 주체의 가치와 설명과 실행 사이의 필수적이고 지속적인 상관관계를 수행한다. 이런저런 쟁점들에서 버틀러는 갈수록 더욱 파레시아스테스의 기능과 책임을 가장 잘 묘사될 수 있는 역할을 떠맡아 왔다. 모든 것을 말하고 두려움 없이 말하고 권력에 맞서는 역할 말이다.

더 읽을거리

Foucault, M. (1997) *Ethics*. London: Penguin.

Foucault, M. (2001) *Fearless Speech*. LA: Semiotext(e). 푸코. 『담론과 진실: 파레시아』. 오트르망(심세광, 전혜리) 옮김. 동녘. 2017.

Foucault, M. (2007) *The Politics of Truth*. LA: Semiotext(e).

용어해설

계보학 Genealogy: 권력에 의해 생성되고 만들어졌으나 과학적이고 보편적인 것으로 자연화되어있는 의미의 흔적을 추적하여, 그 의미가 생성된 순간과 장소를 추적하여 찾아내려는 시도이다.

과장적 모방 Hyperbolic mimicry: 기존의 승인된 젠더 역할 수행을 과장하거나 과도하게 인용하여 재생산하는 것이다.

구성주의 Constructivism, constructionism: 구성주의는 종종 당연하고 자연스러운 것으로 재현되는 사회적 특징이나 몸의 특징이 사실은 사회, 문화적으로 생산된 것이라고 본다. 보통 본질주의와 반대된다.

규범/정상, 규범화/정상화 Norms, Normalisation: 주체를 규율하고 배치하고 순응하게 만들기 위하여, 모범적 몸과 몸의 전형적 분류체계를, 인가되고 승인된 의미들, 이야기들, 가치들과 결합시킨 것이다.

근친애 금기 Incest taboo: 근친 간의 성관계를 금하는 사회적 금기이다.

담론 Discourse: 문화장에 의해 인가되는 문화장 특유의 언어로, [개별 발화나 대화를 뜻하는 것이 아니라] 세계를 범주화하고 분류하는 언어이다.

몸의 헥시스 Bodily hexis: 문화적으로 승인된 문화장의 가치를 반영하는 몸의 형태, 몸의 운동, 몸의 처신이나 배치이다. [아비투스에 상응하는 개념으로 문화영역의 고유한 구조들이 몸에 기입되어 표현된 양태이다]

문화장 Cultural field: [부르디외의 장이론field theory에서 가져온 개념으로], 객관화된 위계질서를 형성하고, 정체성을 생산하고 승인하는 일련의 제도들, 규칙들, 범주들, 담론들, 경향들, 자본의 형식과 실천들로 정의된다.

반성성 Reflexivity 우리가 세계와 우리 자신을 이해하고 관계맺고, 범주화하고 바라보게 되는 방식을 구성하는 경계를 통한, 경계에서의 사유이다.

본질주의 Essentialism: 신체와 특정한 성향이나 행동양식 사이에 필연적 연관성이 있다는 개념이다.

부치-펨 Butch-femme: 레즈비언 관계에서 **부치**는 남성적 기질을 가지고 있는 쪽의 명칭이고, **펨**은 여성적 기질을 가지고 있는 쪽의 명칭이다. **부치-펨**은 특정한 사회적 정치적 역사를 가지고 있기 때문에 이성애의 남성과 여성 역할을 모방하는 개념으로 축소해서는 안 된다.

비판 Critique, critical inquiry: 비판은 변화를 욕망하면서 변화 가능성을 진단하고, 그 변화의 형식을 결정하기 위해 현실을 시험하면서 열리는 공간이다.

상징적 폭력 Symbolic violence: 타자를 탈인간화하고 버려진 비체abject로 간주하는 테크닉, 담론, 관습적 실천의 체제이다.

생명권력 Bio-power: 푸코의 개념으로. [예방주사, 산아제한 등] 권력과 지식이 몸에 개입하여 관리하고 조절하는 일련의 과정이다.

성/성별 Sex: 주체로서 인정가능한 몸을 위한 원초적 담론 범주이다.

성/젠더 구분 Sex/gender distinction: 기존 페미니즘에서 성은 자연적이거나 생물학적인 남/녀의 성별로 설명하고, 젠더는 성의 이분법적 차이에 부착된 문화적 의미라고 설명한다. 그러나 버틀러는 이분법을 문제시하면서 성과 젠더가 모두 담론적으로 생산된다고 주장한다. → 젠더의 의미에 관해서는 14쪽 역주 참고

섹슈얼리티 Sexuality: 섹슈얼리티는 리비도의 체제, 지향, 성향 및 실천을 뜻한다. 서구문화에서는 종종 섹슈얼리티에 의해 정체성이 구성된다고 이해된다. 예를 들면, 남자가 다른 남성에게 성적 욕망을 품는다면 그는 동성애자로 분류된다. 푸코는 섹슈얼리티가 특수한 담론체제의 산물이라고 주장한다.

수행성 Performativity: 언어적 수행성은 [결혼이나 사형 등의] 선고, [벌칙 등의] 이행과 같이 발화가 실제 효력을 발생시키거나 행동을 야기하는 발화행위를 지칭한다. 버틀러는 발화행위를 젠더 수행성 이론에 적용하여, 특정 젠더로 선언되거나 주어진 젠더역할을 반복하여 수행할 때, 그 젠더가 되는 결과를 가져온다고 말한다. 즉 출산시에 '딸입니다'라는 의사의 선언은 [설사 아기가 간성으로 태어났다고 해도] 아기의 여자되기의 과정을 시작하게 한다. 그러므로 젠더 수행성이론의 핵심은 인용과 반복의 메커니즘이다. [동시에 같아질 수 없는 차이의 인용과 되풀이에 의해서 규범의 재의미화를 촉진하는 활동이기도 하다].

수행/상연/퍼포먼스 Performance: 수행성과는 달리, 퍼포먼스는 연극무대와 같은 특정한 공간에서 발생한 특정한 행위로서, 행위자나 감독의 의도와 선택이 포함될 수 있다. 반면, 수행성은 수행자에 선행하면서 수행자를 강제하고 수행자의 의도와 선택을 넘어서 규범을 인용하고 반복한다(*Bodies That Matter* 234). 그래서 퍼포먼스는 맥락에 따라 상연, 공연 등으로 번역되었다. (역자 추가) → 수행성

아비투스 Habitus: 알뤼세의 이데올로기에 대응하는 부르디외의 개념이다. 라틴어 habitus는 고대 그리스어 '헥시스'hexis의 번역어다. 아비투스는 축적된 문화에서 파생되고 반복 실천에 의해 생성된 일련의 성향, 취향, 가치, 관점을 일컫는다. 부르디외는 아비투스를 '자연화된 역사'로 특징짓는다. → 헥시스

애도. Mourning: [주로 사랑하는 대상의] 상실에 대한 상대적으로 정상적이고 병적이지 않은 슬픔이다. → 우울증

욕망 Desire: 헤겔에게 욕망은 반성적 의식이다. 반성적 의식이란 타자의 매개를 통해서 자기 자신을 알고 이해하고자 한다. 정신분석에서 욕망은 주체가 존재할 수 있도록 억압되거나 추방된 어떤 것에서 추동된다. 억압된 욕망은 직접 그 실체를 드러내거나 현시하지는 않지만 꿈과 같은 형태를 통해 언제나 회귀한다. [정신분석에서 욕망이 결핍이나 억압에서 생겨난다면] 들뢰즈에게 욕망은 힘으로서의 삶life-as-force의 긍정이며, 이를 현시하는 의지will다. 그리고 푸코에게 욕망은 파란만장한 역사를 지닌 명칭이며, ['근대는 어떻게 인간의 욕망을 구조화했는가'와 같이] 욕망의 위상은 근본적으로 담론적이다.

우울증 Melancholia: 정신분석학의 전통적 관점에 따르면, 우울증의 특징은 병적인 슬픔이다. 우울증 주체는 심리적으로 사랑하는 대상의 상실을 인정하기를 거부하고 자아나 타자에 대한 관심이나 책임을 느끼지 않고 세상과 어울리지 않는다. → 애도.

윤리 Ethics: 주체의 가치, 설명과 실천 사이의 필연적이고 일관적인 상호관계이다.

의존성 Anaclisis: 프로이트의 개념으로 영양 섭취를 위한 젖빨기와 같은 최초의 자기 보존 충동을 말한다. [젖은 영양섭취를 위한 대상이지만, 생리적 욕구의 만족 이후에도 빠는 행위의 반복하려는 욕구가 성충동이다.] 그러므로 자기보존충동이 만족된 후에 성충동이 나타난다.

이성애규범성 Heteronormativity: 이성애규범성은 이성애적 욕망을 자연스럽고 당연한 규범으로 간주하지만, 버틀러는 이성애규범성 또한 기존의 남/녀 젠더 범주를 자연화한 결과라고 주장한다.

정체성 Identity: 주체는 담론에 의해서 그 위치와 장소를 부여받는 과정에서 정체성을 지니게 된다. 즉 몸-내용body-as-content은 사회-문화적 범주나 과학적 범주들에 적합하도록 지정되고, 그렇지 않은 경우는 기존 범주와 관련하여 지정된다. 그러므로 몸-내용은 기존 범주와 관련된 특정한 서술, 의미, 가치, 기질, 지향에 의하여 기입된다.

젠더 Gender: 권력의 작동을 통하여 남/녀의 범주로 분류된 일련의 몸의 특성, 가치, 지향, 실천, 분류체계이다. 페미니즘 이론은 우리가 젠더를 가지고 있다고 보는 반면, 버틀러는 행위하기에 의해 특정 젠더가 위치지어진다고 본다.

종속 Subjection: 버틀러는 주체는 종속의 형태로서 권력의 담론과 실행에 의해 구성되고 지배될 뿐만 아니라 권력의 담론과 실행에 의존하는 상황으로 설명한다. → 주체

주체 Subject: 몸을 형태, 범주, 의미의 일관된 집합으로서 잠재적으로 가시적이고 인정가능하게 만드는, 몸과 관련된 가치 관계의 반복된 확증과 서술, 수행, 담론의 재되풀이를 포함하는 과정의 산물이다.

캠프 Camp: [과장된 방식으로 포즈를 취하다는 뜻의 불어, se camper에서 유래된 단어로] 주로 게이 남성의 미적 취향, 스타일, 기교, 아이러니 등에 의해 특징지어지는 젠더 퍼포먼스와 젠더 감수성이다.

퀴어 Queer: 퀴어 이론에서 퀴어는 당연하게 받아들여지는 기존의 성별, 젠더, 섹슈얼리티의 의미를 교란하는 방식으로 이들 범주를 사용하고 수행하는 것을 지칭한다. 퀴어의 수행은 이러한 정체성의 범주 바깥에 있지 않다. 퀴어는 기존의 정체성 범주의 모순과 그 범주를 지속하게 해주는 권력 작동 방식을 폭로하고 이에 저항하기 위해 기존 정체성의 프레임을 이용한다.

트랜스젠더 Transgender: 남성/여성이라는 이분법적 이해와 어긋나거나, 이러한 이분법을 의도적으로 비판하는 '몸과 젠더의 상연 및 젠더정체성'을 포괄하는 상위 개념이다. 트랜스젠더는 성전환자, 여장남자, 남장여성, 복장도착자, 남자들이 하는 활동을 즐기는 여자, 부치, 펨, 간성 등을 포함할 수 있지만, 이에 한정되지 않는다.

파레시아 Parrhesia: 기원전 5세기 고대 그리스의 개념이다. [어원적으로 파레시아는 '모든'을 뜻하는 'pan'과 '말'을 의미하는 'rhesis'가 결합해서 만들어졌

다. 체제가 승인하는 것뿐만 아니라 승인하지 않는 모든 것을 말한다는 의미에서 '진실 말하기'를 뜻한다] 파레시아는 영어로 진실 말하기, 자유발언 free speech으로 번역된다. 파레시아는 말의 내용과 관계 형식 모두를 지칭한다. 전자는 진실을 말하는 자인 파레시아스테스가 특정한 문제에 대하여 [체재가 허락하지 않는 것까지] 주체의 생각과 의견을 모두 솔직하게 남김없이 말하는 파레시아의 내용을 지칭하고, 후자는 상대방을 설득하기 위해 수사적 장치를 이용하는 것이 아니라, 말과 믿음, 행위 사이에서 도출되는 당연한 결과를 대화 상대에게 논증하는 형식을 지칭한다.

폐제 Foreclosure: 주체의 어떤 몸의 성향과 정체성의 형식이 규범의 양자택일에서 완전히 배제되어 그것의 사유 자체가 아예 불가능하도록 강제되어있는 과정을 말한다.

호명 Interpellation: 권력이 주체를 부르고, 말 걸고, 범주화하는 과정을 지칭한다.

옮긴이의 말

이 책은 짧고 쉽다. 이 책은 2010년 출간되어 대중문화, 미디어, 실생활의 사례를 중심으로 주디스 버틀러의 이론과 개념을 사회문화적으로 해설하고 설명한다. 복잡하고 난해하기로 악명 높은 미국의 이 철학자, 퀴어 이론가, 젠더 연구가, 반젠더 활동가의 핵심 사상을 간편하게 이해할 안내서인 셈이다. 크게 보면 젠더 중심의 초기작과 윤리적 선회 직후의 저작이라 할 『욕망의 주체』, 『젠더 트러블』, 『의미를 체현하는 육체』, 『권력의 정신적 삶』, 『위태로운 삶』, 『윤리적 폭력 비판』을 중심 텍스트로 한다.

하지만 버틀러의 저작을 밀도 있게 본 사람이라면 이 책이 단순히 쉽지만은 않다는 것도 알 수 있다. 일견 단순하게 개념 위주로 설명하는 것 같지만 원문의 압축된 어의가 중의적으로 해석되는 부분도 있다. 말하자면 이 책은 입문자에게는 다양한 예시를 통해 쉬운 이해를 돕고, 전공자에게는 다양하게 읽힐 행간과 또 다른 현실과 학문의 접목 가능성을 주는 독특한 책이다.

이 책은 위기의 시대를 사는 우리들에게 버틀러의 통찰력이 좀 더 확산되고 좀 더 큰 울림으로 다가가기를 바라는 마음에서 역자들이 모여 버틀러의 여러 개론서를 읽어본 후 선택했다. 버틀러에 관한 여러 개론서 중 이 책을 선택한 까닭은 버틀러에 대한 비판에 초점을 맞추거나 다양한 비평의 관점에서 버틀러를 조명하는 방식보다는 현실적 예시를 통해서 버틀러의 정치윤리에 접근하는 방식이 한국 독자에게 도움이 될 것이라고 판단했기 때문이다. 이 책은 버틀러가 왜 주체, 젠더, 퀴어, 폭력, 윤리를 키워드로 삼았는지를 다양한 실례를 통해 구체적으로 보여준다. 점점 더 보수화되어가는 세계정치에 개입하는 버틀러의 문제의식이 드러날 뿐 아니라, 바이러스 및 환경과 기후 등 수많은 위기 속에 하루하루를 위태롭게 버텨내는 사람들에게 말걸기를 시도하는 방식도 나타낸다.

아니타 브랜디는 뉴질랜드 웰링턴의 빅토리아 대학교에서 미디어 연구를 전공한 교수다. 문화이론, 미디어 문해, 스포츠 문화 등을 연구했한 토니 쉬라토는 이 책을 집필할 당시에는 같은 대학에 있었지만 이후 마카오 대학의 커뮤니케이션 학과로 자리를 옮겼다. 두 저자가 버틀러의 말을 빌어 밝히고 있듯 이 책은 '인간에 대한 질문으로 시작해 인간에 대한 질문으로 끝맺고자'하는 의도로 구성되었다. 버틀러의 저서에 대한 연대기적 설명보다는 다섯 개의 핵심 개념을 중심으로 한 해설서이고 그 키워드는 각 장의 제목이기도 한 주체성, 젠더, 퀴어, 상징적 폭력, 윤리이다.

저자가 밝히듯 이 다섯 가지 핵심 사상은 인간 삶의 궤적을 기술하는 것이기도 하다. 버틀러에게 주체성, 젠더, 퀴어, 상징적 폭력, 윤리는 삶을 형성하는 중요한 주제들이고 무엇보다도 삶을 삶다운 것으로 만들어주는 인식 규범이나 문화 기준, 윤리 척도와 복합적으로 맞닿아있다. 나의 주체성이나 정체성이 구성과는 사회문화적 맥락과 그 안에서 나의 타자에 대한 책임과 응답능력에 대해 논의한다.

'주체성'은 인간이 인간으로 태어나 존재하게 되는 조건을 생각한다. 주체성과 정체성이 어떻게 다르고, 욕망은 그 과정에서 어떤 역할을 하는지, 또 문화적으로 이해가능한 몸이 주체로서 존재하는데 얼마나 중요한지를 살핀다. 이 장은 『욕망의 주체』, 『권력의 정신적 삶』을 중심으로 하며 헤겔, 프로이트, 라캉, 푸코의 논의를 비판적으로 검토한다. 주체성과 욕망의 관계, 주체화와 종속화의 연결성, 주체가 주체일수 있게 만드는 권력 체제를 설명한다.

'젠더'는 수행성을 중심으로 젠더의 담론적 구성과 그 구성물의 전복가능성을 논의한다. 버틀러가 『젠더 트러블』로 학계에서 입지를 굳힌 만큼 '젠더'는 무엇보다도 버틀러에게 핵심적인 개념이다. 우리나라에는 젠더를 대체할 개념이 없다. 불어나 독어 등 특정 언어권에만 존재하는 문법적 성을 가져와 생물학적 성별과 다른 사회 문화적인 성별 속성이나 특성을 의미하는 말로 쓰기 때문이다. 그래서 선천적 성별과 구분되는 후천적 젠더는 우리에게 낯선 개념이지만 동시에 정체성의 해체와 전복적 수행성을 위해 무엇보다 핵심적인 개념이다.

버틀러에게 생물학적 성별과 문화적 젠더뿐 아니라 욕망의 섹슈얼리티까지도 이미 언제나 담론적인 생산물이다. 그러나 이는 모든 것이 문화적으로 결정된다는 문화 결정론이 아니다. 그것은 일상의 작은 반복적 실천 속에 변화와 전복의 가능성을 배태한 수행적 문화 구성론이며, 당연하지 않은 것을 당연한 듯 보이게 만드는 당대 정치권력의 작동 방식과 지식 담론의 생산 과정에 대한 계보학적 추적이다. 특히 버틀러는 젠더 체계의 주체화/종속화 기제를 중심으로 여성 범주에 대해 비판적으로 성찰한다. '젠더는 이미 언제나 성별이었다'는 문구를 떠올린다면 왜 생물학적으로 보이는 성별에도 '구성적 외부'가 생겨나는 지를 이해할 수 있을 것이다.

'퀴어' 수행성은 젠더 규범을 전복시킬 가능성으로 제시된다. 젠더 수행성처럼 퀴어 수행성도 고정된 범주로서의 정체성 비판에 핵심이 되며, 특히 이성애규범성을 비판한다. 이 수행성은 정치적 정체성을 확립하려 했던 레즈비언·게이 정체성에도 비판적인데, 그 또한 규범으로 고정된다면 퀴어적일 수 없기 때문이다. 정체성은 성별, 젠더, 섹슈얼리티와 모두 깊이 관련되므로, 서로 연결된 이 세 요소는 주체가 주체로 인정받는 데 핵심적인 기반이다.

'상징적 폭력'은 인간 사이의 폭력이 주체 탄생의 조건이라는 점에 주목한다. 도덕적으로 인정받을만한 삶과 인정받을 수 없는 삶의 차이에 수반되는 폭력, 즉 윤리라는 이름의 폭력에 대한 논의이다. 폭력과 비폭력의 경계를 규범이 정한다면 무엇이 폭력인가에 대한 규정 또한 일종의 인식 폭력이 될 수 있다. 또한 분명한 폭력으로 분류되지 않아서, 어디에서 어떻게 폭력이 행해지는지를 명확히 밝힐 수 없는 경우에도 폭력은 일어난다. 이 주제는 2020년 출간된 『비폭력의 힘』에서 더 확장되어 논의된다.

마지막으로 '윤리'는 주체가 구성되는 조건으로 제시된다. 내가 나를 설명하는데 타인이 꼭 필요하다면, 그런 타인에 대한 나의 응답과 책임은 주체의 구성적 조건이 된다. 주체가 권력 기제나 권력에 종속되지 않으면서 자신이나 타자에게 말하기란 불가능하지만, 동시에 그 권력의 조건과 기제가 주체에게 그렇게 말할 책임을 부여한다. 이런 책임은 타자의 말걸기에 반응할 가능성이라는 의미에서 반응 능력이라고도 할 수 있다. 특히 '배려하는 발화'는 푸코의 파레지아 개념을 통해 진리, 사회

문화적 의무, 문화가 스스로에게 부여하는 말과 연결된다. 푸코와 레비나스를 중심으로 『윤리적 폭력 비판: 자기 자신을 설명하기』, 『위태로운 삶』을 주로 다룬다.

이 책의 번역은 조현준이 1장과 2장을, 김혜진이 4장과 5장을, 그리고 정혜욱이 서문, 3장, 용어해설, 참고문헌 정리를 맡았다. 초역을 끝내고 서로 교차해서 교정을 보기는 했으나, 번역방식이 달라 통일하지 못한 부분도 있고, 번역자들이 미처 발견하지 못해 놓친 부분도 있을 수 있다. 이 부분에 대해서는 독자 여러분의 질정(叱正)을 바란다. 국내에 버틀러의 책이 거의 다 번역 출간되어 있고 버틀러 해설서도 다수 출판되고 있는데, 그 중에서도 이 책이 쉽고 유용한 버틀러 입문서가 되기를 바라는 마음이다. 역자가 2008년 번역했던 『젠더 트러블』 역시 가독성을 중심으로 전면 수정하여 곧 재출간을 앞두고 있다.

모든 책에는 사연이 있다. 처음 우리의 만남은 출강 중인 대학교와 학술단체를 통해 이루어졌고, 각자의 전공과 지역이 다른데도 '주디스 버틀러'라는 인물에 대한 관심과 열정으로 모였다. 우리는 서울과 부산을 오가며 이런 저런 책을 핑계로 온라인과 오프라인으로 함께 만나서 걷고 듣고 읽고 이야기했다. 3년 넘게 지속된 팬데믹이 끝나는 이 역사적 시점에 그동안 함께 한 시간이 결실을 볼 수 있어 기쁘다. 이 관계성과 우정이 타인의 말걸기에 대한 책임 있는 응답으로 올리길, 혹은 그보다 더 큰 배려의 응답으로 되울리길 감히 희망해본다.

정혜욱, 김혜진과 함께
조현준

참고문헌

Abelove, H. et al. eds. (1993) *The Lesbian and Gay Studies Reader*. New York: Routledge.

Adams, W. (2009) 'Could This Women's World Champ Be a Man?' *TIME*, 21 August.

Althusser, L. (1977) *Lenin and Philosophy and Other Essays*. London: New Left. 『레닌과 철학』 이진수 옮김, 백의, 1997.

Altman, D. (1972) *Homosexuals: Oppression and Liberation*. Sydney: Angus and Robertson.

Appadurai, A. (1997) *Modernity at Large*. Minneapolis: U of Minnesota P. 『고삐 풀린 현대성』 채호석, 차원현, 배개화 옮김, 현실문화, 2004.

Austin, J.L. (1962) *How To Do Things With Words*. Oxford: Oxford UP. 『말과 행위: 오스틴의 언어철학 의미론 화용론』 김영진 옮김, 서광사, 1992.

Austin, J. L. (1970) *Philosophical Papers*. eds. J. Urmson & G. Warnock. Oxford: Oxford UP.

Beauvoir, S. (1973) *The Second Sex*. trans. E. Parshley. New York: Vintage. 보봐르, 『제2의 성』 이정순 옮김, 을유문화사, 2021.

Benhabib, S. et al. (1995) *Feminist Contentions*. New York: Routledge.

Best, S. & Kellner, D. (1991) *Postmodern Theory*. London: Macmillan. 『탈근대의 사회이론: 탈현대의 비판적 질의』, 정일준 옮김. 현대미학사, 1995.

Bourdieu, P. (1990) *Outline of a Theory of Practice*. trans. R. Nice. Cambridge: Cambridge UP.

____. (1993) *The Field of Cultural Production*. Cambridge: Polity.

____. (1998) *On Television and Journalism*. London: Pluto. 피에르 부르디외, 『텔레비전에 대하여』. 현택수 옮김. 동문선, 1998.

____. (1998) *The State Nobility*. Cambridge: Polity.

____. (2000) *Pascalian Meditations*. trans. R. Nice. Cambridge: Polity. 『파스

칼적 명상』 김응권 옮김, 동문선, 2001.

____. (2001) *Masculine Domination.* Cambridge: Polity. 『남성지배』 김용숙 옮김, 동문선, 2003.

____. (2004) *Science of Science and Reflexivity.* trans. R. Nice. Cambridge: Polity.

Bourdieu, P. & Haacke, H. (1995) *Free Exchange.* Cambridge: Polity.

Bourdieu, P. & Wacquant, L. (1992) *An Invitation to Reflexive Sociology.* Chicago: U of Chicago P. 부르디외, 로익 바캉. 『성찰적 사회학으로의 초대』 이상길 옮김. 그린비, 2015.

Bradshaw, P. (2009) 'Bruno', guardian.co.uk, 10 July. <http://www.guardian.co.uk/film/2009/jul/10/film-review-bruno>

Burchill, G. et al. (1991) *The Foucault Effect.* Chicago: U of Chicago P. 버첼, 고든, 밀러 편, 『푸코 효과: 통치성에 관한 연구』. 심성보·유진·이규원 등 옮김. 난장, 2014.

Butler, Judith. (1987) *Subjects of Desire:* Hegelian Reflections in Twentieth-Century France. New York: Columbia UP.

____. (1990) *Gender Trouble:* Feminism and the Subversion of Identity. New York: Routledge. 주디스 버틀러. 『젠더 트러블: 페미니즘과 정체성의 전복』. 조현준 옮김. 문학동네, 2008.

____. (1991) 'Imitation and Gender Insubordination', *Inside/Out: Lesbian Theories, Gay Theories.* New York: Routledge.

____. (1993) *Bodies That Matter.* New York: Routledge. 『의미를 체현하는 육체』 김윤상 옮김, 인간사랑, 2003.

____. (1997) *Excitable Speech:* A Politics of the Performative. New York: Routledge. 『혐오발언: 너와 나를 격분시키는 말 그리고 수행성의 정치학』 유민석 옮김. 알렙, 2016.

____. (1997) *The Psychic Life of Power:* Theories in Subjection. Stanford: Stanford UP. 『권력의 정신적 삶: 예속화의 이론들』 강경덕·김세서리아 옮김. 그린비, 2019.

____. (1997) 'Merely Cultural', *Social Texts,* 15 (3/4).

____. (1997) 'Against Proper Objects'. E. Weed & N. Schor. eds. *Feminism Meets Queer Theory.* Bloomington: Indiana UP.

____. (1999) *Gender Trouble.* Anniversary Edition. New York: Routledge.

____. (2000) *Antigone's Claim: Kinship Between Life and Death.* New York:

Columbia UP. 『안티고네의 주장』. 조현준 옮김, 동문선, 2005.

____. (2004) *Undoing Gender*. New York: Routledge. 『젠더 허물기』 조현준 옮김. 문학과지성사 2015.

____. (2005) *Giving an Account of Oneself.* New York: Fordham UP. 『윤리적 폭력 비판: 자기 자신을 설명하기』 양효실 옮김, 인간사랑, 2013.

____. (2006) *Precarious Life*. London: Verso. 『불확실한 삶: 애도와 폭력의 권력들』 양효실 옮김. 경성대학교 출판부, 2008. 『위태로운 삶: 애도의 힘과 폭력』 윤조원 옮김. 필로소픽, 2018.

____. (2009) *Frames of War*. London: Verso.

____. (2012) *Parting Ways: Jewishness and the Critique of Zionism*. Columbia UP. 『지상에서 함께 산다는 것』, 양효실 옮김. 시대의 창, 2016.

____. (2015) *Senses of the Subject*. Fordham UP, 2015.

____. (2015) *Notes Toward a Performative Theory of Assembly*. Cambridge: Harvard UP. 『연대하는 신체들과 거리의 정치: 집회의 수행성 이론을 위한 노트』. 김응산 양효실 옮김. 2020.

____. (2020) *The Force of Nonviolence: An Ethico-Political Bind.* London: Verso. 『비폭력의 힘: 윤리-정치학 잇기』. 김정아 옮김. 2021.

____. (2022) *What World is This?: A Pandemic Phenomenology*. New York: Columbia UP. 『지금은 대체 어떤 세계인가』 김응산 옮김. 창비, 2023.

Butler, J. and Martin, B. (1994) 'Cross-Identifications', *Diacritics*, 24 (2/3).

Butler, J. and Spivak, G. (2007) *Who Sings the Nation State?* London: Seagull. 버틀러·스피박. 『누가 민족국가를 노래하는가』 주혜연 옮김. 산책자, 2008.

Butler, J. et al. (2000) *Contingency, Hegemony, Universality*. London: Verso. 지젝·버틀러·라클라우. 『우연성 헤게모니 보편성: 좌파에 대한 현재적 대화들』. 박대진·박미선 옮김. 도서출판 비, 2009.

Butler, J. et al. (2011) *The Power of Religion in the Public Sphere*. New York: Columbia UP.

Butler, J. and Weed, E. (2011) *The Question of Gender: Joan W. Scott's Critical Feminism*. Bloomington: Indiana UP.

Butler, J. and Athanasiou, A. (2013) *Dispossession: The Performative in the Political*. Polity 『박탈』 자음과 모음, 2016.

Butler, J. et al. ed. (2016) *Vulnerability in Resistance*. Durham: Duke UP.

Butler, J. et al. (2021) *Toward a Feminist Ethics of Nonviolence*. New York:

Fordham UP.

Butler, J. and Worms F. (2023) *The Livable and the Unlivable*. New York: Fordham UP.

Canguilhem, G. (1991) *The Normal and the Pathelogical*. trans. C. Fawcett. New York: Zone. 캉길렘. 『정상적인 것과 병리적인 것』 여인석 옮김. 그린비, 2018.

Cavarero, A. (2000) *Relating Narratives*. trans. P. Kottman. London: Routledge.

Certeau, M. (1988) *The Practice of Everyday Life*. Berkeley: U of California P.

de Lauretis, T. (1991) '"Queer Theory": Lesbian and Gay Sexualities', *differences: A Journal of Feminist Cultural Studies* 3 (2).

Deleuze, G. and Guattari, F. (1989) *Anti-Oedipus*. trans. R. Hurley et al. Minneapolis: U of Minnesota P. 들뢰즈 · 가타리. 『안티 오이디푸스: 자본주의와 정신분열증』. 김재인 옮김. 민음사, 2014.

Derrida, Jacques. (1976) *On Grammatology*. Baltimore: Johns Hopkins UP. 자크 데리다. 『그라마톨로지』. 민음사, 2010.

_____. (1982) *Margins of Philosophy*. trans. A. Bass. Chicago: U of Chicago P.

_____. (1988) *Limited Inc*. Evanston: Northwestern UP.

Dhaliwal, N. (2009) 'Bruno is a Product of Sacha Baron Cohen's Bourgeois Sexual Neuroses', Guardian, 9 July. Last accessed 16 March 2010, <http://www.guardian.co.uk/film/filmblog/2009/jul/09/bruno-sacha-baron-cohen>

Dyer, R. (2002) *The Matter of Images*. London: Routledge.

Epstein, D. (2009) 'Biggest Issue Surrounding Semenya Remains Unanswered', *SI.com*, 19 November.

Everett, C. (2009) 'Adam Lambert Delivers Raunchy AMA Performance Filled with Hip Thrusts, Crotch Grabs and a Makeout', *New York Daily News*, 23 November.

Foucault, M. (1972) *The Archaeology of Knowledge*. trans. A. Sheridan Smith. New York: Tavistock. 푸코. 『지식의 고고학』, 이정우 옮김. 2000.

_____. (1973) *The Order of Things*. New York: Vintage. 『말과 사물』 이규현 옮김. 민음사, 2012.

_____. (1980) (ed.) *Herculine Barbin*. trans. R. McDougall. New York: Colophon.

____. (1980) *Power/Knowledge*. trans. C. Gordon et al.. New York: Pantheon. 『권력과 지식: 미셸 푸코와의 대담』. 홍성민 옮김.

____. (1986) *The Use of Pleasure*. trans. R. Hurley. New York: Vintage. 『성의 역사 2: 쾌락의 활용』. 문경자, 신은영 옮김. 나남, 2004.

____. (1988) *The Care of the Self.* trans. R. Hurley. New York: Vintage. 『성의 역사 3: 자기 배려』 이혜숙, 이영목 옮김. 나남, 2020.

____. (1991) *The Foucault Reader*. Ed. P. Rabinow. London: Penguin.

____. (1995) *Discipline and Punish.* trans. A. Sheridan. New York: Vintage. 『감시와 처벌: 감옥의 탄생』. 오생근 옮김. 나남, 2020.

____. (1997) *Ethics*. Ed. P. Rabinow. London: Penguin.

____. (2001) *Fearless Speech*. Los Angeles: Semiotext(e). 『담론과 진실, 파레시아』 오트르망, 심세광, 전혜리 옮김. 동녘, 2017.

____. (2005) *The Hermeneutics of the Subject.* trans. G. Burchell. New York: Picador. 『주체의 해석학』 심세광 옮김. 동문선, 2007.

____. (2007) *The Politics of Truth.* trans. L. Hochroth & C. Porter. Los Angeles: Semiotext(e).

____. (2008) *The History of Sexuality.* trans. R. Hurley. London: Penguin. 『성의 역사 1: 지식의 의지』 이규현 옮김. 나남, 2020.

Freud, S. (1984) *On Metapsychology.* trans. A. Richards. Harmondsworth: Penguin. 「꿈이론과 초심리학」 프로이트전집 11, 열린책들, 2004.

____. (1987) *Case Histories 11.* trans. A. Richards. Harmondsworth: Penguin.

____. (1917) "Mourning and Melancholia." ed and trans. J. Strachey, *Standard Edition* (Vol. 14), London: Hogarth, 1953. 「애도와 우울증」 프로이트전집 11, 열린책들, 2004.

____. (1923) "The Ego and the Id" *Standard Edition (Vol 19).* 「자아와 이드」. 프로이트 전집 11, 열린책들, 2004.

Fuss, D. (1989) *Essentially Speaking.* New York: Routledge.

____. (1991) (ed.) *Inside/Out.* New York: Routledge.

Grosz, E. (1989) *Sexual Subversions.* Sydney: Allen and Unwin.

____. (1990) *Jacques Lacan.* Sydney: Allen and Unwin.

____. (1995) *Space, Time and Perversion.* Sydney: Allen and Unwin.

Guardian (2009) 'Caster Semenya Found "Innocent of Any Wrong" to Retain 800m Gold Medal', <http://www.guardian.co.uk/sport/2009/nov/19/caster-semenya-athleticssouth-africa>

Hall, D. (2003) *Queer Theories*. Basingstoke: Palgrave.

Halperin, D. (1995) *Saint Foucault*. New York: Oxford UP.

Hennessy, R. (2000) *Profit and Pleasure: Sexual Identities in Late Capitalism* New York: Routledge.

Jagger, G. (2008) *Judith Butler*. London: Routledge.

Jagose, A. (1996) *Queer Theory*. Dunedin: Otago UP.

Jeffreys, S. (1989) 'Butch and Femme: Now and Then', *Not a Passing Phase*. eds. Lesbian History Group. London: Women's P.

_____. (1996) 'Queerly Unconstrained.' *Meanjin*, 55 (1).

_____. (2003) *Unpacking Queer Politics*. Cambridge: Polity.

Kafka, F. (1961) *Metamorphosis and Other Stories*. trans. M. Secker. Harmondsworth: Penguin. 김태환 옮김. 『변신, 선고 외』. 을유문화사, 2015.

_____. (1976) *The Trial*. trans. W. Muir & E. Muir. Harmondsworth: Penguin. 『심판』. 김현성 옮김. 문예출판사.

Kanner, M. (2004) 'Questions for Queer Eyes', *Gay and Lesbian Review Worldwide*, 11(2).

Keller, E. F. (1985) *Reflections on Gender and Science*. New Haven: Yale UP. 이블린 폭스 켈러, 『과학과 젠더』. 민경숙 외 옮김, 동문선, 1996.

Kirsch, M. (2000) *Queer Theory and Social Change*. London: Routledge.

Kleinhans, Chuck. (1994) "Taking out the Trash," *The Politics and Poetics of Camp*, ed. Meyer, London: Routledge.

Kojeve, A. (1986) *Introduction to the Reading of Hegel*. trans. J. Nichols. Ithaca: Cornell UP.

Kotz, L. (1992) 'The Body You Want: An Interview with Judith Butler,' *Art Forum International*, 81 (1).

Kuhn, T. (1970) *The Structure of Scientific Revolutions*. Chicago: U of Chicago P. 『과학혁명의 구조』. 김명자, 홍성욱 옮김. 까치, 2013.

Lacan, J. (1977) *Ecrits: A Selection*. trans. A. Sheridan. New York: Norton. 자크 라캉, 『에크리』 홍준기 외 옮김. 새물결 2019.

Laplanche, J. (1990) *Life and Death in Psychoanalysis*. Baltimore: Johns Hopkins UP.

Laplanche, J. & Pontalis, J. (1988) *The Language of Psychoanalysis*. trans. D. Nicholson-Smith. London: Karnac. 『정신분석사전』 임진수 옮김. 열린

책들, 2005.

Lefort, C. (1986) *The Political Forms of Modern Society*. Cambridge: MIT.

Levinas, Emmanuel. *Ethics and Infinity*. trans. Richard Cohen, Pittsburgh: Duquesne UP, 1985. 『윤리와 무한: 필립 네모와의 대화』. 김동규 옮김. 도서출판 100, 2020.

Lloyd, M. (2008) *Judith Butler*. Cambridge: Polity.

Lyttle, J. (2004) 'Wake Up, Britain: We Gays Have Moved On', *New Statesman*, 30 August.

Martin, B. (1994) 'Sexualities without Gender and Other Queer Utopias', *Diacritics*, 24 (2-3).

Meyer, M. (ed.) (1994) *The Politics and Poetics of Camp*. London: Routledge.

Morton, D. (1995) 'Birth of the Cyberqueer', *PMLA*, 110 (3).

Nietzsche, F. (1956) *The Birth of Tragedy and The Genealogy of Morals*. trans. F. Golffing. New York: Doubleday Anchor. 『도덕의 계보학』 홍성광 옮김. 연암서가, 2020.

Nussbaum, M. C. (1999) 'The Professor of Parody: The Hip Defeatism of Judith Butler', *The New Republic*, 22 February.

Prosser, J. (2006) 'Judith Butler: Queer Feminism, Transgender, and the Transubstantiation of Sex.' eds. S. Stryker & S. Whittle. *The Transgender Studies Reader*. New York: Routledge.

Reiter, R. (ed.) (1975) *Towards an Anthropology of Women*. New York: Monthly Review P.

Rubin, G. (1975) 'The Traffic in Women', *Towards an Anthropology of Women*. R. Reiter (ed.) New York: Monthly Review P.

____. (1984) 'Thinking Sex: Notes for a Radical Theory of the Politics of Sexuality', in C. Vance (ed.) *Pleasure and Danger*. London: Routledge.

____. (1994) 'Sexual Traffic', Interview with Judith Butler, *differences: A Journal of Feminist Cultural Studies* 6 (2~3).

Sedgwick, E. (1990) *Epistemology of the Closet*. Berkeley: U of California P.

____. (1993) *Tendencies*. Durham: Duke UP.

Sullivan, N. (2003) *A Critical Introduction to Queer Theory*. New York: New York UP.

Turner, W. (2000) *A Genealogy of Queer Theory*. Philadelphia: Temple UP.

Vanasco, J. (2009) 'How Adam Lambert is Hurting Gay Marriage', *The*

Huffington Post, 24 November.

Vance, C. (ed.) (1984) *Pleasure and Danger.* New York: Routledge.

Warner, M. (ed.) (1993) *Fear of a Queer Planet.* Minneapolis: Minnesota UP.

____. (1999) *The Trouble with Normal.* New York: Free.

Weed, E. (1997) 'Introduction', *Feminism Meets Queer Theory.* Bloomington: Indiana UP.

Weed, E. and Schor, N. eds. (1997) *Feminism Meets Queer Theory.* Bloomington: Indiana UP.

Weedon, C. (1987) *Feminist Practice and Poststructuralist Theory.* Oxford: Blackwell.

Weeks, J. (1985) *Sexuality and its Discontents.* London: Routledge.

Williams, C. (1997) 'Feminism and Queer Theory: Allies or Antagonists', *Australian Feminist Studies* 12 (26).

Wittig, M. (1980) 'The Straight Mind', *Feminist Issues* 1 (1) Summer.

____. (1983) 'The Point of View: Universal or Particular', *Feminist Issues* 3 (2) Fall.

Zizek, S. (1996) *The Indivisible Remainder.* London: Verso. 『나눌 수 없는 잔여 셸링과 관련된 문제들에 대한 에세이』 도서출판 b, 2010.

____. (1997) 'Multiculturalism, or the Cultural Logic of Multinational Capitalism', *New Left Review,* 225. 지젝의 『까다로운 주체』(도서출판 b, 2008)의 제4장에 이 논문의 내용이 수정된 형태로 실려 있다.

찾아보기

ⓧ

쉽게 읽는 주디스 버틀러

초판 1쇄 인쇄 2023년 06월 30일
초판 1쇄 발행 2023년 06월 30일

저자 아니타 브랜디, 토니 쉬라토
옮긴이 조현준, 김혜진, 정혜욱
펴낸이 정혜정
펴낸곳 도서출판3
표지디자인 김소연
편집 및 교열 김형준

출판등록 2013년 7월 4일 (제2020-000015호)
주소 부산광역시 금정구 중앙대로 1929번길 48
전화 070-7737-6738
팩스 051-751-6738
전자우편 3publication@gmail.com

ISBN: 979-11-87746-70-6 (93160)